ミロク信仰の研究

［新訂版］

宮田 登｜著

未來社

岩手県一地方の小正月のマユダマ（萩原秀三郎氏提供）

八重山竹富町黒島東筋のミロクの面（植松明石氏提供）
左図茶碗は家の人々の香炉

神奈川県の鹿島踊り（小林梅次氏提供）

長野県下高井郡湯田中にあるミロクさん

群馬県吾妻郡中之条町の嵩山のミロクさん（阪本英一氏提供）
右図前面に観音像がある

長野県下高井郡湯田中のミロクさん

富士行者ミロクの墓（文京区海蔵寺）

文京区駒込富士社

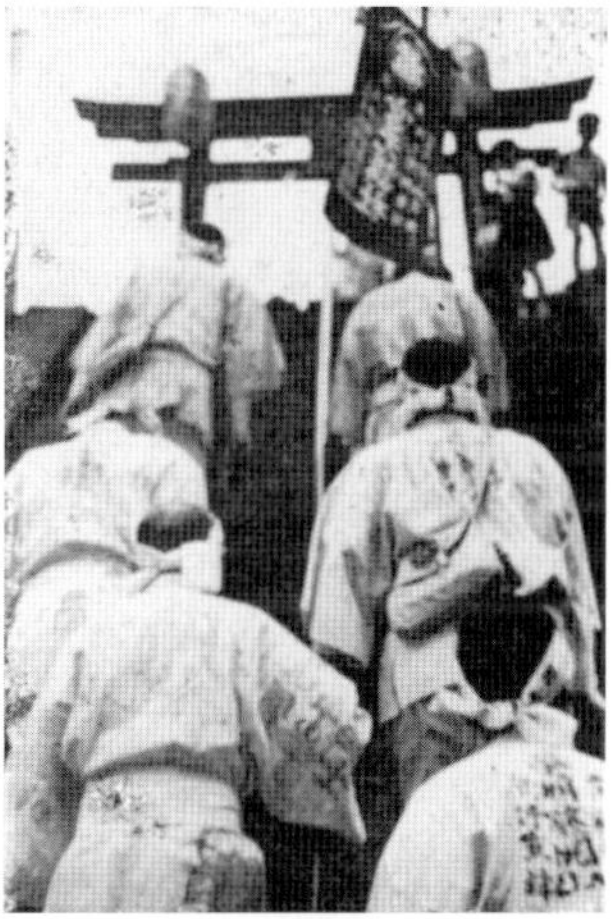

駒込富士に登る富士行者

護国寺境内の人造富士（文京区内）

神奈川県三浦半島の三浦富士の山開き（大谷忠雄氏提供）

富士講の行者たち（同上）

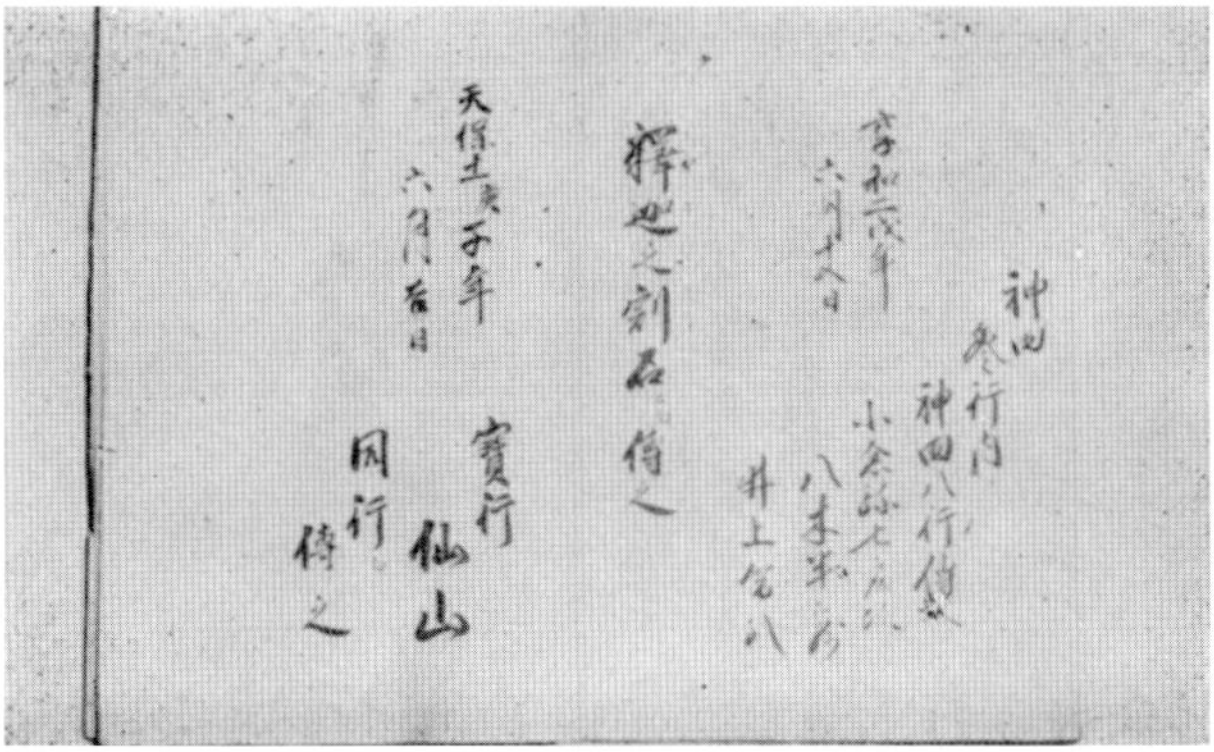

富　士　講　文　書

新訂版はしがき

本書の原型ともいうべき『ミロク信仰の研究——日本における伝統的メシア観』（未来社、昭和四五年三月）を刊行して以来ほぼ五年を経過した。この間、歴史学、民俗学、人類学、宗教学の諸分野における、とりわけ日本の民俗宗教、民衆思想にからまる個別研究の進展はめざましいものがあり、多くの蓄積があったことは周知の通りである。もともと既成の細分化された学問の枠組みにとらわれることなく、明確にさせようとする研究対象に対して、自由に迫っていきたいという意図があった。そこでミロク信仰という日本人の宗教思想の一つの体系を構築してみて、そこに描かれる日本的特徴を摘出してみようという当初の念願は、依然として本書にも貫ぬかれている積りである。

前著では、メシアニズムという言葉にひどくこだわり過ぎている傾向があり、日本においてはその観念が未成熟であることを問題にしようとして、前に進まなくなってしまった。考えてみれば、弥勒下生から招来された救い主がやがてこの世にやってくるだろうという日本的な受け止め方のあり様を調べているうちに、ミロク様が来臨するのだという思考よりも、ミロクの世界はこういうもので、そういう世界が早く来ればよいなあという思考の方が、民衆には基本的なもののようであったということに気づき出したのが少し遅かった感がある。
ユートピアを求める宗教運動、いわゆる至福千年を包括したミレニアムに関する日本的思想を次の段階で予想しはじめ、改めてミロクに対する信仰を再検討することとした。その方向は三点あったと思われる。まず前著のはしがきで示した点に一つある。それはなるべく周辺民族のミロク信仰の諸事例と比較してみることであり、これも方法論的に未整備の段階ながら、日本民俗学から比較民俗学へと接続してゆく領域の中で俎上にのすべきであると考えられた。

次に柳田国男が提示した沖縄県の事例を日本全体の文化体系の中でどう位置づけるかを明らかにする必要があった。日本型というのは語弊があるかも知れないが、その思考の基本にある純化されたイメージを捕捉することは、文献で示された資料だけでは困難であって、沖縄県に見られる多くの民俗事例が、その闕を補って余りあった。柳田のミロク信仰論は鹿島地方と八重山の民俗事例とを巧みに結びつけ、八重山に基本型を求める新鮮さがあった。これを改めて再考した場合、地域社会ごとに展開するミロク信仰のあり様の相互比較に焦点が置かれる。地域社会ごとの歴史的条件下でミロク信仰がどういう型を示すかを明示する必要に迫られてくる。

第三に、これを日本史の流れに位置づけた場合、幕末以降の宗教社会史の課題となった。民衆宗教の簇生という宗教現象が、幕末から近代の歴史の中でどのように把握されるか論ずる際に、その時点に現象していたミロク信仰の性格を問う必要があった。

前著で提示した農耕社会下に規制された世界観としてのミロク信仰は、こうした三つの問題提起に、どのように反応するのか確かめてみたい気持があったのである。

昭和四五年以後の五年間、こと志とちがって、思うにまかせず、設定した主題に喰いつく気力に欠けたことを恥じるが、前書のうちから第一章から第五章にわたる部分に、資料の修正と追加を行ない、さらにその後あれこれまさぐっていた経過を第六章から第八章に加えて、なお目的にほど遠いままであるけれど、中間報告としてまとめることにしたのが本書である。第六章以下の叙述の基礎となった論文を記しておきたい。

第六章は、「大本教とミロク――みろく十年辰の年」(和歌森太郎先生還暦記念会編『明治国家の展開と民衆生活』弘文堂、昭和五〇年、所収)を中心に補訂したもの。第七章については、「宗教史における沖縄研究」(『歴史学研究』三七八号、昭和四六年、所収)、「沖縄のミロク」(『民族学研究』三六巻三号、昭和四六年、所収)、「『みろくの舟』再考」(『茨城県史研究』一九号、昭和四六年、所収)、「沖縄のミロク教」(『現代宗教』三号、昭和五〇年、所収)にもとづき、あらためて構成し直したもの。第八章については、「比較民俗学の基準」(『柳田国男研究』第六号、昭和四九年、所収)、「『ミロクの世』の構造」(『宗教研究』二一六号、昭和四八年、所収)、「『鄭鑑録』の預言」(『東アジアの古代文化』八号、昭和五一年)を中心にまとめたもの。これらが本書構成の素地となっている。

なお補論について一言のべておきたい。ミロク信仰に迫る有力な武器としての民俗学も、この五年間さまざまの起伏があった。簡単にいえば柳田民俗学から脱皮しつつある日本民俗学の試行錯誤期だといえる。そこで目下混乱している状況を整備しておく必要性を感じ、ここに二章に分けてまとめておいた。第一章は、『現代日本民俗学I』(三一書房、昭和四九年)の解説を補訂したもの。第二章は、『現代日本民俗学II』(三一書房、昭和五〇年)の解説と、「地域民俗学への道」(和歌森太郎編『文化史学への提言』弘文堂、昭和五〇年、所収)を下敷にしたものである。じつはこれに加えて比較民俗学、都市民俗学の課題について触れる予定であったが、いずれ別稿としたい。

前書も中途半端であったが本書もまた中途半端な仕上がりである。学問は継続であるという言葉を唯一のたよりに、本書の主題を通して展開していく、日本人の伝統的な精神構造を解明する作業を今後も続けていく所存である。前書公刊以来、数多くの先学、同学の友人から、さまざまの学恩を受けた。ここでいちいちお名前をあげるのを控えさせていただくが、改めて深く感謝しつつ、今後一層の御教示を得たいと念じている。

本書の索引については佐藤良博、良孝両君の手をわずらわしたことを記し御礼申し上げる。なお最初前書のたんなる改訂のつもりであったものが、著者の無理な注文を受け止め新訂版として上梓できるよう配慮して下さった未来社の小箕俊介氏のご厚情に深く感謝の意を表する次第である。

昭和五〇年一〇月二六日

宮田　登

はしがき

本書は日本の民衆の精神構造の一端を究めようとする試みの一つである。実のところ日本人のとくに一般民衆の精神構造の究明とは、おそろしく途方もない命題なのであって、今までも大勢の先学が取組み、多くの業績も生まれてきている。だからそこは私なりに、大学時代から学んできた民俗学的立場でもって、ちょうどそれにそえるような窓口に信仰伝承としての「ミロク信仰」を取上げ、いささかなりとも論旨を展開させようとしたのである。ここで本書の課題をまとめ上げるに至ったプロセスを若干申述べておきたい。私は昭和三十五年に卒業論文として木曽御嶽山の近世以後の信仰史をまとめた。私が学んだ東京教育大学文学部日本史教室には、個性のある魅力的な学風を持った先生がたがおられたが、ことに歴史学と民俗学の接合を唱導される和歌森太郎先生の学問に惹かれるところが多かった。たまたま教官と学生が共同で組織している民俗学研究会があり、桜井徳太郎先生や、まだ当時学生定員のいなかった史学方法論教室で民俗学を担当されていた直江広治、竹田旦両先生などから毎週一度の会合で、民俗学の話などをうかがっていた。昭和三十三年にこれらの先生方を中核として、民俗総合調査団が組織され、大分県国東半島を皮切りに、その後十年間、全国各地の民俗総合調査が実施されたのである。学生時代その調査団に加われたことはまことに幸いであった。現実に生きる民俗を実地に観察し得たことは、私自身の学問観に多大の影響を与えたのである。フィールド・ワークに基調を置く民俗学のあり方に強い共感を覚えたのである。これは卒論テーマの選定にあたって、たんに文献操作で説明できる問題ではなく、現実に伝承態として意味を持つ習俗との係わり合いで把握できるようなものへと志向したことからも明らかである。

大学院に入って、御嶽信仰と比較できる山岳信仰として富士講の問題をあたっていると、たまたま富士行者で身禄なるものが、文書の上にでてきた。身禄はその時、別に逆うことなくシンロクと呼んで見過ごしたが、その後現在も各地に残っている富士講の実態を見て行くと、びっくりしたことに身禄はシンロクではなくてミロクとよばれ、信者たちの渇仰の的ではないか。この身禄は弥勒信仰となんらかの関係があるのではないかと、その時ふと思ったのである。そして山村民俗の会を組織しつつ富士講を丹念に調査されている岩科小一郎、大谷忠雄氏らに示唆を受けながら、富士講と身禄の関連について考えだしたのである。

その頃、柳田国男先生の名著『海上の道』が出版された。私も多くの読者と同じように、めくるめく思いで、それをひもどいたものである。『海上の道』には「みろくの船」と「根の国」という、日本のミロク信仰についての雄大な構想を含めた二論考が含まれていた。ここに提起されている鹿島と八重山のミロクの一致は何を意味するのだろうか。ところで一方では先年来注目されていた和歌森先生の「近世弥勒信仰の一面」(『史潮』四八号)があり、この論文はエエジャナイカとミロク信仰の係わり合いを告げていた。これらと富士講のミロクは、どこでどう統合化できるものなのか、まるで三題噺のような感じで、まとめあげるポイントがつかめない。たまたま私は、中尾堯氏や圭室文雄氏らを中心とする宗教史研究会に加わっていたことで、東北大学で開かれた研究発表会に臨み、ミロク信仰にからまる以上のような問題点を羅列して述べる機会があった。その折まだ東北大学におられた堀一郎先生が、どうもまとまりのつかない発表に対して、ミロク信仰は、仏教には珍らしいメシアニズムであるというご指摘を下さった。実のところ、仏典の「弥勒経」を読み、古代仏教史の優れた諸成果をひもといていたことから、弥勒浄土観から生ずるユートピアの思想をそこに認めていたものの、メシア思想を背景に考えることにうかつにも気が付いていなかった。たしかに戦国期の弥勒下生はメシア的要素を含むものだし、今にあるミロク伝承には世直し的要素を認めることもできるわけである。この時の堀先生のご指摘はまことに有難く、少しずつ展望が開ける思いであったのである。

やがて大学院から、民俗学研究室に勤務する過程で、鹿島信仰とミロクの関連を考えたり、前記民俗総合調査団の一員として訪れた陸前北部における金華山とミロクの関連をまとめてみた。またオランダのオウエハント教授のナマズ絵の研究に刺激され、ナマズ絵の根幹にある世直しの思想とミロクの関連を考察してみたりもした。さらに湯殿山の入定ミイラの報告からヒントを得て、入定行者のメシア的性格をミロク信仰とのつながりから解明しようともした。これら一連の研究は、日本のミロク信仰をメシア信仰を軸として体系化しようとしたものに他ならない。ただしこれらは、あくまで伝承的世界の中での、いわば民衆思想の静的側面の把握に終始している。歴史のダイナミックスの中で押さえることをあえてさけている。だから民衆思想に関する優れた論旨を展開され、いつもいろいろご教示を与えてくださる安丸良夫氏や布川清司氏の視点とはニュアンスを違える方向に向かうこととなった。本書の短所はそうした筆者の歴史との係わり合いにおけるいささか消極的な姿勢による箇所も多いが、いっぽう民俗学の立場からいうなら、比較民俗学の観点を捨象していることである。本書をまとめていく段階までには、まだそうした見方をとるに至らなかったといえばそれまでだが、沖縄から南方諸島、朝鮮、中国を経て東南アジアから弥勒信仰の原郷インドに至る諸地域におけるメシア信仰としてのミロク信仰、それらは民族ごとに形態をさまざまに変えて現象面を展開させている。それらとの比較を経て、はじめて日本型のそれを論じたかったことだけは、本書では果たせなかったし、弁解がましいけれど、言い留めて今後の課題にしておきたいのである。

本書の構成は、まず序論の部分で、本書の課題を論ずるにあたって、筆者が民俗学をどのように考え、どのような研究態度をとっているかを論じた。次に第一章から第五章までを本論とし、ミロク信仰について、従来まとめてきた論文を中心に組み立ててみた。したがって各章で同主題を追究する手前どうしても資料操作において重複するところがある。ために叙述の重複があって見苦しい部分も生じていることをご諒解いただけば幸いである。さらに補論としては、ミロク信仰を取上げるにあたって、このテーマの周辺に展開する民間信仰にからまる問題を考え、すでに発表した当時の論旨に若干手直しを加えた論考を集めてみた。とくに日本のメシア信仰を考える上での人神、霊神、生き神などの信仰については、別に改めてまとめたいと思っている。

こうした構成からわかるようにいささか中途半端な仕事で、その未熟さは覆い難いものがある本書であるが、実に多くの師、先輩、友人の学恩に恵まれてでき上がったことは記さねばならない。学部から大学院時代を経て今日に至るまで、その浩瀚な学風をもってご指導下さった和歌森太郎先生、精力的な研究意欲で絶えざる刺激を与えて下さった桜井徳太郎先生には、厚く御礼申上げる。また同じ民俗学研究室にあって、いろいろ有益なご助言をいただいた直江広治、竹田旦の両先生、並びに近世文化史との関連でご教示下さった西山松之助先生をはじめとして日本史教室で種々ご指導を賜わった津田秀夫、芳賀幸四郎、家永三郎、大江志乃夫、渡辺一郎の諸先生がたに、この機会に改めて感謝の意を表したい。なお一々お名前をあげることをさし控えさせていただくが、私の拙ない研究に対し、変らぬ理解を示される同学の先輩、友人各位の学恩も決して忘れることはできないだろう。本書に対しても忌憚なきご批判と、いっそうのご教導をたまわれば幸甚である。

本書の研究の一部は昭和四十三年度文部省科学研究費（奨励研究A）を受け、出版にあたっては、昭和四十四年度研究成果刊行費の交付を受けたことを銘記し、あわせて関係者各位のご尽力に感謝する次第である。

昭和四十五年三月一日

宮田　登

ミロク信仰の研究 新訂版

目次

ミロク信仰の研究

新訂版

序論

「ミロク信仰」の具体相やその意義については、本論の叙述の中でおいおい明らかにされるが、本書においてこの主題が取り上げられるにあたっては、おおよそ次のような前提があった。「ミロク信仰」は、仏教に内包された一種のメシア思想である。インドに成立した弥勒信仰は、仏教の東漸に伴ない、東南アジア・中国・朝鮮を経て日本へ伝播した。伝播の過程で各国各民族の受容の仕方には差があり、それはミロク信仰即メシア待望思想の発現形態の民族間における相異をもたらした。大雑把にいって、そうした相異は各民族の持ついわゆる民族性、換言すれば伝統的精神構造にかかわる問題としてとらえられるであろう。日本の問題に即していえば、日本に歴史的にかつ民俗的に形成されたミロク信仰は、かたや日本人の持つ伝統的メシア観と、かたや伝来した仏教的メシア観とが渾然一体化したところに発想し、いわゆる日本的メシアニズムとして展開するゆえんとなる。

本書の課題は、右のように把握された日本のミロク信仰の様態を究明し、その基本的性格を明らかにするところにある。

さてミロク信仰に関する民俗学的研究は、柳田国男にはじまる。柳田は「弥勒の舟」の中で、弥勒下生思想の本質は、東方浄土より来訪し、世直しを果たしてくれる救い主であり、何よりも稲作民族である日本人にとって、稲の豊饒を約束する存在とその世界が、もっとも望まれるメシアであり、ユートピアなのだという示唆的見解を示したのである。(1)

和歌森太郎は、「近世弥勒信仰の一面」の中で、柳田が指摘したような民俗的弥勒信仰が時代を貫通しており、かつそれが時代の社会変動において歴史的事実として発現するケースを、幕末のエエジャナイカの過程でとらえてみせた。歴史学と民俗学との交錯する場で、民俗信仰の展開をうかがう注目される論である。(2)

一方仏教史上での弥勒信仰研究は、当然ながら進んでおり、古代・中世の主として貴族社会での展開の仕方について、管見の及ぶ限りでは、伊野部重一郎、鶴岡静夫、平岡定海、速水侑のまとまった成果がある。伊野部の「弥勒信仰について」(一)(二)は、弥勒信仰に関わる文献をよく整理して有益であり、(3)鶴岡の「古代における弥勒信仰」(4)は、とくに古代末に高野山に弥勒信仰が集約される点を指摘して興味深い。(4)速水の「律令社会における弥勒信仰の受容」は、後に『弥勒信仰——もう一つの浄土観』として包括的に仏教史上の弥勒信仰をまとめた成果である。(5)仏教史上の観点は、共通して、古代社会と受容された弥勒信仰の上生信仰の部分を文献的にとらえ、他の観音、阿弥陀浄土との比較に至っているが、民衆側の受容の仕方、民衆意識、思想の関わり方に及ぶことは、方法論的にいっても困難のようである。

本書第一版刊行の時点（昭和四五年）での研究史の概要は右の通りであるが、その後、安丸良夫、安永寿延、西垣晴次らによる新展開をみている。安丸の『日本の近代化と民衆思想』の中に収められたミロク信仰の見解は、近世以来の民衆信仰である富士講、丸山教に焦点を合わせ、民俗信仰としてのミロク信仰が、一つの思想の型を示しつつ、そこに反映、吸収されることを述べている。ミロク信仰が民衆の幻想的な理想世でありながら、そこに依存せざるを得ない民衆意識の限界性を厳しく衝いたこと、また日本の近代化にからまる民衆思想史の中にミロク信仰を位置づけたこと、など優れた成果である。(6) 安永の『日本のユートピア思想』は、日本の伝統的ユートピアニズムとして、ミロク信仰を古代以来の展開として系統的にとらえている。とくに変革期の社会思想として考察しようとした点ユニークな成果である。(7) 西垣は『ええじゃないか――民衆運動の系譜』の中で、前記和歌森の指摘を踏まえつつ、おかげ参り、ええじゃないかの民衆運動の中に、ミロク信仰の反映を認めながらも、なおその限界について指摘しようとしている。(8) 近年の民衆思想の歴史的研究は急速に高まってきており、その中で、ミロク信仰が十分検討されねばならない局面にきていることを、右の三つの成果はものがたっているのである。

さて本書で展開するミロク信仰研究の視点は、従来の成果とちがったおよそ次の三点で特徴をもつ。第一に、ミロクを日本の伝統的な民俗伝承としてとらえることに徹底したことである。ミロクをあえて片仮名で表示したのは、これを民俗語彙としてまず把握するためである。全国各地でさまざまな現象を展開しているミロク伝承は、民衆のいだく潜在的意識の一表現でもある。しかも、それぞれは、地域差をもちながらそれを超えてなお共通性を示し得る要素をもつものと予測している。

第二に、一方にミロク信仰に対する仏教上の弥勒信仰の観念の位置づけに留意し、とくに弥勒下生信仰の志向を一つの鍵にしたことである。弥勒下生の思考は、日本歴史の上では、戦国時代末期に濃厚な形として現象化したことについて異論はないが、これがどのような展開を示したかは、従来あまり明確ではなかった。本論では、民俗伝承のミロクの中に、弥勒下生信仰の投影を把握することを予測している。

第三に、日本におけるミロク信仰の特性を究明するという目的から、民俗信仰としてのミロクの型を定め、比較民俗学の俎上にのせる視点をもったことである。ミロクの語に内包される潜在意識は、大雑把にいってメシアニズムとユートピアニズムに表現され得るものであり、これは汎人類的思考といえる。仮に一国民俗学枠内で日本的ミロクの構造を察知しても、これは日本人のもつ特性だと容易に断定できぬことは当然であろう。したがって、伝統的思考として把握されるミロク信仰の型をまず仮説に提示し、これを他民族の態様と比較してみる手続きをとることを意図したのである。

ここで、本書の課題をいかなる方法論的立場で究明するかを明らかにしなければならないだろう。日本民俗学には、学史の発展過程で二つの方向が生まれている（補論参照）。一つは、いわゆる歴史学的方法をとるものである。他は、いわゆる社会学的方法をとるものである。後者の社会学的方法による立場は、前者への批判から生まれた。この立場を主張する場合には、現時点のムラ＝共同体文化をインテンシヴな調査で構造的・機能的に分析し、個々の民俗を全体の関連において比較するということである。[9] またこの方法は、民俗における地域性研究に関連をもつことも明らかであろう。むしろここでは、民俗の本質よりも民俗の機能・役割が問題となろう。また調査方法も、自らの臨地調査に力点を置くことになる。

さて前者の歴史学的方法については、㈠日本全域からの民俗文化要素を抽出して共通項を通して類型を定め、その比較研究をして前後関係を決定する、これはいわゆる様式史的方法であり、[10] そのほかに、㈡時代性の観点を導入して、時代社会との関連のもとに、その時点での民俗の性格を把握しようとする立場がある。

和歌森太郎は、歴史とは問題解決過程であり解決された部面と解決されずに今日まで累積してしまった部面と二つの類があるとする。解決されずに累積してしまったような生活現象が伝承で、この面を考究するのが民俗学だと規定する。歴史研究との関連において、これはきわめて明快な解釈である。さらに従来の課題と方法であった民俗の前後関係をきめ、祖型の発見とその変遷をたどるという立場を疑問視している。つまりそうした立場だと、現実の民俗は祖型の残骸としか把握できない。また逆に現実の民俗を遡源させ、祖型を明らかにすることは、日本のような文明民族の間では無理だということでもある。和歌森のもっとも強調する点は、「とにかく、その民俗的事実のある時点において、『時代』が要求しているものだと解する」[11]ということである。民俗は歴史の中にあって、歴史を負うあるいは歴史をはばむものという意味に理解することによって、歴史的世界と伝承的世界をはっきり弁別させている。この見解は、歴史研究における民俗学が独自に持つ伝承的世界の位置を明確にさせた点に一つの意義があったといえる。また「時」の視点を導入することによって、民俗が変化する要因に対する説明を可能とする契機を生み出すこととともなっている。

だがここで注意せねばならぬことは、「時」の要素を導入することによって、基底にある民俗の本質の究明を等閑視してしまうことである。民俗の本質はいわば超時代的存在であって、通時性を保持して潜在化しているといえる。ここに「時」のスポットを当てると、顕在化してくるのは、時代の制約を受けた発現による本質の一部分にすぎない。

したがって、方法はおのずと二つの方向が明らかとなる。一つは民俗のうち時代性を帯びた部分を、時代の社会的経済的条件を背景にとらえる作業であり、二つは、民俗のうち時代を貫通して伝承され得る部分の摘出につとめる作業である。前者について言えば、一つの時代の社会構成史との関連は不可分となる。具体的には一つの地域史（地方史）の中での民俗の位置づけに関わる。民俗史料に基づき、民俗像を復原することになるが、その際、民俗の負う地域社会の(1)政治的規制、(2)経済的規制、(3)社会的規制、(4)文化的規制の吟味が必要となる。従来この面の分野は軽視された傾きがあったが、近年の地方史研究の成果とのかね合いと、有機的関連をもつ民俗誌の作成の志向から、次第に重きをなしつつある。後者について言えば、日本民俗学の重出立証法に基づく類型の設定とその変遷から招来された様式史的方法が最初の段階として想定された。民俗の基本にある日常性のもつ性格から明らかなように、歴史学が既成概念としてもつ時代性に適合し得ない部分の存在することは大方の認めるところであり、だからこそ民俗類型論の成立する根拠もある。民俗の自律的展開を前提として民俗の様式史的発展段階をとらえることは可能である。しかし日本一国に限定した場合、そこに複雑な文化複合の歴史があり、文化要素としての民俗のみが単純に一定した発展系列を示し得ないことも自明の理である。そこで民俗類型化の過程で割り切れない部分が重層的に現われてくる場合が予測されるのであり、実はその部分に民俗の本質が隠されていると考えられる。したがって具体的には地域差を予想しつつ、地域性を超えた民俗現象（これは全ての民俗に該当するわけではない）の所在を確認し、それを比較して類型化をはかり、ついには類型化し得ない部分に辿りつくことが重要である。

さて、筆者が本論でとり上げるミロク信仰は、時代の枠を超越した潜在的かつ連続的な伝承的意識であり、それは現在まで絶えることなく送りこまれてきている民俗文化の一形態である。そうした対象に迫るためには考古学的遺物をはじめ、文献資料、民俗資料などをまず同次元に扱って考えねばならないだろう。資料操作においてはそれぞれ所与の時代との関連を見つつも、資料内容の時代を超越する性質を基本的に認めて、ミロク信仰に発現する伝承的世界を体系だてようとするものである。対象の祖型については本課題の場合不明確さを承知しており、したがってあえて祖型の追究を意図してはいない。むしろその多元的な変遷のプロセスの面を追究しようとする。そして変遷の段階で、必要に応じて時代性の視点の導入を行ない、潜在的かつ本質的部分が顕在化する場面を設定もして行きたい。こうした立場でもって、当該民俗文化の現代における意味づけを果たそうとするのである。

(1) 柳田国男『海上の道』昭和三六年。
(2) 和歌森太郎「近世弥勒信仰の一面」(『史潮』四八号)。
(3) 伊野部重一郎「弥勒信仰について」㈠㈡(『高知大学学術研究報告』二巻二号、三巻二五号)。
(4) 鶴岡静夫『日本古代仏教史の研究』昭和三七年。
(5) 速水侑『弥勒信仰――もう一つの浄土信仰』昭和四六年。
(6) 安丸良夫『日本の近代化と民衆思想』昭和四九年。
(7) 安永寿延『日本のユートピア思想』昭和四六年。
(8) 西垣晴次『ええじゃないか――民衆運動の系譜』昭和四八年。
(9) 関敬吾編『民俗学』四〇ページ、角川書店。
(10) 様式史的方法の民俗学的根拠については平山和彦「近代史と民俗学」(『史潮』一〇〇号、昭和四三年)。
(11) 和歌森太郎「民俗資料の歴史学的意味」(『東京教育大学文学部紀要、史学研究』五ページ、昭和三八年)。

第一章　伝承態としてのミロク信仰

第一節　ミロク信仰の基調

かつて高取正男氏が、日本の古代社会における民衆の宗教運動をメシア運動として把えたことがある。(1) 古代国家の矛盾が激化する時期に、役小角や行基に象徴されるがごとき隠身の聖が、超人にして威力に満ちた化身といった存在で伝説化され、諸文献に描写されていることに着目し、彼らが、変革期の逼迫した民衆に、解放の実現を果たしてくれるメシアとして意識され、これを軸とした宗教運動も惹起したというのが論考の骨子であった。メシアの概念、宗教運動の性格などについて、なお検討する余地はあるにせよ、日本の民間信仰史研究の上で、これはきわめて新鮮な観点といえる。

ところでメシア思想がキリスト教専有のものでないことは、周知のとおりである。これが汎人類的に、かつ超歴史的に、人間世界の中に伝承され、時期時期に応じて発現する諸事実については、贅言を要しないだろう。キリスト教において、現実の王に失望し、未来の王に救世を期待する、その際ダビデが理想像であって、その再来を期待するという旧約聖書の伝承は、新約聖書の中では、キリスト・イエスに収斂する。この論理は、インドの永い精神風土の中から生み出された仏陀の理想像たる釈迦と、その預言で未来世にメシアとして出現し、衆生救済を果たす弥勒の場合にも比定され得る。

仏教における弥勒の性格については、その研究の成果が以下のように語ってくれる。[2] すなわち弥勒の語義はサンスクリットのマイトレーヤの音訳である。本来の原義は、古いインドの伝統的な神格ミトラである。ミトラ神は『ヴェーダ』に現われるところでは、インド、イラン、さらにギリシャからエジプトにわたる地域に知られた一種のはやり神であって、契約とか約束の意味を示すものであるという。

こうした意味を持つ名、つまり弥勒という名の男が仏陀釈迦の弟子の一人にいて、彼はきわめて天才であったというが夭逝した。釈迦の初期の教団内部で卓越した存在であった弥勒は、人々の間で永く記憶に留められ、やがて伝説化するに至った。かくて将来の仏陀として理想化された弥勒の説話がさまざまに説かれるようになったのである。古代インド人の未来観は豊かなもので、とくに「弥勒経」に描写された未来は、弥勒の出現と衆生の救済が約定される優れたユートピアとして知られる。キリスト教のメシア王国に比定されるこの弥勒の理想世は、現世のはて、衆生の積善の結果出現するものとされる。それが現出する時期に対し、後世五六億七千万年の後、という数字が算定されるほどにはるかに遠い未来ではある。またこの際キリスト教に見られるが如き、厳しい終末観は強調されてはいない。しかし正像末の末世という概念は、一応予想されていることであるから、弥勒の救済観も、当然それに対応すべき性格なのであろう。

弥勒信仰には、弥勒の兜率天浄土への往生を求める上生信仰と、弥勒が兜率天に長期間滞在し、ついに現世に下生してくるという下生信仰の二類がある。この弥勒の下生は、明らかに仏教におけるメシア信仰の表現である。仏教は、永いインドの精神史の過程から生み出されたものである。そこにメシア思想が内包されているならば、当然それは一つの民族性の発現といえる。そして仏教が伝播すると、各々の民族が、それを受容した。その際、各民族の文化行動の表現を通して、それは変容するという見方に立った場合、仏教のメシア思想である弥勒下生思想が東漸して行くと、各民族が伝統的に潜在的にいだくメシア思想と混融現象を起こすことになろう。(3)

日本の宗教社会、民間信仰現象に現われた弥勒信仰の態様を検討することは、当然右の見方からすれば、仏教的な弥勒思想に覆われた伝統的メシア思想を究明することである。弥勒をあえてミロクという仮名で表示するのも、前述した方法論的意図も踏まえつつ、伝統的メシア観の存在を予想した上でのことであることをご諒解いただきたい。

さて日本におけるミロク信仰に対する柳田国男の観察はすこぶる暗示に富むものであった。

弥勒の出現を海から迎へるといふ信仰が、遠く隔てた南北の二地にある。一方は常陸の鹿島を中心にした鹿島踊の祭歌、今一つは南方の八重山群島の四つ以上の島で、この方は明らかにニローー神、即ちニライの島から渡って来たまふ神を誤って、さういふ風に解するやうになったものと思ふ、鹿島の弥勒ももとはそれでなかったかどうかは、この中間の他の地方に、是に類する信仰があるか否かによって決する(4)(下略)

茨城県鹿島地方から太平洋沿岸を西下し、静岡県沼津市あたりまでの沿岸漁村部に今も残る鹿島踊で唄われる来訪するミロクとミロクの世への憧れ、八重山群島を中心に分布する豊年祭の際に出現するニローー神を祝ってうたうミロク世への期待をこめたミロク踊、南北に離れた二地域の一致を示すミロク信仰の実態は、後に柳田国男によって「みろくの船」(『海上の道』所収、昭和三六年)に展開された。

しかし、伝承態としてのミロク信仰は、この二例にとどまらない。以下本論でおいおい述べて行くはずであるが、その分析に入る前に、次節で簡単な事例紹介だけ行なっておきたい。

（1）　高取正男「日本におけるメシア運動」（『日本史研究』二四、昭和三〇年）。
（2）　宇井伯寿「史的人物としての弥勒及び無着の著述」（『印度哲学研究』所収、昭和一九年）。香川孝雄「弥勒と阿逸多」（『印度学仏教学研究』一二－二、昭和三九年）、渡辺照宏『愛と平和の象徴――弥勒経――』昭和四一年など。
（3）　たとえば、中国においては、弥勒教匪の反乱となって現われ、朝鮮では花郎と結びついたことは周知の通りである。イランでは、太陽神と結びつき、ウイグール文の「弥勒下生経」に「いつの日か、我々の救済者にして友なる弥勒、仏となりし太陽神の現世に生れ現われたまうべき」と示されている（佐藤圭四郎「西アジアにおける仏教流伝の痕跡」下、『文化』二五－四、昭和三六年）。
（4）　柳田国男「知りたいと思ふ事二三」（『民間伝承』一五－七、三五ページ、昭和二六年）。

第二節　ミロク伝承の実態

ミロク伝承と概括される、現在も意味を持って伝承態として存在しているミロク信仰の諸相は、およそ次の七類に分けることができる。

まず第一類は「ミロクの世」についての伝承である。昭和二七年に九学会連合が行なった能登の総合調査の際、和歌森太郎氏がこれに関する興味深い資料を得ている。すなわち、奥能登の町や村では、ちょっとした冗談口に「お前のような奴は、弥勒の世になっても借金を返すまいから貸さない」といったり、「お前のような奴は、弥勒の世でも来ればいざ知らず、そうでなければ金を貸さない」ともいったりする。また、借金証文を書くときに、「弥勒の世が来たら返すと書こうか、立山に麦が生えたら返すと書こうか」といったり、「こんなうまいことは、弥勒の世代にもないことじゃ」などともいったりするという。(1)

きわめて日常的意識の中で、「ミロクの世」はなかなか実現しにくい未来のことを示している。富山県高岡市でも「弥勒様の世になっても」という場合、未来永劫望みはなしという意味を表わすといっている。(2) こういう実現し難い、はかない「ミロクの世」ではあるが、何とはなしにユートピアが、そこにあるように考えられていた。山梨県西八代郡上九一色村の故老が語ったという言葉に、

みろくの世では、誰も働くことを知らないで木の枝などに一ぱいに実った果実が、自然に落ちるのを待って拾って、たべているのだ。(3)

とあるが、農民が日々のあくせく生活に追われる中から、ふっと思い浮かべる「ミロクの世」の有様が語られて印象深いものがある。現実には、「ミロクの世」はたとえば、小正月の予祝儀礼で、餅花を部屋いっぱいに飾る、そのはなやかな雰囲気や有様をさしたりする（口絵参照）。先の山梨県の例もそうであるが、群馬県吾妻郡中之条町でも、正月のお飾りなどをていねいに飾りつけたりすると、まるでミロクサンのようだ、という。(4) 宮城県刈田郡蔵王町遠刈田でも、小正月にダンゴの木を飾る。これをミロクの世のように感じたりする。(5) 正月行事は、小正月を中心に豊穣を願う予祝儀礼が中心となっていることは周知のとおりである。予祝は未来を予想しているわけで、ここでは豊かな稔りがすなわち理想的なミロクの世であるという潜在的思考を看取することができよう。

第二類にあげられるのは、「ミロクの世」が実現する「ミロクの年」についての伝承である。「ミロクの年」は、

豊年だというのと、飢饉の年だというのと、二通りある。豊年の年というより飢饉の年だとする伝承の方がより一般的である。東北地方では、正月一四日を団子の年取りといって、団子を作る地方が多い。青森県三戸郡五戸町では、この団子をミロク団子という。福島県伊達郡霊山村大石（現在、霊山町）では、この団子について、そのいわれを次のようにいっている。

昔、ミロクの世に飢饉があって、喰うものに困ったとき、たまたま山へ行くと山の木に団子がついていたので、それを食べて飢饉をのがれた。それを記念して、毎年この日に団子を木にさして供えるのであると。

ミロクの世の飢饉とは、もっと具体的には、六月に巳の日が三回ある年で、これを巳六の年だという地方もある。巳六の年の飢饉で、人々が難渋した時、木に団子がなって、飢えている人々は、それで救われたと伝えられる。六月に巳の日が三回あることは、きわめて忌むべきとされ、改めて年をかえるという取越正月の儀礼が中世末以来、江戸時代を通じて習俗化していた。これが潜在的な世直し観を基底としていることについては後述することになっている（一八七頁参照）。巳の日が六月に三回とは、通常滅多にない。そうした異常性を民衆は敏感に感じ取り、一つの予兆としたわけである。これと同様な感覚で竹の実異変ということがしばしばいわれる。竹の実もそうざらに花を咲かせるわけではない。竹の花咲けば凶年ということが古くからいわれた。この年は、飢饉がきて、はやり病が蔓延するといわれた。竹に花が咲くと、竹に実が黄金色になってぶら下がる。あたかも稲穂のごとくにである。これは、ミロク菩薩が出現して、竹の花を咲かせ、実を稔らせて、米に代る食物を与えるのだと、いう地方もある。おそらく、飢饉の年に、ミロクが出現して、人々を救済してくれることを望む意識があって、ミロクの年＝飢饉の年の伝承が作られたのであろう。ミロクが出現すればミロクの世となる。これは一方では、稲作の豊かな稔りの年であるわけだから、ミロクの年＝豊作の年の伝承が第二次的に作られたのであろう。

ミロクの年をより具体的に巳の年とする考え方が近世に流行した。巳の年は飢饉の年であり、東北地方の村の古老の記憶では、もっとも新らしくは明治二年であった(11)。巳の年は一二年ごとに訪れる。これを信仰的事実として、巳の年は飢饉の年で、この年がミロクの年であって、ミロクが出現して、世を救ってくれるのではないかという思考が存在することを、本章第五節において論証する予定である。

第三類にまとめられるのは、いわゆる民謡の中で、ミロクの世憧憬の念が歌いこめられる場合である。青森県内で歌われる草取歌に、「今年世中よい、みろくのよのなか(12)」、岩手県花巻市の田植踊の際に歌われる唱句に、「今年の世中は巳六の世中で(13)」、宮城県仙北地方の豊年節の一節に、「今年豊年弥勒の世の中(14)」、高知県高岡郡窪川村の太鼓田歌に「土佐は弥勒世の中(15)」、千葉県市原市の姉ヶ崎神社で行なわれる年越祭の歌の文句に、「ことしとしはみろくのとしで(16)」等々とピックアップしただけでも限りがない。いずれも豊作とかかわりを持った民謡の中に歌いこまれていることに注意しておきたい。

第四類にまとめられるのは、正月年頭の万才の文句の中に、「ミロクの世」または「ミロクの年」の唱句がこめられている場合である。大分県豊後高田市都甲の万才の唱句に、

年の初めの年男が、ゆずり葉を口にくわえ、五葉の松を手に持って、さて南天に突っ立って源氏が門を押し開き、三暁弥勒の出世谷の真砂が峯に生じ(17)（下略）

とあるようなミロク世期待の唱句は、福岡県や広島県あたりの万才唄では「一々億々弥勒のお世」などともいわれている(18)。年頭にあたり、幸運をもたらす万才たちが、ミロク出世を歌うという点が注意される。近世江戸では、

三河万才が、「みろく十年辰の年」と唱え、「この年は災難多かるべし、此の難をのがれんには正月のことぶきをなすにしくはなしと申し触らしたり」[19]とあって、取越正月の儀礼が伴なう先述の第二類のミロク年との関連を示している。これが具体的には宝暦一〇年（一七六〇）だと意識されていた。幻想的なミロク年の現実化を求めようとする、あたかも戦国時代に頻出した弥勒私年号に相通ずるものがあろう。私年号については後述する（本章第三節）。

第五類として、弥勒踊や鹿島踊などに表現される「ミロクの世」がある。沖縄八重山で二〇日正月と豊作祭の二度にわたって踊られるミロク踊の際に、和して諸人の歌うミルク節がある。その唱句に、

大黒のミリク、我が島ニイモリ
今年カラ我が島、世果報デリス
ミリク世ヌアタラド世果報世ノアタラド
臼数ノ米ヤタント、チカシ
今年世ヤミリク、来年世ヤ世果報
更来世ヌ世ヤ、メヒン勝ラシ給ボリ[20]

とあるが、ミリク（ミロク）が出現して、ミロク世（年）を実現させてくれることを切望していることがよく分かる。茨城県鹿島地方から太平洋沿岸にそって南下して静岡県あたりの海岸の町や村の神社神事に鹿島踊がある。いずれも六月の天王祭や夏祭において除災の念をこめて行なうのであるが、鹿島の神人を迎えて踊る古風な形式の踊の際に、諸人の歌う文句として「誠やら、鹿島の浦に、みろくお舟がついたとよ、ともえには伊勢と春日の、

中は鹿島の御社」というのがある。この意味は、みろくが舟にのってこの地を訪れ、ミロク世を実現させてくれるというものである。鹿島踊に何故ミロク信仰が導入されているのか、一つの問題で、この点は後述したい。

第六類にまとめられるのは、各地に祀られるミロク像に対する流行神的な信仰伝承である。群馬県吾妻郡中之条町伊参にあるミロクさんはその代表例である。ミロクさんは嵩山の頂上近くの洞穴の中に祀られている（口絵参照）。その霊験は、耳鼻目口など人体の穴の病気によく効くといわれている。アナの神とか女の神ともいわれる。近隣ではとくに女は嫁入り前に母親と一緒にお参りに行くべきだとされている。[21] 長野県下高井郡山ノ内町湯田中の一角の小高い丘にもミロクが祀られている。等身大の石像で、後背に「大治五年四月十九日供養、願主安応聖人、大和末光」とある。地震を鎮めるのに霊験あり、近隣に知られ、地震が続発すると、たちまち流行しだす。この二つの事例を、たんに表面的に観察するだけでは、たんなる流行神現象としての理解で終わってしまう。弥勒下生待望の信仰が変形を示したものと解すべきである。詳細については別章にゆずりたい（一七一ページ参照）。

第七類として考えられるのは、ミロク出世を願い、衆生救済を約しつつ入定した行者をめぐる諸伝承である。山形県の湯殿山行人の多くは、入定後ミイラと化し、現在も多くの伝説とともに崇拝されていることはよく知られている。[22] 全国各地の行者による入定伝説もまた行人塚とともに広がっている。[23] 行者を一種のメシアと見たてた民衆たちが、入定する行者を媒介にしきりにミロク出世を願っていたこと明らかであり、この点については詳説するはずである。なお二、三事例をあげておこう。享保一八年（一七三三）に富士山頂近くで入定した身禄（ミロク）は、自からミロクを名乗り、ミロク出世を予言して死んだ。身禄を教祖として結集した富士講は、現在も身禄を崇め、「身禄の御世のお開き」が教理の軸として継承されてきている（第四章四節）。鹿児島県の代表的入定行者は真言僧弥勒院住職空順であり、今もその信仰は根強い。彼は元文二年巳年（一七三七）に石室に入って入定したが、生前のさまざまな奇蹟は、彼が民衆にとってメシア的存在であったことを物語っている。(24)

さて一類から七類にわたるミロク信仰は、いずれも現時点で何らかの意味を有する伝承である。ところでこれらを類型に定位し、相互比較することによって前後関係を求める視点は、実は今のところ用意していない。以下の章節にわたっては、各々のミロク伝承が相互にいかに関連し合い、民間信仰史の中にいかに位置づけられるか、また、現在いかなる意義を持つかをなお掘り下げて考察することになるであろう。

(1)　和歌森太郎「奥能登における弥勒信仰の伝承」（『人類科学』Ⅵ、一二三ページ、昭和二八年）。
(2)　磯部忠雄「越中高岡の俚諺」（『民間伝承』八の六、昭和一九年）。
(3)　土橋里木「みろくの世」（『民間伝承』一五の一一、三四ページ、昭和二六年）。
(4)　阪本英一『伊参の民俗』一六六ページ、昭和四〇年。
(5)　江田絹子「東北の小正月」（『日本民俗学会報』四四、昭和四一年）。
(6)　能田多代子『青森県五戸語彙』一七三ページ、昭和三八年。
(7)　同右。
(8)　井之口章次「ミロクの世」（『民間伝承』一五―一一、昭和二六年）。
(9)　前掲註5。
(10)　木村博「竹（笹）の実異変の民俗」（『日本民俗学会報』四五号、昭和四一年）。
(11)　能田多代子「巳の年の飢饉」（『能田多代子著作集』所収、昭和四二年）。
(12)　仙台放送局『東北民謡集』一〇二ページ、昭和八年。
(13)　同右、七〇ページ。
(14)　『宮城県史』一九、民俗Ⅰ、昭和三一年。

(15) 高野辰之『日本歌謡集成』七巻、四二二ページ、昭和三五年。
(16) 『房総における特殊神事』二六ページ、昭和七年。
(17) 和歌森太郎編『くにさき』三四八ページ、昭和三四年。
(18) 前掲『日本歌謡集成』一二巻、五九一、六二五ページ。
(19) 亀岡宗山『後見草』(『改定史籍集覧』第十七、六七二ページ)。
(20) 滝口宏編『八重山』三八ページ、昭和三五年。大森義憲「沖縄のミロク」(『民間伝承』一五—一一、昭和二六年)。
(21) 阪本英一『伊参の民俗』一六二—一六八ページ、昭和四〇年。
(22) 堀一郎「湯殿山系の即身仏(ミイラ)とその背景」(『宗教・習俗の生活規制』所収一九八ページ、昭和三八年)。
(23) 今井善一郎「行人塚考」(『民俗学研究』2、昭和二六年)。
(24) 寺師三千夫編『空順日記』(鹿児島民俗叢書、昭和四一年)。

第三節　ミロク私年号の意味

前節でミロク伝承を一類から七類に分けて鳥瞰してきたが、一貫して共通するのは、憧れの幻想的なミロク世を現実化しようとする民衆の潜在的思考がたえず働らいていることである。これがたとえば「ミロクの年」として設定されるわけで、近世には、信仰的事実としてのミロク年がしばしば現出したのであった。つまり、そうした通時的な意識が、その年の社会・経済的条件により尖鋭化した場合、定まった年次が措定されたといえよう。そのもっとも典型的な例は、混乱する戦国時代に明確に発現したミロク私年号の現象であった。

年号改元には、一つの変革思想がそこに働らいていることを意味する。前の年号の時代を否定して、一新の後に新たなるものに全てを期そうとするものである。朝廷を中心に難陳の討議を経て決定する公式の年号は、当時の貴族社会の思惟のあり方で左右されるものであるが、世に私年号と云われたものの多くは、それを唱える人々の階層性、地域性とのからみ合いできわめてユニークな存在となっている。ことに私年号の大部分に弥勒という特定の名辞がとくに用いられた理由はどこにあったのだろうか。

戦国時代に遡源してみると、永正三―五年（一五〇六―一五〇八）、天文九―一一年（一五四〇―一五四二）を中心に、ミロクの年が設定されていた。関東一円にかけての私年号として著名な弥勒・命禄の年号がそれである。元来、公年号は、讖緯説に基づいたり、天皇即位、祥瑞・災異などにより、時代的な理想・願望をこめて、朝廷により制定されたものであり、私年号が問題となるのは、こうした中央の公年号を無視して、地方に割拠する中小の土豪クラスまたはそれ以下の階層の人々が勝手に、自分たちの意思に従って年号を創造したことにある。日本の私年号の多くは、中世の板碑に刻されている。これらを集大成されたのが久保常晴氏の研究である。(1)久保氏の研究によっても明らかな通り、弥勒の年号は卓越した存在であり、そこには戦国期を末世澆季の世と見て、弥勒出世を待望した意味が明瞭であった。弥勒の年号を刻んだ板碑は、関東一円から山梨・長野・福島県に今もなお残存している。

弥勒私年号の初見は、承安元年（一一七一）である。これが京都中心に唱えられた。平安時代末期、貴族社会が凋落の一途を辿る頃である。清盛政権が上昇機運にのり、前年嘉応二年一〇月に摂政基房が重盛に襲われ、三ヵ月後に基房は退くことになる。この年に弥勒私年号が成立した。恐らく貴族社会間での有為転変が末法思想により深刻化した挙句の発想になるものであろう。次年度には万平・泰平という私年号が流行している。

しかし、その後私年号の著しい流行は見られず、一六世紀前半になって集中的に出現してくることが注目されよう。その名称は福徳、弥勒、命禄が多いが、命禄はミロクの転じたものと考えられるから弥勒に一括できるだろう。中山信名の『偽年号考』によれば、

所謂延徳中に福徳の号あり、凡そ年を経たり、永正中に弥勒の号あり、凡そ二年を経たり享禄中に更に弥勒の号あり、天文中に命禄の号あり、凡そ三年を経たり、蓋当時兵革相つぎ蒼生安住する事能はず爰を以て歳運を変ぜんがために僧家漫に福徳、弥勒、命禄等の号を設けしを頑民年号の重事なるを志らざる故に、猥に流伝せしとのこと也、武家の記録に是号を用ひし事なきは士大夫以上に及ばざりし事亦以て見るべし、是号豆相に限るこの故に今に至てこれを関東の偽年号と称すと云(2)

とある。近世考証家の説ではあるが、(1)僧家が流伝した、(2)一般民衆の間に唱えられた、(3)関東に限られていた、ことが指摘されている。

まず永正年間の弥勒年号は、

(1)永正三年(一五〇六)、下総国小金本土寺過去帳に、「日富弥勒元丙寅十一月十一日」とある。

(2)永正四年(一五〇七)、甲斐国都留郡の『妙法寺旧記』に、「弥勒二年丁夘」とある。常陸国六段田村六地蔵寺恵範の『諸草心車抄』巻二に「於₂田野不動院₁玉幡之供養、弥勒二年三月六日」とある。(3)西国三十三所巡礼札に「甲州巨麻郡布施庄、小池図書助、西国三十三所巡礼、時弥勒二年丁卯六月吉日」とある。(4)

武州見沼井筋山崎組という村の宝蔵院の墓所にあったという板碑の年号は、

永徳元年　当巳年迄　　四百四十一年
宝徳三年　　同　　　三百七十三年
文正三年　　同　　　三百五十六年
文明五年　　同　　　三百五十三年
弥勒二年
　　逆修　秀永阿闍利(5)

とあり、これは永正三―四年巳年がミロク年に設定されていたことが年数の算定によって明瞭に指摘できる。つづいて天文九年(一五四〇)が命禄九年となる。これは、蜷川氏所蔵年代記の中の天文九庚子の頭書に「庚子命禄元年に成」と記されていることから判断されている。(6)

永正年間に入って、将軍家、守護大名の内訌がさらに度を加え、永正三年七月には一向一揆が越前、越中に続発した。当時の関東地方は、古河公方家の内訌が激しく治安は望み難い。『妙法寺記』には、永正元年、「此年大雪四尺降、越後国ヨリ小堀関東へ向立フ、十一十二ノ両月也、武蔵国両上椙合戦、駿河平ニ伊豆ノ国勢向テ伊豆勢負ル也、経水ヲ取テ数ス、四万人打死スル也、此年冬寒キ事不レ及二言説一……大飢饉百分千分言説不及、人馬死ル事無限、売買米七十、粟六十、稗五十文、大豆六十文、籾六十文(7)」と惨状が続いた。永正三年、「此年春ハ売買、去年冬ヨリモ尚高値也(8)」とし、やがて年の半ばに弥勒二年丁卯となった。

享禄三、四年にかけては、関東では北条氏と扇谷上杉氏の戦いがあり、都では徳政令が出され、越前では一向一揆と朝倉氏との戦いが続いた。なお享禄三年に諸国で鹿島送りが行なわれたことが『妙法寺記』に示されていることは注目される。

天文八、九年にかけては、会津に土一揆が起こり、天文九年には疫病が諸国に蔓延した。およそ一六世紀前半には、関東にも混乱が続き、民衆は絶えず歳運の改まりを願っていたのである。弥勒年号が仏寺の金石文に多く見られることは、弥勒下生の思想が寺院中心に説かれていたことを意味しよう。これらの個々の寺院と村落の結び付きから、広く一般民衆の間に、弥勒出世が期待されたのも理の当然であった。

ところでこの分布の中心について、久保氏は、武田信虎の支配する甲斐に始ったとする。武田氏の園城寺の弥勒仏に対する特別の信仰が機縁となったとされる。これを巡礼たちが諸国へ伝播させて行ったのではないかと推察されている(9)。この考察に若干の疑義を提出するならば、近世の考証家たちが、しきりに鹿島信仰との関連を示唆していたことである。たとえば、中山正名は『偽年号考』の中で、「其号多くは仏寺の記録器財に存せり、鹿島の神符に弥勒の号ありしと云えるも、この神宮中古より両部となりて、神宮寺以下社僧多くあれば也」といっている。大田南畝も「鹿島の社家枝家弥宜が家にも、弥勒の号を用いたる神符ありし由なれど、近年焼失せしといへり」とのべている。鹿島のような大きな独自の信仰圏を持つものが、甲斐国から出た巡礼たちの影響を容易に受けて、弥勒の年号を用いるようになったのかどうか、この場合、他地域のものとは別個に考えてみるべきものと思う。たとえば、岩代国(福島県)耶摩郡熊野神社の御正躰円鏡にあったという「弥勒元年辛卯二月二十二日」の私年号について、古来より承安元年説と享禄四年説とがある。久保氏の所説では、辛は丁の誤りで、他の場合と同様、弥勒元年丁卯=永正三年とされる。これも確かに一理あるところである。しかし、これを鹿島信仰と関連づけて見た場合、享禄三年に、広域にわたって、「鹿島送り」が盛んに行なわれたことは前に指摘した。

すなわち享禄三庚寅年に「此年七八ノ両月諸国諸神を鹿島に人々送申こと無限、人のなやむ事不レ知レ数大概死也」と『妙法寺記』は記している。悪疫・災害をもたらす悪神は、人々に送られて、鹿島へ追放される。鹿島神は悪神を追放し、かわりに社僧神人たちの事触れたちにより、幸福で豊かな世（＝ミロクの世）を約束してくれるという信仰が存在したのではないだろうか。仮にこの予測が成り立つと享禄四年をミロクの年とするのも、それほど間違っていないことになろう。かように、関東を中心としたミロク私年号の中心に鹿島信仰が存在することも根拠なしとはいえない。ではいったい鹿島信仰の性格とミロク信仰との関連はいかなるものなのか、次に究明すべきであろう。ただ鹿島信仰には、さまざま複雑な要素がこめられているため、今後提出されるいくつかの問題と一括して後章にゆずりたいと思う（第五章三節）。

(1) 久保常晴『日本私年号の研究』昭和四二年。
(2) 中山信名『偽年号考』（「珍書文庫百家叢説」所収）
(3) 滝沢馬琴『兎園小説別集』（「新燕石十種」所収）
(4) 同右。
(5) 大田南畝『向岡閑話』（「日本随筆大成」巻七、所収）
(6) 前掲註2参照。
(7) 菅沼英雄校訂『妙法寺記の研究』所収、昭和三七年。
(8) 同右。
(9) 前掲註1、四三六―四三八ページ。

第四節　鹿島踊とミロク踊

第二節の第五類として、踊の歌い文句に、ミロク出世を願う内容があることをすでに指摘した。鹿島踊・ミロク踊はその代表例であるが、両者はその現象面でしばしば混在一体化されている。

関東・東海地方の多く沿岸漁村部に分布している弥勒踊がある。かつて柳田国男が、『鹿島志』所収の弥勒謡の記事に注目し、はるか南島の島々のミロク踊との類似を指摘したことは著名である。(1)『鹿島志』によると、

土俗のならひに物の祝などあるおり、または祈事する日などすべて時節につけつつ老婆等おほく集り、弥勒謡とて大声をあげて歌うたひ太鼓をうちて踊れり、手を振つつ踊る貌いと可咲く中昔の風とみえたり、其謡にいはく、

よのなかはまんごまつだい、みろくのふねがつづいた、ともへにはいせとかすがなかはかしまのおやしろ、ありがたや、いきすおもりは、こがねしやだん、うてかがやくうしろには、ひよきかみたち、まへはめがめをがめござふねかンどりはしじふおやしろ、おとにきくもたふとやひとたびはまゐりまうしてかねのさがふまかふよ、かねさごはおよびござらぬ、よねのさがふまかふよ、なにごともかなへたまへ、ひたちかしまのかみがみ(下略)。

とある。ところが現在、神奈川県足柄下郡、小田原市、静岡県賀茂郡、熱海市、田方郡、島田市、東京都西多摩

郡小河内村（現、奥多摩町）、茨城県・千葉県沿岸部一帯に、右とほぼ類似した歌詞で踊る神事があり、そのほとんどが鹿島踊とよばれているのである。鹿島踊といいながら、ミロクを歌う。この両者の混融現象は、ある時点（近世中期ごろ）に鹿島地方を中心におこったものと推察される。

近世江戸で華やかにショー化した文化現象はさまざまであるが、芸能面でとくに盛んであったものに、伊勢踊・住吉踊・鹿島踊の三大踊があげられる。とくに三大踊のうち、鹿島踊は何らかの意味でミロク信仰との関連を臭わせていることは今までの記述で明らかであろう。

寛政九年（一七九七）に都座で上演された「江戸春吉例曽我」の「対面花事触」の一節に、

沖は和波ようてなん〱これわいな、宝の船が鹿島浦にまっしろ〱しろ〱白金の帆に法花経の巻物や、追ひくる風のどっと打つ[2]（下略）

という唱句があり、また文化二年（一八〇五）中村座で演じられた「鶯の巣の時鳥恵に五子の俤桜」の中「法花四季台」での鹿島踊には、

鹿島浦にはナア、ナア、エこれわいな、鹿島浦にはナアーナア、エこれわいな、鹿島浦には宝木船がつんついた[3]（下略）

とある。ともに宝船が鹿島浦に海の彼方からやってくることを歌っている。しかし、このきまり文句はかならずしも「鹿島浦」だけに限られているわけではなかった。明和六年（一七六九）市村座上演の「鹿島踊」では、

あら面白や伊勢へ七度熊野へ三度、俺が仲間は春日八幡へやれ月詣り、神をいさめて鹿島踊のなん〱品より振よし……誠かや堺浦にや宝船が着くのと艫には伊勢と春日の中は住吉四社の神[4]（下略）

とあって、後半では堺浦が語られている。この唱句はむしろ鹿島踊ではなく住吉踊に使われていたものだろう。「泰平住吉踊」[5]にはまったく同様な歌詞が示されており、江戸時代の流行現象が招いた混融現象と思われる。歌詞がほぼ同様であることは、その成立が規を一にするものか、あるいは、どちらかに元の形があって他方に文化伝播したものか二様に考えられよう。さて、さらにこうした鹿島踊について考察を進めてみよう。

鹿島踊盛行の要因には鹿島の事触れの存在がある。『新編常陸国志』には、

鹿島の神民の内他邦に出て明神の祓札を人家に配布して業とする者あり、予じめ白張の衣を着し烏帽子を頂だき路頭に立ちて年中の豊凶災異疾病の事を云ふ、大声にして隣里を響かす、以て自ら神託なりとす[6]

と記されている。これは『落葉集』所収の「大小見踊」に

鹿島浦からなう、浦から〳〵宝船が着いたとさ、顔の若やぐ年男、よい事〳〵よい〳〵よいこと〳〵よい寿を祝うて事触が参りた、是や彼方へ御免ならまず来年の恵方は申酉の間をば年徳集と定めて庚辰の年始め卯の十六日が豆まきだ、わっとつかんでよいやさ、鹿島踊をばちっちっと踊[7]（下略）

と記されているように託宣しながら鹿島踊を歌い踊るいわゆる正月における来訪者の一人であった。

このような現象は嘉永年間に書かれた『守貞漫稿』に「守貞幼年の頃大阪に来る、従来毎時来れりと聞く[8]」とあるから、ほぼ近世中期ごろには流行現象として展開していたものだろう。託宣を鹿島踊とともに行なう方式は、近世末期には託宣だけとなっていた。しかも『鹿島志』の記事では、

世中に事触と称て年の吉凶をいひ何くれの虚言などいふはかの上代の風を偽まねびたるふるまい也、この事触といへるもの鹿島よりはふつに出ずみな賤き乞食共のしわざにこそ

と書かれるような変化を示すに至っているが、元来は、厳粛な宗教的要素の濃かったものである。

『近代世事談』には、

寛永のころ、諸国に疫病あり常陸国鹿島の神輿を出して所々にこれを渡し疫難を祈らしめその患を除く、よって是を憧れて踊らしむ世俗鹿島躍といひて諸国流布す、是はしめ也(9)

とあるように、元来鹿島踊の沿源は疫病送りにあったものである。それは、最近でも東北地方を中心に各村で疫病を送るために境に持って行く藁人形を草仁王一名鹿島人形といっていることからも想像できよう。(10)

ところが一方では、このように、近世民衆社会で華やかに受容され、流行した鹿島踊とは別に分布圏の限られたミロク踊が存在するのである。それは具体的には、流行踊的な鹿島踊の詞章の中の「宝船」の文句に代わって「弥勒船」が出てきたりする場合にも示されている。

当初鹿島踊として世上に流布したものにはかならずしも弥勒の名辞が加わっていなかったのである。それは要するに鹿島から福を招来し、悪霊を払うわざおぎであった。伊豆大島元村の吉谷神社の鹿島踊の際には、「鹿島さまからめでたい事がおんじゃれ申すわい、なんじゃなんじゃ、浜へ鯖鰹が巻上る」(11)と歌い込めるのであるが、直接事触が関係していなくとも、鹿島からの吉凶はつねに期待されていたものといえる。

昔から鹿島には歌舞の風が盛んであった。『新編常陸国誌』に「年別の四月十日に祭を設けて酒灌す、卜氏の種属男も女も集合ひて日を積み夜を累ねて、飲み楽み歌ひ舞ふ」(12)とあるのは、託宣に携る卜部氏の歌舞として神がかりの予想されるところであろう。かつて左馬属で陵王舞の名人と云われた大友成道が関東に下向した。そして鹿島宮において陵王舞を舞ったところ一人の翁が出て、彼の踊よりはるかに優れた舞をした。そこでその翁こ

そ鹿島神の変化かと思われたという。[13]『垂加霊社記』に、

　鹿島社地垂加霊社者享保六年辛丑五月当社大宮司中臣連塙氏則明之所㆑建也……（中略）……神民相賀為㆓鹿島躍舞㆒焉則明大設㆓饗宴㆒為㆓賀慶㆒[14]

とあるが、この「鹿島躍舞」については、さらに「鹿島ノ地常ニコノ舞アルニアラス俗舞ノ内一曲ノ名ナリ」[15]とし、また「鹿島ノ老嫗歌舞ノ曲アリ其名一ニアラズ」[16]とも記されている。鹿島踊は鹿島で踊られる一般名詞であって、祝事に行なわれるもの、事触れとともに行なわれるものとあり、それぞれ鹿島踊と呼ばれたのだろう。そして「老嫗歌舞」がすなわち鹿島踊の中に包括された弥勒踊ではなかったかと想像されるのである。

『雲評雑誌』に、

　常陸の国風に、疫癘・痲疹・疱瘡など流行の病あるときは、鹿島太神へ祈念して、里民歌を唄ひて踊ることあり、その歌に、誠やら伊勢と春日の御社、弥勒茶船がつづいた舳艫には伊勢と春日の御社[17]（下略）

とあるのは、鹿島地方の住民が踊る鹿島踊と見えるが、その歌詞に「鹿島浦に宝船が着いた」の宝船と弥勒船のちがいがあり、先の『鹿島志』のものとくらべると（三八ページ参照）、後半部の相違が目につく。しかし、ともに鹿島地方中心に歌われていたことは明らかである。また元禄一〇年（一六九七）の「下総ほそり」の文句は「まことやら、鹿島の湊に弥勒の御船が着いてござり申すよの」[18]から始まっており、これは先の江戸で流行した鹿島踊の文句と弥勒船の箇所だけに差異を認め得るだけである。結局事触れによる鹿島踊と里民が踊る弥勒踊とは、受け入れる側の心意から見れば同質の趣意であって、これが地域社会に伝播、浸透する際には容易に混融し得たと考えられる。現在採集できる歌詞は鹿島踊といっても、弥勒踊の部分的混入とか全体的変化の度合が、受容し

た地域社会で異なるため若干のズレができてしまっていることも否めないわけである。ところで前述の現在の鹿島踊の分布地域では、いずれもそれは神社の神事となり、六月、七月に前後して行なわれている。また新潟県三島郡では七月七日に一村の婦女子が清浄な土地に新莚神酒を供し、いっしょにミロクウタを唄ったことがかつてあったという。[19] この伝承は明らかに先にあげた鹿島の「老嫗歌舞」の弥勒踊と一致するところであろう。さらに『鹿島宮年中行事』によると、七月七日には鹿島宮においても悪霊祓いの行事があったという。

先神前衛奉供索餅、此事高辛氏之悪子七月七日ニ死、某霊鬼ト成テ人ニ疫病、常彼小子好索餅故ニ今日以二索餅一是祭レバ年中之疫病除之

とある。これは要するに悪霊追放儀礼の一種である。この時期に同様な意味で鹿島の里民が弥勒踊をしていたことは先の『雲評雑誌』の記述からも推察されるであろう。

また現在でも、鹿島町、神栖町、大野村の各部落で、老婆たちがミロク踊を伝承させている。毎月一日、一五日を中心に、神社、寺、集会所に集って神仏を祈り、太鼓をたたき、手拍子をとり、静かに舞いつつ例の「世の中は万劫末代、弥勒の船が続いた」の文句を歌う（鹿島文化研究会「鹿島みろく」『鹿島文化特集号』一一号、昭和四八年）。

ところで、われわれは『鹿島志』の鹿島踊、弥勒踊の歌詞や永田衡吉氏による報告例[20]からいくつかの共通要素を看取できる。すなわち、(1)鹿島の浦に弥勒船が着く、(2)十三小女郎が米を蒔く、(3)みろく御代（世）が永続することを願う、(4)鹿島の稚児、護摩堂の語がある、の四点である。ミロクが舟で鹿島へやってくる。このミロクはどうやら米を意味している。ミロク舟は正に米を満載する舟という意である。この米を十三小女郎（おそらく巫女を意味する語であろう）が蒔いてくれる。次から次へと米を蒔くので豊かな米作が予想される。そうした世

はみろく御代（世）でそれが永久であってほしいと期待する。その間鹿島では稚児が踊り、護摩堂では護摩が焚かれる。稚児の踊は託宣で吉兆を期待するためのものであり、護摩焚きも順調を願う呪法として働らいていよう。明らかにここでは仏教的弥勒仏の具体性よりも、むしろ稲米＝ミロク観が根底にあろう。

兵庫県淡路島社家村八幡の祭礼で行なわれていた弥勒踊ではもっと具体的に、

シウソク姫（先の十三小女郎と同意か）が米を蒔ク米蒔けば又も蒔いて弥勒告て米蒔我は遠き鄙の順礼じゃ。[21]

とあり、ここでは弥勒自身が米を蒔き、しかも遠いかなたから招来された弥勒だと意識されているようである。『鹿島志』の文句には「いきすおもり　こがねのしゃだん」、「かねのさがふまかふよ」といった表現で黄金が描かれる。ここでは逆に未来仏弥勒の黄金浄土という感覚があろう。したがって、日本の伝統的なミロク信仰と仏教的弥勒信仰とが、鹿島信仰の展開する場での結びつきにおいて発現したものが予想されてくるだろう。

なお鹿島踊、ミロク踊の相互関係と、その民俗的意味については、第五章第二節において、再び考察を行なうので、本節では、現象面からの問題指摘にとどめておきたい。

（1）柳田国男「みろくの舟」（『海上の道』所収、昭和三六年）。
（2）高野辰之『日本歌謡集成』九巻、四〇四ページ。昭和三五年。
（3）同右、二九八ページ。
（4）同右、一七一ページ。
（5）『日本歌謡集成』一一巻、二四二ページ。昭和三五年。
（6）『新編常陸国志』巻六十。明治四二年。
（7）『日本歌謡集成』六巻、四五二ページ。昭和三五年。

（8）喜多川守貞『守貞漫稿』巻六。
（9）『近代世事談』（『温知叢書』第三、一六八ページ）。
（10）柳田国男「掛け踊」（『郷土研究』四―五、大正五年）。
（11）『綜合日本民俗語彙』一巻、三四八ページ。昭和三〇年。
（12）前掲註6、鹿島郡の条。
（13）『教訓抄』（『群書類従』第十九、管弦部所収）。
（14）前掲註6、第十二、風俗部所収。
（15）同右。
（16）同右。
（17）柳沢里恭『雲評雑誌』巻一、天保一三年。
（18）前掲註7と同じ。
（19）『綜合日本民俗語彙』四巻、昭和三一年。
（20）永田衡吉「鹿島踊の考察」（『神奈川県文化財報告』二一集、昭和二九年）、後に同氏著『神奈川県民俗芸能誌』上、昭和四三年に所収。
（21）渡辺月石『堅磐草』下巻、行事古人之巻所収、天保三年。

第五節　金華山信仰とミロク

いままで、伝承的意味を持ったミロク信仰・伝承の諸相を、それぞれ個別的な主題としてとり上げ、簡単な問題提起を行なってきた。本節では、これらをさらに一つの地域社会に関連づけて追究して行きたい。

伝承資料の一般的性格からも明白なとおり、伝承態をかくあらしめている要因は、多く当該地域社会の社会的・経済的諸条件である。一つの伝承態を分析するにあたっては、そうした社会・経済条件を考慮においた上で、その地域社会における伝承的世界の自律的展開の中に、その伝承態がいかに位置づけられ得るかを明確にする必要がある。

本節では、とくに宮城県陸前北部地方の地域住民が、いかなる内容のミロク信仰を伝承しているかを明らかにして行く。この目的に迫るために、より具体的な対象として、金華山信仰をとりあげたいと考える。後述するように陸前北部一帯に濃厚な金華山信仰は、ミロク信仰の内容を説明するための一つの要素になっている。陸前北部一帯に特徴的な金華山にまつわる多様な信仰形態を分析する過程で、この地域の住民たちの潜在的思考様式であるミロク信仰もしだいに浮彫されてくるであろう。

一　金銀島と金華山

石巻市あるいは女川町から船で約二時間、太平洋上の荒波の中に金華山がある。大勢の観光客を集める島には黄金山神社が鎮座し、きらびやかな社殿には多額の賽銭が集まる。金運の神として典型的な流行神の状況をていしているのが昨今の金華山である。

明治・大正ごろから牡鹿郡一帯によく歌われ、近世のはやり唄に沿源を持つ遠島甚句の一節に、

〇金華山には大箱小箱それにつづいて金もある。

金華山略図（一周26キロ）

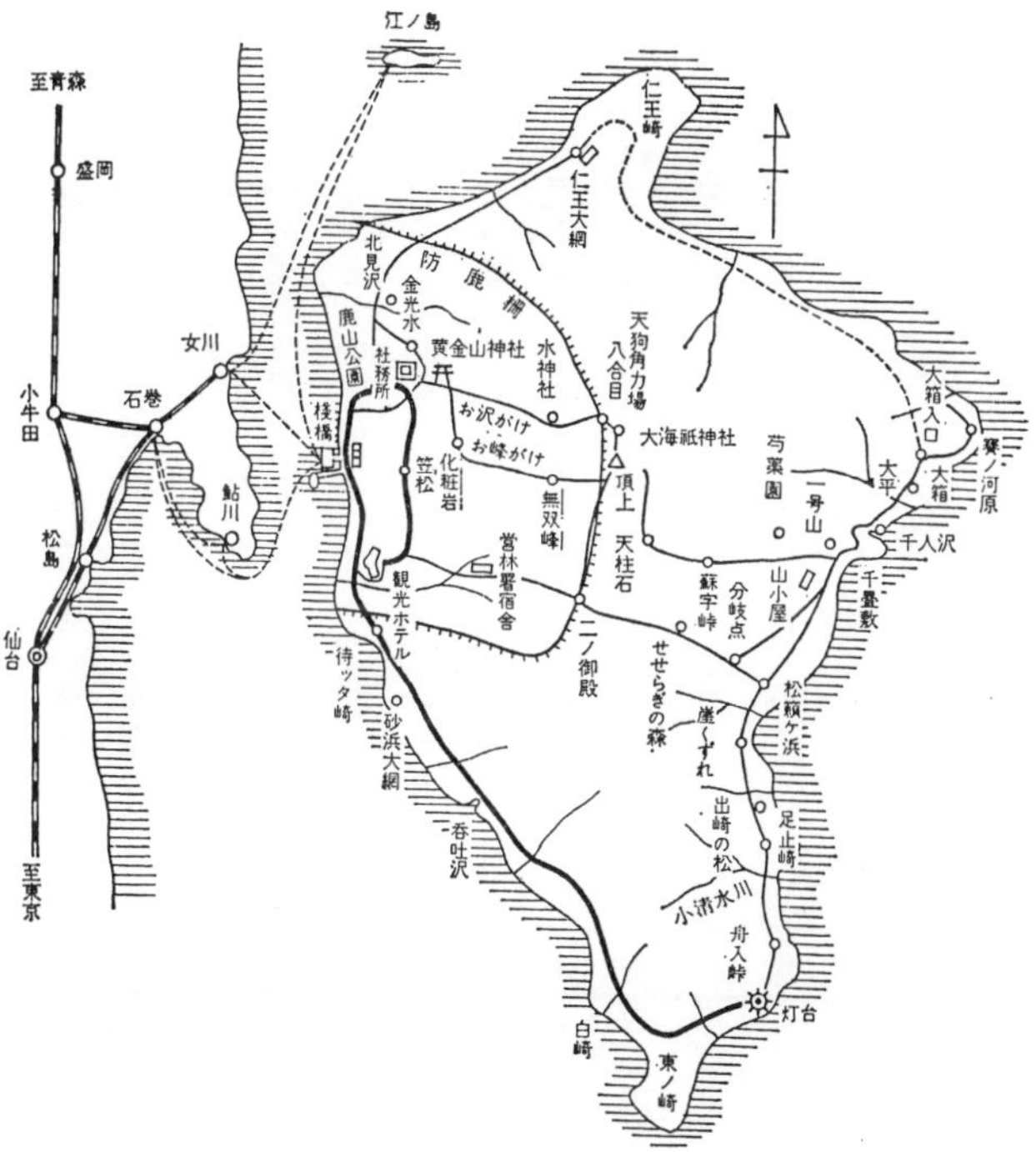

現在では，石巻から鮎川を経て金華山へ，または，女川から金華山へと遊覧船で渡れるが，昭和初期までは，石巻から鮎川まで来て，徒歩で一つ山を越え鮎川の裏側（東側）の山鳥の渡へ出て，小舟で荒波を渡って行った。神社の裏山からお沢がけ，お峰かけのコースがあり，かつての修験者，行者の修験場がある。頂上の大海祇神社からさらに奥は，蘇字峠を通って千畳敷，千人沢，大箱，賽の河原など難所がある。ここには一つの浄土観が成立しており，かつては神の降臨した聖地として崇められた痕跡もある。

○竹の柱に黄金のたる木屋根が小判のこけらぶき。
○竹になりたい金華山（おやま）の竹に上り下りの印だけ。
○沖に大漁の風が吹けば島に黄金の花が咲く(1)。

同じく松坂ぶし(別名松島ぶし)にも「東にあたりし金華山、あれは黄金の山じゃもの」とある。金華山は黄金の島だと歌っているのである。(2)

近世中期、西川如見の記した『長崎夜話草』に、

日本の東奥の海中に金華山といふあり此島の砂岩に黄金ありといへ共、島の神惜みたまふゆへ是を取事あたはず若取て舟に乗ぬればその舟忽ち災難ありといひつたふ。

とあるのは当時の民俗史料として興味深い。さらに西川如見は、寛永のころに紅毛人が日本へ来る途中遭難し東海の一つの島にたどりついたら、「其島の砂石みな黄金なりければ多くの船に取ってみて船を出さんとするにふねかつて動事なく……此島の神の惜み玉ふならんと恐れおほへば(下略)」として積んだ黄金を棄てざるを得なかったという話を採録している。そして「世界の図に日本の東海に金島銀島ありとは此島ならん」と推量する。(3)小葉田淳氏の研究では、叙上の金銀島は西欧人の意識に現われたもので、その原初的姿態は東の果ての太陽の昇る下にあるという幻想の島であり、やがてヨーロッパ諸国の東方進出の歴史にともない、印度洋から次第に極東の地へと幻を現実化する方向が伸展したとされる。(4)これがついにはマルコ・ポーロの『東方見聞録』に記される日本即金銀島という観念を生み出すにいたったことは周知の事実であり、西川如見が当時の聞き伝えから東方海上に浮かぶ金華山がすなわち金銀島だと考えたのも当時としてはおおむね妥当なことであったろう。人間が理想郷をいだき、これを求めるのは汎人類的事実である。原始仏教徒が、太陽の沈む西方に浄土を求め、古代中国人は山東半島の東端に蓬萊山を描いた。古代日本人が常世国を冠した理想郷を常陸国鹿島に比定したことも事実であるが、こうした思考と古代日本における黄金産出の具体的事実が結びついた時、人々の描く理想と現実は一層混

融の度を深めるのである。(5)

日本の国内で、黄金産出を求め、ついに巨万の富を得た長者の伝説は意外と多い。長者伝説によるとこれら長者はやがて没落し、巨万の富とともに埋葬されてしまう。そこには財宝が埋められたまま、発見されるのを待つという「朝日さす夕日かがやくその下にうるし万ばい黄金億々」の言葉とともに後世に伝えられることになる。柳田国男は、長者譚を「最初はそれがただ村々の旧家の初代夫婦の事蹟であったことも想像され次から次へと修飾せられ誇張せられ(6)」現在に至る間に途方もない話となったと解釈している。東北の長者譚では、旭長者と炭焼長者の話が多い。陸前北部でも、本吉郡志津川町の景勝地旭浦に旭長者がおって旭ケ館に住み、「本吉の旭ケ館のお財宝漆万倍、黄金億々」の伝えを残す。旭長者は藤原清衡の四男であったともいう。(7)桃生町中津山の日招橋、同町太田の反日壇はおのおの旭長者が太陽を招きよせんとした話を伝える地で、旭長者を源義家としている。(8)河南町の旭山山麓には朝日長者の話があり、その屋敷址からはいつの日か財宝が現われると信じられている。(9)牡鹿町網地の炭焼長者は炭焼吉次であり、金売り吉次の話と混合した宮城県各地の類話と同じモチーフを持っている。(10)本論ではこれら長者譚と黄金産出の関連について触れる余裕はない。(11)ただいえることは、同じ地域社会のどこかの場所に黄金の溢れ出る地があり、それがいつか具体的な形となってこの世に出現するというイメージが民衆の心意の中にいだかれつづけていた点を指摘するに止めたい。

さて金華山自体が黄金からでき上っている島であるというのは遠隔地の人々のいだいた幻想であるが、いっぽう同じ地域社会の人々は、金華山の島の一角に黄金が埋っていると考えていた。それは金華山の山奥にある蘇字峠とよばれる地で俗人不入の地であった。近世の知識人の間で、日本最初の黄金産出の地について、これを金華山とする者と、現在の遠田郡涌谷町黄金迫とする者と分かれ論争された。(12)結局現在では涌谷説が一般に認められるに至ったが、大正末期ごろまでなお金華山黄金出土の幻想を描く者は跡を絶たなかった。金華山は地質学的にも鉱脈とは無関係である。島が暁方陽光を浴びると花崗岩・水晶石の類がきらめき、あたかも夢幻の金銀島と見えるという一般の説もほぼ妥当であるかも知れない。しかしこれだけでは、金華山が流行神化して、広い信仰圏を保持しえている説明には不十分であろう。『封内風土記』には、三輪明神が黄金を練ってこの巨島を造ったという縁起をのせ、著者田辺希文はこの説が「浮屠役徒」の妄言であり、この出自としているのは「大聖経」中の「聚金煉成磐石、立於国辺海中、而為維乎国椿　此島春秋美咲金銀花」にあるとする。仮にそうだとすると後述する「浮屠役徒」と目された真言僧・山伏が民衆のいだく金銀島への幻想を巧みに利用しつつ、これを宗教的に現実化しようとしたのではないかと考えられてくるのである。

二　陸奥山と金華山

『夫木集』所載の藤原光俊の歌に、

陸奥の山をそかひに見渡せば、あつまのはてや八重の志ら雲

とある。詞書に「この歌は康元元年（一二五六）十一月かしま社にまうでて浜に出て消遙するに丑寅にあたりて雲の絶間より山のほのかに見えたる（下略）」と記されている。古代・中世を通じて、鹿島の地はさいはてと考えられていた。はるか東方の彼方に来て、異境の地を望見する機会はそうざらにはない。光俊の感慨は海の向うにちらりと見た陸地・山影を音にきく陸奥山に措定したのである。陸奥山は伝説の山・黄金産出の山であった。天

平二一年（七四九）聖武帝の時、百済王敬福が少田郡所出黄金九〇〇両を差出しこれをもって「本朝始出黄金時也」[13]としたのは『扶桑略記』[14]の著名な歴史的事実でもある。この記事の後段に、

或記云東大寺大仏粁為買黄金企遣唐使然宇佐神宮託宣云可出此土者也伝云天皇差使於金峯山令祈黄金之時矣託宣云（一云入夢）我山之金慈尊出世時取可用但近江国志賀郡瀬田江辺有一老翁石座其上作観音像致祈請黄金自出焉仍訪求其処安置如意輪観音像今石山寺是也沙門良辧法師祈誓件事其後不歴幾日従陸奥国献金（下略）（傍点筆者）

とある。この内容を大雑把にまとめると、(1)金峯山は黄金の出土する山だから、そこで大仏建立のため祈請した。(2)しかし金峯山の黄金出土は弥勒がこの世に出現してはじめて可能となる。(3)近江国で観音像を刻んで黄金出土を願う老翁がいた。この例に象徴されるような黄金出土を待望する風潮が高まっていたのだろう。(4)東大寺良辧の祈請もあって、ついに陸奥国に黄金が出土した。

『万葉集』第十八に「賀陸奥国出金詔書歌」として「鶏が鳴く東の国の陸奥の小田なる山に金ありと奏したまへれ」の反歌三首の一、

すめらぎの御代栄えむと東なる陸奥山に金花咲く

家持のこの一首は、黄金花咲く陸奥山に対する当時の憧憬をよく物語っている。陸奥国小田郡にある黄金溢れ出る陸奥山は遠く東方の彼方にある神秘的な山であったのだろう。

ところで、辺境の陸奥国へ行くのに海路を取ると鹿島が航海の要衝に当たる。鹿島神じたい古代からの航海神であったことは『常陸風土記』の記事から明らかである。この鹿島から北上して一直線に向かうと金華山に突き当たることになる。犬吠岬の突端の次の目印しが潮流にのって真直ぐに金華山となるのである。東国のさいはて

ともいうべき鹿島の地から、またはるかなへだたりを見せる金華山周辺は奥の海とよばれた。ここは荒波逆立つ難所として知られた。古来から難船が多く、水死者の亡霊がシケの晩、この辺を通る船に近寄ってヒシャクを貸してくれといったりするという。[15]この奥の海一帯の浜辺には貴種漂着譚が広く分布するのも当然であろう。鳴瀬町宮戸島の月浜・大浜・室浜にはおのおの義良親王が暴風雨で漂着したのがツキ浜、行在所を立てたのがオウ浜、御室を設けたのがムロ浜と称したとする。[16]『安永風土記御用書出』には、牡鹿郡女川町尾浦について、「神亀年中天竺釈目千葉大王之皇子空船に乗当国へ漂流、右舟当浜へ流寄於此浦舟ゟり御上り被成候故、其節王浦と相称候由」と記している。その隣の浜を御前浜といい、黄金の産出を行なった百済王敬福がここに漂着したという伝説が古くからあった。大槻茂質の『夢遊金華山之記』（文化九年）に、

牡鹿の郡遠島の内なるおまへ浜といふ所に天平の昔国司敬福がすまゐしと云ふ古跡ありと其俗の云伝へし事あり、こは此迄いまた聞きも及ばぬ事なり其頃この国司にして金華より黄金掘せしもの住ひし処（下略）

とあって、敬福が黄金を発掘したという陸奥山がすなわち金華山であったことを自明のこととしている風がこのころ明白であった。芭蕉の『奥の細道』に元禄二年（一六八九）の記事として「こがね花咲くとよみ奉りたる金華山」と描写しているのも、陸奥山は金華山だという認識が、『奥羽観蹟聞老志』（享保四年）巻之九に「陸奥山、今日之金華山」の記述と同様、近世にはごく常識化した知識なのであった。しかし事実は前述のとおり黄金産出とは無関係なのであるから、金華山が金銀島の理想郷とされるには何か別の理由づけがなされねばならないのである。古代・中世を通じて東奥の海上に猪突する山島は、いわば世界の涯にも似たイメージが与えられたであろう。そこでこうした特異な地理的条件に何者かが神秘的な陸奥山を現実的に表現させるようなある種の宗教的認

識を可能ならしめたという推論ははたして妥当であろうか。

三　弁財天信仰と金華山

ここで、金華山を支配してきた宗教者集団について分析してみよう。現在の黄金山神社は神仏習合時には、真言宗大金寺に包括されていた。世にいう金華山詣では、お山詣でとして他地域の山岳信仰と同様、近世期には民衆の信仰対象として盛んであった。現在は、石巻港、女川港から観光船で短時間で金華山に着いたが、明治・大正ごろまでは、石巻から渡波へ到り、そこから船で鮎川に入り、さらに一八町歩いて駒峯を越え、山鳥に来る。ここに渡場があった。「ここに一つの庵室に鐘楼堂ありて彼島に渡らんとするもの先此鐘を撞き鳴らす、彼所にも同じ鐘堂ありて声を合わせて船を出す、其船は彼方より来るが故に、若し風波あらく船出し難ければ鐘声をせず然る時は已む事を得ず再び鮎川へ立かへり滞留して其時の至るを待つ(17)」という状態で、渡場から金華山まで、一六町、潮の流れが速く舟子三人で約二五分かかったという(18)。やっとの思いで島の浜辺につくと新しい草鞋とはきかえる。この草鞋も「山を下る時も彼方にてはきしをば捨て船に乗るとなり、こは彼山の神沙石に至るまでも他に出づる事を誓め給ふを恐るる故(19)」であるという。聖地としての認識はきわめて強いものであった。

浜辺から別当の坊といわれる真言宗大金寺（現在の社地の西側に旧寺址がある）まで行き、そこでお籠りして金華山へ登った。現在の拝殿が、すなわち護摩堂（黄金山神社となった後も、護摩焚きの痕跡が残されている）で、その背後に登拝道がつづいている。文政年間に絵図として一般に弘布された案内図によると、登拝道には次のような参拝地が列記されている。

辯天社・神明社・滑石不動・清水石・弘法大師座禅石・水神・孔雀池・両部大日・飛石・天狗角力場・夜光石・黄金石・竜蔵三社大権現社・水晶石・御鉾石・天狗三太石・胎内潜・天の洞・蘇字峠・陰陽石・開山上人座禅石・影向石・山形石・御船石・開山上人袈裟松・独古水・天狗沢・金浪越・銀浪越・大平・御船沢・千疊敷・御路地崎・黄金崎・富ケ崎・浄土口・大箱崎・小箱崎・四天石・御籠石・阿弥陀峯・山神社・愛宕社。

これは、現在のものとほとんど変わりがない。これらのうち二、三の注目すべき点をあげると、

(1)不動尊・弘法大師・大日如来に関する伝説が附会された石が多いこと。すなわち真言宗寺院の関与したことが明白である。

(2)天狗角力場とか天狗の名辞が見られ、開山上人座禅石に示されるような修行者集団の存在が推察できる。開山上人とは成蔵坊長俊といわれる。

(3)胎内潜・蘇字峠とよばれる聖俗界の境界を意味する場所が設けられ、修行者たちの求める聖俗の一種の世界観が成立している。たとえば、胎内潜は天の洞を入口とし、巨岩の下に穴がある、人がはらばいになってようやく出るその出口を浄土口と称すること。蘇字峠は俗人不入の地、昔開山上人千日修業の聖地といわれること。嘉永年間の藤原広泰著『金華山紀行』には、大箱崎・小箱崎を過ぎると、賽の河原があり、小石で五輪の形を積みあげている様が描かれているし、大槻茂質の『夢遊金華山之記』には、島の裏側近くに金剛界・胎蔵界と呼ばれる所があったという。

(4)全島に弁財天信仰にもとづく説明がなされていることも大きな特徴である。竜宮・竜神・天女などを同義として扱い、出現・影向の地として説く。山頂の竜蔵権現（神仏分離後は大海祇神社・海神神社）が中心の祭場で

あり、尊像は大箱崎に出現したとも、銀波越・金波越に漂着したとも、水晶石に降臨したともいい、さまざまである。

以上の多様な信仰要素を統括する大金寺について検討してみよう。寺伝では草創について、古代仏教の地方浸透の過程で、権力者との結びつきから説くこと、陸前の他寺院の場合と同じである。秀衡が寺領三〇〇〇石を寄進したのが永万・仁安（一一六五—一一六八）のころという。のち石巻城主葛西清重の後援を得、天正のころ灰燼に帰した。そして天正の初頭真言宗の僧成蔵坊長俊（開山上人と称さる）が来て再興し、このころに弁財天合祀が成ったとする。現在の黄金山神社所蔵文書はわずかで、その間の事情を語るものがほとんどない。ただ宝物として蔵されている般若心経を入れた箱蓋に「天正十一年、金華山庵主成蔵」という文字がある。ただこれは書写されたもので、「金華山二所之宮、自昔此経納、只今護摩堂納是、威徳院、遠島遍照院度々修理」とあって、金華山に蟠居した威徳院と配下として江ノ島に定着した遍照院らによって、般若心経の箱が代々保管されてきたことがわかる。般若心経は血経で往時の修行の一端を偲ばせるが、その中で奥書の年号が判明したのはただ一つ、「大般若波羅密院経巻第三百廿」に「寛喜元年」（一二二九）とあった。おそらくは、天正・文禄年間ごろに大金寺史に一つのピークがあったのだろう。それ以前にも信仰地としての存在も確かであった。開山上人といわれる真言宗系の行者の存在は歴史的事実と判断しても差支えないと思われる。さらに伝承の上からうかがうと、『封内風土記』に、藤原秀衡が四八坊建立したとして、[20]

大金寺・大蔵寺・大乗寺・大行寺・大明寺・大宝寺・大応寺・大竜寺・大徳寺・大願寺・大養寺。
辯蔵寺・辯聖寺・辯智寺・辯教寺・辯徳寺・辯満寺・辯明寺・辯珠院・辯行寺・辯竜院・辯覚院・辯寿院。

斎蔵坊・斎覚坊・斎光坊・斎沢坊・斎元坊・斎智坊・斎明坊・斎竜坊・斎岩坊・斎性坊・斎徳坊・斎会坊。天応菴・天望菴・天宝菴・天明菴・天瑞菴・天養菴・天経菴・天城菴・天蔵菴。

を列記している。四八坊といっても四四坊しかない。これが葛西家の時代には一八坊となり、大金寺がこれらをすべて総括することになったという。上記の四四坊の頭文字に注意すると、一種の語呂合わせで、大辯斎天となる。つまり大弁財天の意味である。大金寺の勢力の高まりが弁財天信仰との間に深い関連があったことが推察されよう。さきの般若心経の箱蓋の裏には、弁財天の曼陀羅が墨で描かれている珍らしいものである。弁財天を中心に左に吼枳尼天・大黒天、右に吉祥天・毘沙門天とあり、下方に、一五童子が従えられる。一五童子とは、三輪・熱田・諏訪・春日・丹生・白山・若一王子（熊野）・竜蔵（那智）・西宮・稲荷・加茂・羽黒・鹿島・八幡・松尾の各明神が童子姿をして配置されたもので、水際に鹿島・松島がいて、米俵を乗せた舟のともづなを引いているという構図である。弁財天を福神の中心に置いて民衆に説いたと思える。弁財天が分身として多数の童子を連れているのは、中世の民衆の間に膾炙された図柄であるから、金華山大金寺の真言僧・山伏と民衆の結びつきを媒介に弁財天信仰が強く働らいていたことは明らかであろう。いったい大金寺の配下にあった山伏たちの実態はどうなのかを知るための材料は皆無といえる。ただ近世末期に大金寺弟子として新たに交衆に加わることを許された最真房・智温房・純如房・戒暁房・敬純房・康純房たち[21]は真言宗寺院に仕える修行僧であるが、修験者として法印とよばれる人々であった。彼らに代表される行者たちの奉斎するのが弁財天であったことは明らかであるが、月光善弘氏も述べられているように、このあたりいったい、真言宗寺院の分布と弁財天信仰の分布は一致している。真言宗寺院の鎮守神として弁財天が存在する場合もきわめて多い。つぎに、陸前地方の沿岸部一帯には弁財天信仰が拡まっている。これらの縁起譚について考察してみよう。

(1)稲井町（現、石巻市）流留の弁天については、昔一葉の小舟が流れついた。人々が見ると舟中にやんごとなき天女がおり、朕は旭天女なりとのべて姿を消した。よって弁財天を斎きまつったという。[22]

(2)志津川町椿島には天女塚があり弁財天がまつられているが、延徳年中のころ、宮司作兵衛四世の祖某が舟で通りかかったところ、島中に天女が多数舞っていた。しばらくして天女たちが去り、一人の幼女のみが残された。かたわらに白狗児もいた。やがて病となり幼女も白狗児も死んだので、作兵衛が葬り塚となし、弁財天にまつったのだという。[23]

この二例に代表されるように、ともに天女が漂着して弁財天としてまつられたという一種のうつぼ舟漂着譚に素地を置くものである。近世に流行神として盛行した石巻市住吉島の弁財天は、石巻湾に面し、『封内名跡志』によると、碧潭の際に立っている烏帽子岩の上にまつられていたと記されているが、これに真言宗寿福寺が関与していたという。

金華山の浮かぶ奥の海には、古来よりさまざまな漂着物があり、必然的に貴種漂着譚も成立したことは前述のとおりである。金華山については、太平洋に直面した際の、御船沢・銀波越・金波越・大函岬に天女が漂着したと伝える。たどり着いた天女が、麓の弁財天堂と、山頂の竜蔵権現にまつられたと伝える。この竜蔵権現は、真言密教と関連を持つ十一面観音の垂迹としても知られる。興味深いことは、古川古松軒が聞伝えに、「山上には天竜大権現と号して弁財天を祭るともいい、また蔵王権現を安置せるともいう」[24]といっていることで、現在神社側の史料からは容易にうかがうことのできない修験関与の一端がここに示唆されている。真言宗系修験と弁財天との関係は、女川町江ノ島の弁財天については、修験の真野村喜明院が幣入していたり、登米郡狼河原村の弁財天に別当修験大誓寺尊性が、先の稲井町流留の弁財天には祭主周明院がそれぞれ関与していたことが『安永風土記御用書出』(『宮城県史』26「風土記編」所収)に記されており、弁財天信仰の伝播に修験が一役かったことがわかる。そうした中で、とくに金華山の弁財天が強調されていたことは、修行道場としての金華山を持つ大金寺の修験たちの勢威によるものであろう。女川町江ノ島で憤死した栄存法印は御靈信仰に資料を提供するものであるが、彼の墓碑銘に「天明八戊申季、隆蔵権現、八月十日」[25]とあり、隆蔵=竜蔵からしてすでに当時金華山の配下にあった江ノ島在住の修験たちの関与を物語っている。現在黄金山神社の氏子区域となっている鮎川は当然信仰圏の中核に位置するが、牡鹿町長渡浜の大金明神社・雷神社は、それぞれ大金寺と修験善学院の関与していたところである。仙台市東九番丁の報恩寺にある弁財天については、当時の住職が金華山弁財天を信仰し、月詣りすること数年に及んだところ、一夜夢に弁財天が現われ、毎月の来山は大儀であろうから、わが分身を授くると告げた。和尚は夢醒めて驚いて金華山に赴いたところ、大金寺の住職もまた同様の夢告を得ていたという。かくて弁財天がまつられるにいたったという。信仰圏拡大の典型的な縁起が説かれているのである。[26]

結局、金華山に蟠居した修験たちが、弁財天信仰を説きながら民衆生活と結びついていったことが明らかであるが、その実態はいかようなものであったかを次に考察したい。

四　金華山信仰と巳待ち

金華山周辺は、黒潮と親潮の合流する絶好の漁場であり、牡鹿郡ほとんどの入会漁場となっている。[27]主として鮑・ノリなどが採取されてきた。さらに沖へ出ると、鰹漁の漁場となる。金華山信仰の信者層に、鰹漁に従事している人々が多いのは、漁場へ向かい陸を離れて行き、船の位置を確かめる際、金華山の水平線の高低によって形づけられる山形を目印とすることにより、大漁と航海の安全が保たれるとしていたことに因由する。大正四年以後、機械船が使用されるようになったが、帆船時代の目印としての金華山への感覚に差異はなかった。沖を離れて、約二〇マイルあたりに来ると、金華山の約三分の一が没する。このあたりをサンノゴデ（三の御殿）、つづいてニノゴデ（二の御殿）。約四五マイル来ると、金華山は小さくなり、星の形のようになる。ここをニオボシ（乳穂星？）とよぶ。完全に山形が見えなくなるとヤマナシということになる。船はさらに南下して行くが、日没時になると、ちょうど舳の方角に当たる金華山に向かって水を撒き、焚付けに火をつけ、お灯明を上げるのがならいであった。安政四年（一八五七）、金華山沖を通りかかった開成丸では「金華山巍然として海面に現れ出ず、弁財天の祠大金寺など見ゆれば、水手ども手洗ひ、口嗽ぎして竹の皮に白米を盛り、海中に散じて合掌礼拝す」[28]という光景であった。これらに見るごとく金華山が漁師・水夫たちにとって、航海上の守護神としての性格が強力であったことはいうまでもない。鰹漁に出掛けた人々は帰路も金華山目当てに真直ぐ北上する。ニオボシを見た時の安堵感は何ともいえないといわれる。以前鰹漁は旧五月五日からはじまった。金華山でお護摩を焚いてもらい、お札を受け、舳にこれをまつる。秋の土用には鰹漁も終わり、早速お礼参りに出掛け、お初尾を供えてくる。漁師は船に乗って、個々に島へやってくるので、ここには同信者の講的結合は見られていない。自然崇拝に素地を置いた漁神・航海神としての性格は、古来からの金華山信仰の一つの特徴を形成しているのである。

金華山の主要神事は、旧五月初巳の日で、黄金山神社の神輿が、島の前面の亀島に渡る。神輿は、氏子の鮎川浜の若者集団（以前は巳待講）によって奉仕される。当日は満艦飾の舟がいっせいに太鼓や笛を鳴らしながら来集し、各地から信者が勢揃いする。いっぱんに信者集団は講単位となっている。それは黄金山神社が昭和七年に組織した永代講と、古くから遠隔地に組織されていた講と二つに大別される。

信者の分布については、宮城・山形・福島・岩手の東北四県に集中している。地元の宮城県内での分布を見ると、沿岸・山間部との区別なく斉一的である。このことは、金華山信仰が漁民だけのものではないことを明白に示している。

牡鹿町鮎川は、いわば金華山のお膝元に当たる地域であり、五月初巳の日には、前日一晩お籠りをした青年団（一八―二五歳）の若衆が、神輿かつぎに加わる。お籠りする夜を巳待ちといい、若衆が宿を順番に定め、金華山の掛軸（弁財天）を正面に夜中まで籠る。

気仙沼市で、現在金華山講というのは、約六〇年前に汽船会社が観光団体に組織したまったくの観光客の集合体であるが、それ以前に初巳の行事に金華山詣りを行なう気仙沼講中が存在し、この講中が行かないうちは神輿が渡御しないといわれた。これは金華山弁財天が最初気仙沼湾から上ったためだとさえいわれた。(29) この気仙沼講はむしろ農村部に組織されていて、やはり巳待ちを行なっていた。

津山町横山水沢には、巳待ケイヤク講があり、村寄合のケイヤクと習合している。毎年二月、六月、一〇月の一一日に戸主が順番の宿に集まり、まず口をすすいでから金華山の掛軸をかけ、お神酒をいただき、寄合いに入る。約二〇〇年前に成立したといわれるが、巳待ちの名称が現在まではっきり残存しているのは、金華山信仰がこの部落においてケイヤクと習合した形で、受容されたからにほかならない。

宝暦のころに、桃生郡大川村（現、河北町）に弁財天女が祭られ、弁天講が成立した。部落の若衆が一八歳に達すると講に入り、四二歳で退講する。大正二年に弁天堂が改築され、春秋二回の祭礼が施行されているという。(30) これは若衆組と習合した例であろう。先の鮎川の例もそうであったが、お籠りの巳待ちが基底に存在することが推察される。

鳴瀬町野蒜から出た天明飢饉の供養塔に次のようなものがある。(31)

天明壬寅　深谷郡小野塚中講中

巳待供養塔

四月吉祥　同郡野禁　世話人　尾形正治兵衛

天明飢饉の際、鳴瀬川に死者が相当数流れ、それが仲瀬に上ったので、野蒜ととなりの小野部落のどちらが埋葬するか争いがあったといわれる。おそらく巳待ちの若衆たちが実務に当たり、その供養の意をこめて建立したものと思われる。

巳待ちは巳の日の夜のお籠りを本義としたものである。金華山弁財天の祭日は巳の日であり、弁財天を護持・宣伝した金華山の修行僧・山伏たちの村落生活への浸透が金華山信仰圏の拡大となった。巳待ちはやがて地縁的結合を超えた形の金華山詣り中心の金華山講へと変化し、その上にさらに観光組織としての講結合の成立を見るに至ったのである。

天の関係に似る。

五　巳の年とミロク

さて右のような巳待ちの信仰について、さらに考察を進めてみよう。長野県上水内郡の戸隠山山麓には巳待ち講が多く分布している。これは戸隠山修験が唱導したもので、旧暦の巳の日に、日待ちをする。[32] 戸隠山の神体である九頭竜権現をまつるのであるが、この巳待ちにおける戸隠山修験—九頭竜権現の関係は、金華山修験—弁財

千葉県君津郡富津町で巳待講というのは、毎月辰の日に行なう講だという。[33] 辰は巳の前で文字通り巳の日を待つことになる。巳の日は陰陽道ではオカンニチとして忌み嫌われた日である。壱岐では一二月の巳の日、[34] 愛知県三河の山村でも忌まれる日として数えられていた。[35] 四国に濃く残存する資料で巳正月というならいがある。一二月の初巳の日を指すもので、別に仏の正月ともいう。徳島県三好郡祖谷山ではこの日、新仏の年越させといい、朝墓詣りして墓前に草履を供え、餅を焼く。香川県観音寺市高室では、仏間にシメを張り松を立て大小の重ね餅を供え、さらに豆腐に一本箸を立てて仏壇に置く。[36] 愛媛県越智郡大島では不幸のあった後一周忌までの間に正月を迎える時、旧一一月の巳の日に新仏の正月とて餅を搗き寺に参り、墓前で餅を焼く真似をして夜明けにちぎり合って喰う。普通なら搗いた餅をすぐ焼いて食べることを忌んでいるという。[37] 明らかに普通の正月とは異なっていることを示すものである。結局のところそうすることによって一年に二度ないし三度の正月を持つことになる。それも巳が忌嫌われるためだという。これは民俗的意味からは徹夜してお籠りするという日に歳運を改める機会を得るということになる。巳という語義には、元来陽気を盛んにし、陰気を籠らせるという意味から、蛇が殻を

破って出てくる様を表現する。したがって干支の巳の日が月に三度あったりすると、異様な感覚で迎えられた。女川町の民衆の生活史料として著名な「万ふしきの事扣覚帳」[38]の文化一一年（一八一四）の項には、この歳の五月二五日から八日まで三日正月といって門松を立てた。そのいわれについて次の三通りが示される。

(1)「当年は巳六の事なりと咄ある人間共は喜ぶべきと言ふ」

(2)「成程当年は巳六には候得共病はおろし歳なりわつらひ有れは逃れなき年なりと言ふ」

(3)「成程病おろし人足はやき年なれ共、人間共は此事をさとり三日正月と言ふを備へ此年を過すと言ふ」

という三つの内容で説明している。つまり五月末に取越正月が民衆の間で行なわれたのは、その年の不幸を終了にして、歳運を改めようという意図なのであった。先述の巳正月・仏正月という事例にも一一・一二月の巳の日に限られてはいるが、その年の不幸を早目に切り上げてしまおうという意識を濃厚に汲みとることができよう。

叙上の女川町の事例では、五月末の巳の日であるという記述はない。しかし歳運を改める契機として巳の日が措定されることは他の諸事例からも明らかであろう。岩手県九戸郡中野村（現、種市町）では、六月中に巳の日が三度あるとミロクだといって喜ぶという。この事例は先の(1)の「当年は巳六の事なり」として歓迎する場合と類似している。

『後見草』の一節に「宝暦九年の夏のころより誰いひ出せるといふことなく来る年は十年の辰の年なり、三河万才の歌へるみろく十年の辰の年に当れり、此の年は災難多かるべし、此の難をのがれんには正月のことぶきをなすにしくことなしと申し触らしたり」とある。この場合、宝暦一〇年（一七六〇）辰年で、この年の不幸を除くため取越正月を行なったことになる。辰巳は連続するわけで、巳待ちは辰の日の夜に巳の日を待ってお籠りをすることを本来の機能として持っているわけであるから、歳運を改める場合にも、当然辰の年の災厄を早くに終了させ巳の年の来るのを期待するという意識の発現を予測できるであろう。「みろく十年辰の歳」、「当年は巳六の事なり」として非常に喜ばしく迎えられる意識は伝承的世界に久しいものであった。[39] これは民衆の持つ「ミロクの世」への憧憬に根をもっているのである。

筆者がここで考えたいことは、このミロクの世に連なるミロクの年が民衆の潜在意識の中で具体的には巳の年であったのではないかということである。

文化一一年（一八一四）の年は辰の年ではないが、年内に正月を迎えることによって意識の上で、次の年の幸運な年を迎えたことになる。宝暦一〇年（一七六〇）は、はっきりした辰の年であり、災厄を除くことで年内に正月を設け、巳の年を迎えることになる。ところで他の巳の年で、近世期以降の年代を調べて行くと、不思議なことに、これら巳の年は飢饉の年に合致している。東北六県には古くから巳年は飢饉の年だという口碑があった。『永禄日記』に元文二年（一七三七）の巳の年が飢饉であったことから振り返って「是迄去ル享保十巳年ニハ日損凶作、正徳三巳年ニハ大水ニ而不作、元禄十四巳ノ年ニハ八月九日之大水ニ而不作、物のためしも有之候」[40] と記されている。寛延二年（一七四九）巳年も飢饉であり、天明五年（一七八五）、天保四年（一八三三）はともに凶作の打ち続く年であった。明治二年（一八六九）もまた飢饉であった。

先の女川町の事例の(2)に示されたミロクの年に災厄が多いという意味は、たとえば福島県伊達郡霊山村大石で、昔ミロクの世に飢饉があって食うものに困ったという伝承からも、[41] うかがえることである。ミロクの年は喜ぶべき年であるという意味の裏に、恐れられる年だという二律背反性が存在する。この矛盾は、結局不幸を除いて幸福を求める潜在的心意の表現でもある。巳の年が飢饉年というのは他の飢饉時とくらべてかならずしも歴史的事実とはいえない。むしろ巳の年をして、ミロクの年たらしめようとする信仰的事実の伝承的世界における表現であろう。

さて天明三年（一七八二）卯年から始まった大飢饉はきわめて悲惨であった。「此時の国中の在様神代の往古は知らず、人王に至て如斯の大変亦可有事共不被思、寔に五十六億七千万歳此時成歟(42)」という叙述がある。

これは天明四年（一七八三）辰の年に現青森県八戸市近郊に住んでいた一知識人が記したものであるが、この感慨はおそらく東北地方に住み、大凶作に直面した民衆たちの偽らざる心境であった。弥勒仏出現の時を描き、それをはなはだしく期待する。しかも次年は巳の年であり、人々の想定するミロクの年でもあるのだ。

ところで金華山弁財天は巳年縁年を説いていた。もちろん、説く理由は弁財天が水神的要素を持ち、蛇をつかわしめとすることから解釈された通説によるものであろうが、なおこの基底には、民衆の欲求に答える思考形式が成立していたからにほかならない。気仙沼市では、金華山には、飢饉の年に限って大勢詣ったという古老の記憶がある。飢饉の年はつまり巳の年であろう。天保四年（一八三三）巳の年は、気仙沼では浜方は大漁であったが、農村部では不作であった。翌年秋、気仙沼の少林寺で金華山弁財天の出開帳が行なわれた。そしてその年の秋は期待通り万作であったという(43)。

桃生・牡鹿郡あたりでうたわれる獅子舞歌、獅子振り歌の一節に「左のかたには大黒様、右のかたにはおえびす様、中でやくとる弁才天(44)」とある。弁財天がえびす、大黒という普遍的な福神より優位に意識されていることがわかる。金華山弁財天が強力な福神として民衆に期待されているのである。それは民衆の求めるミロクの年を金華山が巳の年として現実化させてくれるからだった。そのように民衆の潜在的心意にアッピールするような形で金華山修験が巳待ち、金華山講などの伝播を通じて説いたのではなかろうか。そしてミロクの年→ミロクの世を説く金華山の存在は、つまるところ意識の中での幻想的な黄金溢れる金銀島なのであった。これは民衆のいだいたささやかなユートピアでもあったのである。

金華山が、古代〜中世に成立したユートピアの一典型であるのに対し、一方には日本に伝統的な隠れ里に対するユートピア観も成立している。隠れ里もかなり具体性をもつもので、平家部落とか落人伝説を伴った、川上をさかのぼる山中奥深い地点に設定されていた。立派な調度品があり、来客があると膳椀を貸してくれたといい、たまたま借りてくることのできた里人が、膳椀を家宝に持ち伝えていると説く。この隠れ里は、山中他界観を基底に成り立っていると考えられている。ところで金華山の一角にも蘇字峠と称する聖地があった。誰も人の近づけない霊地だといわれている。これも一種の隠れ里的存在だったらしい。金華山=金銀島というイメージから、金華山が現実化した段階で、さらにユートピアが矮小化されたすこぶる近世的所産によるものだろう。

（1） 郡誌編纂委員会『牡鹿郡誌』一九六ページ、大正一二年。
（2） 同右。
（3） 西川如見『長崎夜話草』の中、「世界万国金銀之沙汰付紅毛金島に到ル事」。
（4） 小葉田淳『日本と金銀島』昭和一八年。
（5） 古川古松軒『東遊雑記』巻一〇に「金花山は山の形宝珠のごとく、浪打ちぎわの形は亀に似たり、宝深山とも称すべき形なり、他国にいう所は、この嶋山には黄金満ち満ち、参詣の山道砂金なりということは甚だしき虚説にして」とあるのは、金華山に対する当時の理想郷観の存在を物語っている。

(6) 柳田国男「伝説」(『定本柳田国男集』第五巻、昭和三七年)。
(7) 平田芳光「陸前旭浦に伝説を探ねて」(『旅と伝説』四—二、昭和六年)。
(8) 成田正毅『郷土の伝承』昭和一〇年。
(9) 桃生・牡鹿郡日本史研究会『桃生・牡鹿郷土の史料集』昭和二九年。
(10) 及川儀右ェ門『みちのくの長者たち』昭和三二年。
(11) 中山太郎「宝探し物語」(『日本民俗学論考』昭和一八年、所収)。
(12) 沖安海『黄金山神社考』文化一〇年。大槻文彦校閲、森亮三郎編『黄金山神社考拾遺』昭和二年。
(13) 今井啓一『百済王敬福』昭和四〇年。
(14) 『扶桑略記』天平二一年の条。
(15) 町誌編纂委員会『女川町誌』九〇〇ページ、昭和三五年。
(16) 前掲註9。
(17) 大槻茂質『夢遊金華山之記』文化九年。
(18) 中村蓊『松島と金華山』大正六年。
(19) 前掲註17。
(20) 『仙台金石志』巻一四に、大金寺鐘銘(元禄年間)がのせられ、銘文にも同様な寺伝が記されている。
(21) 「黄金山神社所蔵文書」には、「奥州牡鹿郡金華山大金寺弟子、春恵房所属最真房、右於干当会場令新加交衆事、仙台談林竜宝寺、嘉永六癸丑年十月」他五通がある。
(22) 『稲井町史』一二ページ、昭和三五年。
(23) 『封内名蹟志』第十七。
(24) 古川古松軒『東遊雑記』巻一〇。
(25) 宮城県教育会『郷土の伝承』二、昭和八年。
(26) 内藤弥一郎『仙台寺院名鑑』第一巻、明治三九年。

(27) 山口貞夫「牡鹿の地の島」(『島』一―三、昭和八年)。
(28) 小野寺鳳谷「開成丸航海日誌」(『女川町誌』一六一ページ)。
(29) 「千葉桑園記録」(『気仙沼町誌』所収、昭和二八年)。
(30) 『大川村誌』昭和三一年。
(31) 前掲註9。
(32) 拙稿「戸隠山信仰と巳待ち」(信濃毎日新聞社『戸隠』所収、昭和四五年)。
(33) 『綜合日本民俗語彙』一五三四ページ、昭和三〇年。
(34) 同右、二二四ページ。
(35) 同右、五四一ページ。
(36) 同右、一四三〇ページ。
(37) 同右、一五〇六ページ。
(38) 宮城県史編纂委員会編プリント版。「石浜の勇蔵日記」ともいわれる。
(39) 和歌森太郎「近世弥勒信仰の一面」(『史潮』四八、昭和二八年)。
(40) 山崎立朴編『永禄日記』(「みちのく双書」一、昭和三一年)。
(41) 井之口章次「ミロクの世」(『民間伝承』一五―一一、昭和二六年)。
(42) 松橋治三郎『天明卯辰簗』天明四年。
(43) 町誌編纂委員会『気仙沼町誌』昭和二八年。
(44) 前掲註9、鮎川町・荻浜村の部。

第二章　ミロク下生の系譜

第一節　弥勒寺の伝承

中国においては、玄奘がインド仏教を受容、これにもとづき法相宗が唐代に盛行した。初唐の法相宗が日本伝来の嚆矢となったことは周知の通りである。法相宗はその理論的中核に唯識宗をおくきわめて哲理的側面が濃いものであるが、信仰形態としては、弥勒信仰を展開させ、法相系の寺院には弥勒仏が造像されたのである。奈良時代以後の元興寺、興福寺をはじめ、弥勒仏を本尊とする寺院の数は、他を圧倒した。この時期の弥勒信仰については、多くの仏教史学者が実証するように、弥勒浄土に上生する面のいわゆる弥勒上生信仰が強調され、それは平安末に阿弥陀信仰にとって代わられるまで、貴族社会の中に浸透していたのであった。(1)しかし、文献の多くは貴族社会における弥勒上生信仰を語ってくれるが、これの民衆生活の中でのあり方については、まったく不明確といってよい。つまり弥勒の兜率天往生は有徳の限られた僧と貴族によって信仰されるが、民衆がこれにどう反応していたのかほとんど知ることができない。ただ『日本霊異記』や『今昔物語集』の中に見られる幾つかの弥勒説話にはその点に関しての興味深い点が指摘される。

以下若干の事例を示そう。

㈠　近江国坂田郡遠江里に一富人がいた。彼は瑜伽論を書写する発願をおこし、家財も妻子もなげうって修行にはげんだが、なかなかはかどらぬまま、天平神護二年（七六六）九月に山寺に入って日々を過していた。ある時その寺内に一本の柴が生え、その柴枝に忽然として弥勒仏が化生した。これがたちまち世に伝聞し、諸人が稲米や銭衣をもって参詣したという。弥勒菩薩は、兜率天にいるが、願主の求めに応じ、衆生利益のために苦縛の凡地に下ってくれるものだから深く信じなければならない。(2)

㈡　紀伊国名草郡貴志里に、村人の私寺があった。そこに一人の優婆塞が住していた。時に寺内にうめき声がする。病人が参宿したのかと思って見まわったが人がいない。塔を建てるための木材が置いてあったので、あるいは塔の霊かと疑ったが、そのうめきは一晩中続いた。翌朝、堂内を見ると、弥勒の像の頸が、沢山の蟻によってかみくだかれ、落ちていたのであった。(3)

これに類する話は、京の葛木尼寺前の墓場で泣声がきこえるので、かけつけると、盗人が弥勒像を盗み出し、石で打ちこわしていたという話(4)にもあるように、仏菩薩を擬人化して、その霊験をすこぶる現世利益的に解釈した民衆の思考様式にもとづくもので、これは、弥勒に限らず、観音・地蔵・文殊・阿弥陀の各菩薩にも同様のモチーフで語られているものである。

しかし、㈠類の話は、他に比較する類話に乏しいが、明らかに弥勒下生を軸としたものであることが注意される。したがってこの時期に弥勒上生信仰一辺倒であったとは必ずしもいえないことを示していよう。

民衆社会においてこれらの説話に出てくる弥勒仏が安置されている寺は、一道場または私之堂等と表現され、(5)村人が結縁して私に作った寺を意味している。そして、これを「慈氏禅定堂」ともいった。すなわち弥勒がこの世に出現するのを待つ堂の意である。

弥勒仏を安置する寺院は、元興寺、興福寺、関寺、勝尾寺といった大寺のほか、平安時代には、伊予国、太宰府、加賀国、山城国、豊前国その他に弥勒寺として建立されていた。これら諸寺院の建立は、弥勒上生信仰優位の思潮にあって、たんに兜率天往生を欣求するためにのみなされたと断定できるだろうか。以下弥勒寺に関わりのある縁起に類する伝承を取り上げてみよう。

(1)勝尾寺は、神亀年中に善仲、善算の二人の行者によって開かれ、宝亀年中に開成皇子により寺院が草創され、弥勒寺と号した。「遙期₂慈尊出世₁」ための寺であったという(6)。

(2)豊前国弥勒寺の上座千玄は、所々の法会の先達をつとめていたが、僧の収入の分け前を自分のものにしたかどで、五百世の間大蛇にならねばならなかったという(7)。この話は、法然の師が、慈尊出世に値わんがため大蛇身となって待たねばならなかったという話(8)と同様、素材は、教訓めいたものになっている。法然の師肥後阿闍利は、智恵深遠であったが、自からの劣性を知り、往生浄土は難かしいと考えて、蛇身になって、長命を得て弥勒下生に値偶せんとした。そこで叡山を去り遠江国笠原荘の桜池に入水し、大蛇に化したというものである。これと弥勒寺で弥勒下生を期待するというモチーフとで共通している。

(3)当麻寺の縁起は、役小角が土像の弥勒仏を作り安置したことにはじまる。そしてこの寺に参籠することは、「後仏出世」を期することにあると記されている(9)。

三井寺に円珍が初めて入った時、金堂に丈六の弥勒が安置してあった。かたわらに堂があり、一人の老僧（老比丘）がいて、自分はここに住んで一六〇年になる、この寺は、弥勒の出世に至るまで、護持すべき寺であると語ったという。[10]

(4)関寺に三井寺の明尊が詣った時、夢を見た。夢中に、黒牛が堂前につながれ、自分は迦葉仏で、関寺の仏法を助けんがため牛と成ってここにいるといった。この寺の弥勒仏はすっかり朽ちはてているが、これに礼拝する人はかならず当来の世に生まれることができるという。[11]

(5)高野山金剛峯寺は、迦葉尊者が鶏足山で弥勒出世を期すことに比定され、弘法大師が弥勒出世を待つ寺であり、高野山に詣れば、かならず三会之暁にあうとされる。[12]

(6)笠置寺の弥勒仏は、天智天皇皇子の要請で、天人がくだり、斧で一夜のうちに巌石に弥勒仏を刻んだのがそもその始まりであるという。[13] その後、宗性上人が弥勒の霊地として復興して弥勒殿で弥勒会を催し、弥勒出世を待った。[14]

(7)群馬県沼田市の迦葉山竜華院弥勒寺は、天台宗で、開創を嘉祥元年(八四八)と伝え、弥勒下生竜華会を期する道場とされる。[15]

(1)〜(7)までの弥勒寺の宗派については、法相系の元興寺、興福寺、笠置寺を除けば、天台宗と真言宗に分けられる。空海、最澄と弥勒信仰との関連については、すでに平岡定海氏が明らかにされている。[16] こうした弥勒下生信仰が、天台・真言宗によって仮に説かれたとすれば、両宗と修験道との関連と合わせ、民衆生活への影響とからみあって大きな問題となろう。この点については後節で触れたい。

ここでは、要するに、仏教伝来に伴なう弥勒信仰が、さらに各地に伝播していく様態を弥勒寺建立といった指標でとらえた場合、貴族社会における弥勒上生の観念だけではかならずしも把握できず、むしろ弥勒下生の側面のうかがうことができる点を指摘するにとどめる。

(1) 速水侑「律令社会における弥勒信仰の受容」(『南都仏教』一〇、昭和三六年)、井上光貞『日本浄土教成立史の研究』八―九ページ、昭和三一年。鶴岡静夫「古代における弥勒信仰」(『日本古代仏教史の研究』所収、昭和三七年)。
古代中世社会における弥勒信仰の具体相については、弥勒上生を受容した貴族社会のあり方を速水侑氏が明らかにした(速永侑『弥勒信仰――もう一つの浄土信仰――』昭和四六年)。

(2) 『日本霊異記』下、弥勒菩薩応二於所願一示二奇形一縁第八。『今昔物語集』巻一七、弥勒菩薩化二柴木上一給語第卅四。

(3) 『日本霊異記』下、弥勒丈六仏像其頸蟻所レ嚼示二奇異表一縁第廿八。

(4) 同、弥勒菩薩銅像盗人所レ捕示二霊表一顕二盗人一縁第廿三。『今昔物語集』巻一七、弥勒為二盗人一被レ壊叫給語第卅五。

(5) 『日本霊異記』下、未作畢捻摂像生呻音示奇縁第十七。

(6) 『拾遺往生伝』巻上。『諸寺縁起集』勝尾寺事。

(7) 『三宝絵詞』中(大日本仏教全書)。

(8) 『私聚百因縁集』巻八、法然上人事。

(9) 同、巻七、当摩曼陀羅事。

(10) 『今昔物語集』巻一一、智証大師初二門徒一立二三井寺一語第廿八。『古今著聞集』第二。

(11) 『今昔物語集』巻一二、関寺駈牛化二迦葉仏一語第廿四。

(12) 『日本高僧伝要文抄』第一、弘法大師伝上(国史大系本)。

(13) 『今昔物語集』巻一一、天智天皇御子始二笠置寺一語第三十。

(14) 沙門信長笠置寺弥勒殿仏供勧進状(『弥勒如来感応抄』第一、所収)。

(15) 『利根郡志』昭和五年。

(16) 平岡定海「日本弥勒浄土思想展開史の研究」(『東大寺宗性上人之研究並史料』下、所収、昭和三五年)。

第二節　稲作儀礼とミロク下生

さて弥勒寺に関する縁起の中で、群馬県沼田市の弥勒寺の本尊について、次のような話がある。

弥勒寺の本尊があるとき紛失した。年を経て、江州鏡山の里の辻堂の仏像が、農人に化け田植え等に出て五、六〇人分の仕事をして、夕方になると姿を消してしまう。百姓がどこに帰るか後をつけたら、かの辻堂に入った。見ると仏像の足が水にぬれていた。実はこれが弥勒寺の紛失した仏像であったという[1]。

この話は、弥勒寺の本尊が田植えを助け、豊作を約したことを告げている。また本章第一節で、『日本霊異記』と『今昔物語集』に収録されている弥勒菩薩が忽然と柴枝に下生したという話を指摘したが、弥勒の下生とそれに対する諸人が群集する様について『日本霊異記』では、

諸人伝聞来見二彼像一或献二俵稲一或献二銭衣一及以供二上一切財物一

と記し、『今昔物語集』では、

此ノ弥勒ノ像ヲ見奉テ貴ビテ礼拝スル間或ハ稲ヲ持来テ奉リ、或ハ米ヲ持来テ奉リ、或ハ衣ヲ持来テ奉リ……

と記されている。弥勒仏下生に対しては、まず稲米が重んぜられて供物となっていたことが推察できる。

すでに、われわれは、民俗資料の中に、弥勒と稲米との深い係わり合いを示すものを知っている（第一章第二節、第四節参照）。たとえば「弥勒の本地は籾三粒」という能登半島の事例[2]は、富士講の伝承として聞く、仙元菩薩＝

弥勒菩薩が米三粒を投げたらば、沢山の米粒となって万民の救いとなった(3)（第四章第四節参照）、という話に共通するし、鹿島踊の歌詞に、「天竺の雲のあいから十作姫（十三小姫）が米をまく、その米を何とまき候、弥勒続きの米をまく」(4)、「シウソク姫が米を蒔く米蒔けば又も蒔いで弥勒告て米蒔我は遠き鄙の順礼じゃと」(5)と歌いこまれている詞章の中にもうかがうことができるのである。

さらに、柳田国男がこの鹿島踊とのつながりを示唆して注目を浴びた沖縄八重山においては、弥勒と稲作儀礼の関わりを典型的に示している習俗を認めることができる。

石垣島白保で八月に行なわれる豊年祭（穂利祭）の際出現する弥勒について、本田安次氏は次のように記録している。

（前略）先頭の黒のかむり、面、黄色い着物をつけ、右手に軍配、左手に杖と瓢とを持ち、太緒の下駄をはいたみろくが、鉢巻、振袖の介添の女児に左右から袖をとられてくる。同じ支度の二人が、後から団扇であふぐ、次の二人が両手に綾を持つ。露払ひであらう。次の二人が夫々籠に粟穂、稲穂をはじめ、五穀の種ものを入れた籠を持つ。以上何れも十二、三才の女児である。みろくは時々後を振返っては軍配で招くやうな手振をする。次に拍子を打ちつゝみろく節をうたふ一団、女性八人、三味線四人、笛一人である。(6)

豊年祭に弥勒が出現する事例は、先島群島の中、八重山一帯により多く見られることはよく知られている。

波照間島では、仮装のみろくは女性であり、多くの子どもたちを従えるのだといい、銅鑼を鳴らし、笛を吹き、老女たちの一団がみろく歌をうたいながら列をなして行く。このみろくにつれ合う夫君がいて、棕梠の鬚、長い白鬚、黄色の着物で、くばの団扇を持つ、杖をつき、跳びはねつつ、行列の前後を行き来する道化役をつとめる

風があるという。(7)

鳩間島では、みろくは、くばの皮を頭からかぶり、頰巻をし、面なく、裸である。もとは真裸であったのだが、今は青い着物をつくって着せている。さらに「かむらま」といって子供達が、歌に合わせ輪になって踊る。その輪の中に親とよばれる、みろくと同様のくばの皮をかぶり、長い黄色の着物を着たものがいるという。(8)

右の諸事例において、豊年祭におけるみろくの練りが何を意味しているかは一致して明らかである。みろくの行列の際にうたうミリク節にそれはよく示されていよう（二九ページ参照）。

すなわち、ミリク（弥勒）が出現して最上の世であるミリク世も当来する。それは臼数の多い豊年の世なのだ、という意をこめながら、行列のさ中に歌っているのである。「ミリク世果報」が人々の理想世であることは、伊藤幹治氏(9)、酒井卯作氏(10)が八重山群島の農耕儀礼の中に認められることをしばしば指摘されていることによって明らかである。そしてミリク世自体は、「しとしみるくの　ゆがふとし　みぐりみぐりて　またんちゃりば　ごこくむしゅくい　まんさくや(11)」のような「五穀満作」であり、「稲の世ば給らる　粟の世ば給らる(12)」という豊年の世であることも明らかである。世乞い、世願いの儀礼の中にみる八重山のミリク世、みろく世が稲米の豊かな世という伝統的観念に基づくものであるという一応の仮説が成立した場合に、仏教的世界観である弥勒世との関わり合いは、どのように表現されているのだろうか。

ところでわれわれは、伝統的思考としての「世」という意識について、ほぼ次のような見当をつけることができる。いくつか事例をあげてみると、岩手県の外南部でヨノナカ・ヨナカというと作柄のことをいい、青森県中津軽郡岩木山南麓の目屋ケ沢の新穂滝を別に世中滝または豊年滝といって、正月一六日に滝の氷の大小によってその年の作の豊凶を見るならわしがあったという。[13]　世中はその年の作柄であり、それを冠した「世中桜」「世中花」は、花の咲き具合でしばしば豊凶を占う呪具として用いられている。世中見というのも、岩手県上閉伊郡で、小正月の晩、各種の米で鏡餅をこしらえ、それぞれ同種の米を敷いた膳の上に伏せ、さらに鍋を被せておき、翌朝粒のつきかたを見るという、[14]　一種の年占の行事であるし、三重県鈴鹿市白子町で、小正月の晩、管の中に粥を入れてその年の豊凶を占う神事を世試しといってもいる。[15]　全国の神社神事によく見られるこれらの行事にも共通の心意を汲み取ることができよう。結局は、稲作儀礼の一環として、豊作の世を求める意味があることは明らかである。こうした「世」の観念に対し、「弥勒世」がどのように位置づけられるのだろうか。

「弥勒世」といえば文献の上で、たとえば『源氏物語』夕顔の巻の「長生殿のふるきためしはゆゆしくて、はねをかはさんとはひきかへて弥勒の世をぞかね給ふ」の有名な例をあげることができる。また近世初頭の『慶長見聞集』に「当年の春江戸見物とて来りぬ愚老に逢ひて語りけるは、扨も〳〵目出度御時代かな我如きの土民迄も安泰にさかえ、美々敷こと共を見聞く事の有難さよ、今が弥勒の世なるべしといふ」[16]という例もよく知られている。この二例に代表されるごとく、ミロク世というのは前者において、古代貴族の描く当来弥勒菩薩のもたらす、ごく観念的世界と思われるのに対し、後者においては近世初期民衆のいだく現実的な黄金溢るる世界と認識されている。これは、「弥勒経」の説く弥勒の世即黄金世界という世界観の影響によるものであろう。この考え方はまた、前出ミロク伝承において、小正月の農家のきらびやかな飾りつけを見て、まるでミロクのようだとする表現にもつながっていよう（二六ページ参照）。

仏教的影響の側面を強く見た場合、沖縄においては首里の赤田の弥勒仏が注目される。赤田にある首里殿内に弥勒仏があり、旧八月一六日に弥勒会がある。「赤田首里殿内、黄金灯籠下げてそれが明かがれば、弥勒御迎」[17]という。ここでは仏教的な黄金浄土観が強く働らいていることを指摘できよう。また、西表島祖納のミリク節の歌詞の一つに、「臼数の黄金　ミリク世のしるし　ふたがちゃの布や　急げわらべ」の「臼数の黄金」は前出の唱句の「臼数の米」と比較した場合、黄金と米の入れかえを認めることができる。稲米と黄金との価値観の相異が二つの歌詞に差を示させたわけであるが、ミリク世を黄金世界と認識させる仏教的影響にもとづく思惟の働きをここにも看取できるのではないだろうか。かくてこの問題は、さらに沖縄における仏教史の跡を追究しなければならないことになるが、ここでは十分それを果たすことはできない。

さて、一応右のように描かれてきているミリク（ミロク）世、弥勒世を誰がもたらしてくれるのかといえば、これはミロク踊に出る弥勒の面をかぶった仮装の者に象徴されている。

従来、先人の多くが説いてきたように、豊年祭に出現する弥勒は、赤また、黒また、まゆんがなし、あんがまなどと同系列の、ニライカナイから訪れ、民に幸運をもたらす神と解されてきた。

西表島古見の黒またの来由について、『八重山島諸記帳』の「立時は豊作にして出現なき時は凶年あれば所中之人世持神と名付来候」という記事は、この世に出現して豊作をもたらす「世持神」の性格を描写している。

世持神については、次のような云い伝えが注目される。

ある家の息子が山へ薪を取りに行き、行方不明になった。その夜母親は息子の夢を見た。夢中に、息子が云うには、自分は死んだのではなく世持神となったのである。だから何月何日にはかならずどこそこへ姿を現わすだろうと。そして以後、毎年決まった同じ日に世持神となった息子の姿が認められ、世持神の出現の時はきっと豊作となったという。[18]

右の話は、世持神が人神であり、その存在はくり返し出現する再生の理念に基づいていることを物語っている。世持神の世が豊作の世であるならば、ミロク信仰のミリク世、ミロク世も同義である。したがって、潜在的心意の上では世持神＝ミロクであってもよいことになる。

ところで、前出のミロク踊の事例において、(1)ミロクは面をかぶり、黄衣をつける。(2)ミロクは多勢の子供を連れている。(3)ミロクは背後に五穀豊穣のシンボルを従える。(4)ミロクは女性で夫をつれている。(5)老女たちの歌に合わせて練る。(6)ミロクは面をつけず、くばの皮を頭からかぶり、裸姿である。といった点が指摘できた。この中、(6)の面をかぶらぬミロクの姿は、赤また黒またに似て、また世持神をほうふつさせる。一方、面を被り黄色の長衣を着たミロクは、いったい何を表現しているのだろうか、単純に推察すれば、世持神を原初の形として、さらに次の段階で面を被った姿となってミロクを称しているということである。

この面を被ってミロクを称する姿は、布袋和尚の姿であるといわれる。毎年、人々の欲求に応じ、姿を現わして豊作をもたらす世持神が、何ゆえミロクを名乗り、一方では布袋の面体をするのだろうか。次に若干の考察を試みておこう。

（1）『利根郡誌』八四九ページ、昭和五年。
（2）和歌森太郎「奥能登における弥勒伝承」（『人類科学』六、昭和二八年）。
（3）富士講教典「一字不説の巻」。
（4）永田衡吉「鹿島踊の考察」（『神奈川県文化財報告』21集、二五三—二六〇ページ、昭和二九年）。
（5）渡辺月江『竪磐草』下巻、行事古人之巻。

(6) 本田安次『南島採訪記』五一ページ、昭和三七年。
(7) 同右、二八三―二八五ページ。
(8) 同右、三〇七ページ。
(9) 伊藤幹治『稲作儀礼の類型的研究』昭和三八年。同著『稲作儀礼の研究』昭和四九年。
(10) 酒井卯作『稲の祭』昭和三三年。
(11) 滝口宏『沖縄八重山』三五頁、昭和三五年。
(12) 同、一一五ページ。
(13) 森山泰太郎『津軽の民俗』一九四ページ、昭和四〇年。
(14)(15) 『綜合日本民俗語彙』一七〇〇ページ、昭和三〇年。
(16) 三浦浄心『慶長見聞集』巻之一。
(17) 『沖縄語辞典』三八一ページ、昭和三八年。
(18) 源武雄「八重山古見地方における稲作とその信仰行事」(琉球政府文化財保護委員会『文化財要覧』昭和三二年)。

第三節　布袋信仰とミロク

八重山のミロク踊については、その伝来について次のような云い伝えがある。

寛政三年(一七九一)、黒島首里の大浜用倫が上国の帰途逆風にあい、安南に漂着した。安南では当時豊年祭で弥勒仏が出ていたのを見て、弥勒面を乞うて帰途についたが、所用のため、随行の百姓新城筑登之に、自作の弥勒節を付してその面を託した。用倫は客死したが、筑登之は、歌と面と衣裳を持ち帰った。これがそもそものはじめという。(1)

芸能化したミロク踊の形式が整った時期に関してはおそらく右の伝承は歴史的事実に基づいているといってよいのかも知れない。そして布袋の弥勒面の伝来も、あるいはそうしたきっかけによるのかも知れない。しかし、ミロク踊が、近世中期に安南から伝播したが故に、これをまったくの外来要素とする理解の成立し難いことは、今まで述べてきたことから明らかであろう。

弥勒面といってそれが布袋のことであるのは、中世以来よく知られていたことであった。『十訓抄』に、「布袋和尚は弥勒の所作なり(2)」とする布袋は、中世末期、京の町衆の間で、福神の一つとしてもてはやされていた。当時勃興する町衆たちの財宝に対する感覚が弥勒的なものにマッチしたことが、布袋をして福神化させる因由になったと理解されている。(3)もちろん、この場合の弥勒的とは、あくまで黄金に満ちた世界＝弥勒浄土観が現実化されたという観点によるものであろう。

この布袋は、鎌倉・室町期の禅僧の画題となった。大きな布の袋をかつぎ、すこぶる大黒に似て、笑をうかべた異僧の姿が図柄である。これらの賛には、布袋が弥勒の分身であって、弥勒の出現する竜華三会を待つ存在として、「当来世待酌春風」とか、「率院天不帰去　遊戯人間楽太平」といった語で描かれている。(4)

その中で、「暫来比土化長汀子所謂布袋是也(5)」とあるのは、弥勒＝布袋がこの世に具体的に長汀子の名で出現したことを示している。

『景徳伝灯録』によれば、長汀子すなわち布袋和尚は、明州奉化県の人で、唐末に出現した。その形は、ふやけ太り巨腹で、常に杖を持ち、大きな布袋をかついで放浪していた。市や村の家々を訪れ、物を乞い、食物を貰うと全部を食べないで、残りの部分は袋の中に入れておく、梁の貞明三年（九一七）、ちょうど唐が滅んで一〇年後に入寂した。辞世の偈に、

弥勒真弥勒　分身千百億
時々示時人　時人自不識

とある。すなわち弥勒は現世に時人が知らぬ間に姿を現わすことを予言している。

『事類全書』によれば、布袋は、この長汀子の他に三人実在したと伝える。宋に僧了明、元に布袋、元末に粲陽張氏の男でともに、先の巨腹で布袋を荷うというシンボリックな姿であって、人々はこれを布袋とよんでいたという。(6)

元の布袋については、元朝致和元年活倉の山中に、法名は正一、道号を孤峰という者がいた。裕福な家に育ったが、父母亡き後、万金の遺産を一族の者に与え、家を出て修行した。一個の大布袋を縫い、この内に木魚と蔵経とを入れ放浪したという。世人これを布袋和尚と称した。(7)

布袋が店肆聚落に入って、世人に示す行動には、次のようなことがあったという。

(1)雪の中に臥しても、身体が濡れなかった。
(2)人に吉凶を示すと、かならず期に応じており、誤ったことがなかった。
(3)雨が降りそうな時、濡れ草履をはいて、急ぎ足で歩き、照り上った日には、高木履を曳きずり橋の上に膝を立てて眠る、したがって世の人々は布袋の行動で天気を予知した。

(4)布袋は、錫杖と布の袋より外に物を持たないが、一八人の子供をいつも従えて歩く。子供たちが誰の子であるか、どこから来たかは誰も知らない。(8)

布袋に体現された弥勒は、巷間にあって、民衆と交る、いわば日本の宗教社会における隠身の聖のごとき存在であったことが推察される。長汀子=布袋の伝説は、唐末の混乱期に顕在化した民衆の弥勒下生待望の一表現と見なされよう。

上海の大興国万寿竜草講寺は、歴史上の古寺として有名であるが、ここの弥勒殿に祀られた布袋はよく知られた仏である。布袋は哄笑仏といい、その仏前に「南無当来下生弥勒世尊」と記したいく本もの幡が下げられている。(9)

北京東城北新橋の東北柏林寺の西にある雍和宮は、北京最大のラマ廟であった。ここで毎年、正月二九日に打鬼の行事が行なわれる。打鬼はもちろん悪霊払いの意があり、鬼による演技が数多くなされる。打鬼の次第で、転寺の典礼があり、これは魔鬼を追い払った後さらにふたたび魔鬼が出現しないように鎮撫する意味がある。そこで寺の周辺を仮装行列が練り歩く。その中に当来仏弥勒に扮する役があるという。当来仏が出巡することは、遊歴して人を化し、永く悪魔の祟りを鎮め、人々を救済するためだろうと言われている。(10)

これも明らかに、布袋=弥勒の性格をよく示す実例といえよう。

ところで、布袋の名称は、彼らの荷う布袋に由るところは明らかである。先の布袋伝説の中で、ある時、宿の亭主が、布袋を大切にもてなさず、恥辱を加え、さらに布の袋を奪い、これを焼いてしまった。ところが翌日、布袋は何ごともなかったように、例によって布の袋を荷って去って行ったという。(11)この布の袋は焼いてしまっても、もとのごとくにもどるのだという、きわめてマジカルな意味が付与されているわけである。またこの袋には、物を入れても入れてもいつも余るほどであるというのも、袋に対する信仰の現われであろう。布袋の語義は、元来、飯桶または飯袋と同義であった。米がいつも貯えられているのが布袋の機能なのであった。

沖縄宮古島友利村平地に次のような話がある。

この村に一人の孤児がおり、ある日のこと螺草浦（みなくさうら）に行って釣をしていると、突然一人の神女が小舟に乗って出現し、「私を貴方の妻にしてくれ」といった。神女は一つの布の袋を持っており、これを深く押し隠して人には見せず、ただ米だけはその袋から出して飯を炊き日々を過した。やがて一人の女児が生まれ、成長して他家に嫁に行くと、神女は夫とともに、例の布の米袋を荷って、ふたたび螺草浦から、大魚となり、海中に消えていった。

女児の嫁いだ家は、その後大いに子孫繁昌して行った。その女は死後、山立御嶽に葬られたと伝える。(12)

右の説話はノロと御嶽の関連を示す一例ともいえるが、話に出てくる米の尽きない袋は、これが布袋として表現されていることが注意されよう。

中国と沖縄の各事例を同じレベルでとらえることはできないが、少なくも布袋＝米のつきない袋という共通した心意の存在が指摘できよう。

永尾竜造の報告によると、中国の各寺院に日本でよくみられるお賓頭盧様があり、これは銅または鉄で鋳造された半裸の仏像で、布袋の姿をしているという。巨腹で、へその下まで露出している。これを女がなでると、妊娠するとの俗信がある。広東省湖州では、旧正月一四日、町の広場に、近くの塵土を集めてきて、これをこねて弥勒仏を作る風習があった。弥勒像は、笑顔で巨腹、高さ一丈ほどで、その脇に、花公媽という女神像も並べて作る。花公媽は、神体に彩色をほどこし、その上に屋根を葺いて、安置して祀る。一五日には、町中の者が両仏に参詣する。とくに子を望む女が参る。まず花公媽を拝し、次に弥勒仏に参って、その腹部をなでる。そうすれば、かならず子が授かると言われている。

また広東省の東南隅にある鳳城では、正月一〇日前後から、逛仙翁という行事があった。仙翁の像を作って参拝するのだが、この仙翁は、黄土で作った巨大な弥勒像である。この仏は、左手に紅い布袋を持ち、左手に珠数を持つ。仏体には絵具を塗り、その周辺に小さな泥人形を並べ祀る。この泥人形を善意と言い、この人形目がけて一文銭を投げる。もしうまく当たれば、年内に男の子が授かるといっている(13)。

ところで、中国における民間の弥勒信仰の実態の一部を垣間見たが、子授けの機能をもった民間信仰の一面がよく出ている。朝鮮における弥勒の説話にも次のような興味深い例がある。

万暦の壬寅年間、本州の人で趙漢俊なる者がいた。彼は京城と義州に通ずる大路を遮断している撻川江に石橋工事をはじめた。そして自己の全財産をなげうって、六年後に完成させ、交通の不便をなくした。終って余財はたった七文（七分）しかなかった。彼は七文で一足の草鞋を買い取った。この漢俊が死んで三日目の夜、空中から声があり、「趙漢俊が弥勒となって出世するからよくこれを祀れよ」といった。翌朝、村人が前夜声のあった地点に行くと、一個の石の弥勒が地から湧き出たので、村人はそこに小屋をたててかぶせた。弥勒はその後次第に大きくなり梁を突き上げるので、新たに大屋を建立した。その後、この趙漢俊弥勒に祈れば男子を得るとの信仰が拡まり、今日まで続いている。この弥勒の腹部は異様にふくれている。このためか、趙氏一門の女は成長すると次第に腹部が大きくなり、あたかも妊娠したかに見える。そこで誰かが、弥勒の腹のふくれている部分をつき破ったところ、趙氏一門の女たちの腹が痛むようになってしまったので、ふたたび元のように直したという。また中国の明の皇帝が一女を得た。ところが、その背中に朝鮮趙漢俊の五字があった。そこで使を朝鮮に遣わし、漢俊の有無を尋ねたが、人々後患を恐れて教えなかったので、その女は妖物として殺されてしまった。もし漢俊が残金七文で草鞋を買わなかったならば、彼は明の太子として生まれたであろう。しかしそうでなかったから皇女に生まれ、ついに殺されてしまったのである。(14)

さて右の説話から次の点が指摘できる。

(1) 弥勒となった趙漢俊は生前、私財をなげうって人助けをし、その後放浪の生活に入った。
(2) 弥勒に生まれ代ってこの世に出現するという考えが認められる。
(3) 弥勒の腹部がふくれるという現象から、お産の神としての機能が民間信仰に表現している。
(4) また、腹部がふくれることは、たえず弥勒の分身がこの世に現われることを予想させる。

これと比較すると布袋の巨大な腹も、分身の出現を象徴しているとも予測できる。多数の子供を引率する様も、分身=子供と推測できる。中国の事例ともよく類似している。

日本の場合、たとえば室町時代の『梅津長者物語』の一節に、「又ここに門をホト〳〵と打叩き、物申さんと言ふ声あり、誰にかと富永立ち出で見れば大きに肥えたる法師の布ぶくろ肩に打かけ胸あらはに腹をつき出し、団扇を手に持ち足駄をはき給へるが……十一、二ばかりなる童部その数多くあとにつき物申さんとのたまふに、何処よりと申せば是は震旦金山寺の布袋和尚とは我事なり、御身清浄にして仏の心にかなへる故ただ今ここに来れりと（下略）」とあって一見まれ人的な様相を示しているが、この布袋は弥勒として出現する存在としては描かれてはない。

また、京都近傍の人々は、大正頃まで伏見人形の布袋を荒神棚に祀り、これを毎年一体ずつ、順次に前年よりも大きいのを求め、年々大形のものに及び七体または一二体そろうと、川に流すという習慣を行なっていた。[15]これもはたして、布袋の膨張↓弥勒出現の予知という意識を伴なっているかは疑わしい。

烏丸光広が布袋の絵に、「腹にさへ何をもいれぬもの故になふ袋はあはれ世の中」、「待かぬるそのあかつきにこらしけりとへど給へぬいねきたなさに」といった狂歌などをものしたが、[16]すでに日本の京都あたりの知識人の眼には、布袋＝弥勒の出現といった期待のかけらさえ認めていないことがわかろう。

結局、日本の場合、布袋＝弥勒の化身＝弥勒下生の思想自体は明確に発現し得なかったことが指摘できる。八重山の布袋弥勒にしても、近世中期の伝来ということであるなら、布袋に弥勒下生を体現させる思考に関していうときわめて外来的な要素が濃い。しかし伝統的思考から発現するメシア的思想の志向が、豊かな稲の稔りを果す存在に対してであるとすれば、これと容易に結びつき得た弥勒下生思想の普遍性はきわめて注目すべきである。

（1）　本田安次『南島採訪記』二二ページ。
（2）　『十訓抄』下、第十。
（3）（4）　喜田貞吉「七福神の成立」（『民族と歴史』三—一、大正九年）。
（5）　『角虎道人文集』の中「布袋蛭児式頸図」（長沼賢海「えびす考」『史学雑誌』二七—四、四九八ページより所引、大正五年。
（6）　山本信有『七福神考』（『神祇叢書』二、寛政一一年）。

(7) 細谷清『満蒙民俗伝説』昭和一一年。
(8) 沢村幸夫『支那民間の神々』昭和一六年。蜀山人『南畝莠言』巻上。
(9) 前掲『支那民間の神々』。
(10) 永尾竜造『支那民俗誌』(二)六八三―四ページ、昭和一五年。
(11) 前掲註6に同じ。
(12) 奥里将建『沖縄昔話集』昭和二四年。
(13) 前掲註10、六七―八ページ。
(14) 孫晋泰『朝鮮の民話』一二七ページ、昭和三一年。
(15) 本山桂川「本邦に於ける土俗製品としての福神」(『民族と歴史』三―二、大正九年)。喜田川守貞『近世風俗志』第二十三。
(16) 土肥経平『風のしがらみ』(慶長―安永年間)。

第四節　ミロク下生の具体性

ミロク下生思想を体現する存在は、いったいいかなるものなのか、日本の伝承的世界において、それはどのような形で存在しているのか、以下考察を進めて行きたい。

日本の古代社会において、世情混乱の一つのピークとしてとらえられる皇極期に、「国内巫覡」が活動し、異変、怪異の妄説をほしいままにしたことは『続日本紀』の記事から知られる。(1) ことに皇極三年において、これら巫覡をバックに大生部多が指導した宗教運動は、駿河国という一地方に限られたものであるが、当時の農民層の欲求に応えるべく発現した現象にほかならない。(2) しかし、これがメシア的な信仰として顕在化したという痕跡を認めることはいささか難かしい。

仏教伝播後において、沙弥・聖の発生は注目される。彼らは民衆と交りを持ち、民間の中にあって、写経・持呪などの功徳により得た霊力で奇蹟を行なったのである。この際、沙弥・聖をして観音の化身とする考えはかなり普遍的であった。(3) すでに、この頃から、これら沙弥・聖の代表的存在として聖徳太子、行基、役小角が崇められ、後世の伝説化の原型が形づくられていたことも明らかである。

渡来した日羅が聖徳太子を拝し、「敬礼救世観世音伝灯東方粟散王」ととなえると、太子の眉間より光が放たれた(4)という伝説や、太子誕生にまつわり、「はじめは母の夫人の夢に金色の僧ありて云、『我よをすくう願あり、願はくは暫く御腹にやどらむ、我は救世菩薩也、家は西方にあり』といひておどりて口に入とみて、懐妊し給へり(5)」という話には、ともに救世観音の化身としての太子というイメージがある。

観念的に救世観音との結びつきから、太子に対し、メシア的要素を認めようとするのとは対照的に、超人的実際行動によって、奇蹟をもたらす行基に対しても、当然当時の民衆はメシア的な信仰を持っていたといえよう。(6) 鎌倉時代に法相宗から弥勒信仰を唱導した貞慶は、弥勒仏に匹敵する存在として、

猶尋二旧縁一当来久々　及二無量劫一、上宮太子　行基菩薩如レ比権化(7)

と記している。民衆にとって、聖徳太子と行基を比較すれば、民間出身の聖である行基によりいっそうの救世の期待も集まるわけであるが、ともに超人的存在としてのイメージがメシアとしての伝承性を強めたことになる。

この行基に似て役小角もまたマジシャンとしての伝説的存在であったことは周知の通りである。役行者伝説の多様性について、ここでは十分分析するゆとりはない。ただ、二、三注目される資料を取り上げ考えてみたい。

役行者誕生について、これが釈尊の予言に応じたものだとする。釈尊が華厳経を説いた時迦葉尊者が法起菩薩に化身して「予は衆生救済のため未来には必ず彼の東の国に生を受けよう」と誓願したという。(8) つまり、役行者をして弥勒出世を待つ迦葉尊者の化身と見なす伝説なのである。

役行者と弥勒との関係は、ひっきょう修験道における弥勒信仰の位置づけに関わる。これを如実に示す資料の一つに、役行者の修行について語られる伝承があげられる。すなわち役行者が金峯山で末世能化の本尊を祈請したところ、まず文殊菩薩が出現したが、行者は気に入らず、さらに行を続けると、次に弥勒菩薩が出現した。行者は弥勒菩薩も気に入らず、さらに激しい行を重ね、ついに金剛蔵王菩薩を現出せしめるに至ったというのである。(9) 修験道の本尊である蔵王菩薩について、『義楚六帖』に「金剛蔵王是弥勒化身」と記されていることから、弥勒もまた、山伏の護持仏とされることも周知の通りであった。(10)

当麻寺の縁起に、伽藍を役行者の練行の地に移し、金堂の丈六の弥勒仏の御身の中に金剛の孔雀明王像をこめたてまつった、しかもこの像は行者の多年の本尊であったという話も、(11) 弥勒と修験道の関わりの一端を表現していよう。

役行者自身は、弥勒の化身として把握されていないが、行者が本尊と仰ぐ蔵王菩薩即弥勒菩薩という観念は、役行者をしてシンボリックな存在たらしめる山伏たちの思惟内容にも大きな影響を与えていると思われるが、残念ながら十分な資料を得ていない。ところで、われわれは、朝鮮古代の花郎について次のような知識を得ることができる。花郎集会はいわば青年戦士団で、国家多難の折に、活動して困難を救う。この花郎は竜華香徒と号し、弥勒を守護神としている。花郎は山野を跋渉し兜率歌をうたい怨敵を退散させる。花郎は諸所で弥勒を祀る。そして花郎の徒がしばしば弥勒の化身として出現する。(12) いわば朝鮮の花郎は弥勒の使徒として国難に対処する存在といえる。

花郎と民衆との関わり合いについては後章で触れるが、古代朝鮮においては花郎の徒がメシア的存在として待望されていたことは明らかであろう。

こうした例と比較して日本の場合、歴史的実在として、弥勒の化身に想定されたのは空海であった。空海の弥勒信仰は、法相の教養を受け入れたことによるとされる。(13) 第三章で触れるが空海の遺言に、「吾閉眼之後必方往二生兜率天一可レ待二弥勒慈尊御前一五十六億余之後必慈尊御共下生祇候可レ問二吾先跡一(14)（下略）」（一二三ページ参照）とあって、弥勒上生を含めつつも、弥勒下生と共に空海もこの世に出現することを約定している。

伝説の上で空海は入定するが、入定後もそのまま、この世に存在しているとの信仰は、『今昔物語集』や『平家物語』に明確に記され、(15) 現在でもなお、ひそかに諸国を遍歴し、衆生済度を果たしていることを伝える民間伝承は、多くの弘法伝説の中に汲みとることができる（第三章参照）。

外者歓待に基づく弘法伝説は、弘法大師を称する旅の僧が村の困難な折に救いをもたらすというモチーフが基本となっている。民衆と交わり、民衆の苦しみを軽減する旅の宗教者は、沙弥、聖、山伏たちであった。彼らの背景に、役行者があり、行基があり、空海がいることは、さらに彼らの活動の思想的基盤として弥勒信仰の存在をうかがうことができよう。この弥勒は下生面を打ち出すことによってよりメシア的要素を示すことになる。

『沙石集』によれば、京石清水に弥勒行者がいた。「道場ノ中ニ都率ノ内院現ジケル、有相ノ瑜伽成就ノ行者ナルベシ」として、「文永ノ末ノ比ニヤ、胎蔵ノ行法シテ後、鈴ヲフラズシテ、礼盤ノ上ニシテ入滅ト聞ヘキ、弥勒ノ浄土常ニ現ズ、内院ノ往生疑ナシト弟子ニ示サレケリ、弥勒ヲバ胎蔵ノ大日ト習フ事アリ、行法ヲ胎蔵ナリ、内院ノ往生ヲトゲテ高祖大師ニ値遇セラル覧、ウラ山敷コソ（下略）」と記されている。[16] この記事から弥勒行者が、真言密教による行法で、現実世に弥勒浄土を再現させ、信者を多数集めていたことが知られる。現実世に弥勒浄土が現出する場合、真言密教の影響を受けた山岳浄土がしばしばその対象となっていた。法相―真言の教理的系譜が、それを説明づけることになろうが、これら山岳に蟠居し、村里に出て民衆と交わる山伏、行者たちが、こうした役小角、空海の弥勒伝説を背景として、民衆のいだく理想世＝ミロクの世への救いを説くこともあり得たのではないだろうか。

群馬県吾妻郡中之条町五反田に嵩山（海抜七八九メートル）がある。この山の頂上近くにミロクサンが祀られている。このミロクサンは、穴の神で、耳、目、口、鼻の病気を治す、また女の神で婦人の病を治す、またお産の神だともいう。いずれにせよ、流行神として宣伝されたものである。ミロクサンの本体は弥勒仏で、断崖の洞穴の奥に安置されている。銘文に、「権大僧都智勝三光院正覚位」、「南無当来導師弥勒菩薩」、台座に「高橋孫兵衛」とある。高橋孫兵衛はこの辺りの名主クラスの有力者であり、彼が結縁の中心となり、弥勒像建立にあずかったと察せられる。その際三光院は導師として関与したとすると、三光院が弥勒信仰を布教したと考えられる。さらに興味深いことは、嵩山の麓に西中之条部落があり、そこに真入塚という入定伝説をともなった塚があることである。入定した人物は、名前は明確でないが土地の大先祖であり、嵩山にこもって修行し九六歳で入定したと伝えている。(17)嵩山はお天狗さんといわれるようにかつては修験の山であった。現在でも二月上旬に山頂にボンデンを上げる行事が残っている。

右の真入塚の入定者は、修験者であった。彼と先の三光院との関係については明確でないが、阪本英一も指摘するように、(18)おそらく右のミロクサンの信仰と結びついていたと推察される。さらに注意されるのは、山麓の人々の間で、各家の北側のやや高い一定の所に正月に松飾りやお供えを置き、ミロクサンを祀っていることである。

群馬県吾妻郡中之条町大字横尾高津　宮崎英弥氏方の正月かざり（昭和44年）（阪本英一氏撮影）

嵩山遠景（中之条町中之条より）（阪本英一氏撮影）

とくに小正月のマイダマを大量に飾り立てると、まるでミロクサンのようだと表現していることである。つまり、この表現には直接的な仏教上の弥勒信仰の影響はないが、ミロクサンのようだというミロクの世に対する一種の憧憬を認めることができる（第一章第二節参照）。伝統的観念から発したミロク世に弥勒当来の世を重ね合わせたことから右の習俗が成立したといえる。とすると、入定した山伏が、入定時にあるいは民衆の期待するミロクの世の現出を約したことも想像されるが、その後の伝承には、その点についいては直接語られていない。

ミロク下生の教理面からの説明を、仏教教団のどの宗派が強調して説いたかという点については、従来ほとんど研究がみられていない。民間次元にこれが浸透していることは、観音や地蔵信仰に匹敵し得るだけの資料に事欠かないことは、今までの叙述からも明らかであろう。

ミロク下生の観念が宗派性を越えた性格をもつことは、後述する予定だが、予測されることであった。しかし旧仏教系における法相宗、鎌倉仏教においての親鸞に、弥勒信仰があった点は、しばしば言われているところである。本章では、今までの叙述で示されるように、天台・真言宗といった民間信仰に大きな影響を与えた宗派に限って述べている。

とりわけ高野山に弥勒信仰を集約させた空海の真言宗に絞っていることが特徴である。明らかなように、修験道に内包せられた弥勒信仰が、どのような形で、民間に普及するかが一つの問題となって浮き上ってきているのだが、修験道の教理面からの分析は、ほとんどなされていないので、いずれ今後の課題にしておきたい。

そこでとりあえず、民間信仰の側から、右の問題を眺めた場合、真言宗系の行者たちの入定が顕著であり、入定思想の背後に、ミロク下生の痕跡が予想されたのであった。ただこれらの伝説の一つ一つが、明確に、ミロク下生待望の思考から生じてきたという確証はないのであり、その点をさらに深めたいものという意図が次にある。そうした点を、次章において、弘法大師入定伝説即ミロク下生伝説を背景とする聖、山伏、行者のさまざまな奇蹟譚を通して考察したいと考える。

(1) 志田淳一「皇極期の問題について――季節異変・怪異の記載よりみた――」(『続日本紀研究』七―五、昭和三五年)。
(2) 下出積与「皇極朝における農民層と宗教運動」(『史学雑誌』七六―九、昭和三三年)。
(3) 川崎庸之「日本霊異記の一考察」(『歴史学研究』八―一、昭和一三年)。
(4) 『古今著聞集』巻二、釈教第二。聖徳太子物部守屋等を滅して仏法を弘め給ふ事。
(5) 『三宝絵詞』中。『古今著聞集』巻二、釈教第二。
(6) 高取正男「日本古代のメシア運動」(『日本史研究』二四、昭和三〇年)。
(7) 「貞慶敬白文」(『弥勒如来感応抄』第一、所収)。
(8) 牛窪弘善『文化史上に於ける役行者』昭和三年。
(9) 『役行者霊験記』享保六年。
(10) 和歌森太郎『修験道史研究』六〇ページ、昭和一八年。同『山伏』五二ページ、昭和三九年。村上俊雄『修験道の発達』昭和一八年。
(11) 『私聚百因縁集』七。横佩大臣女当麻寺曼陀羅を織る事。
(12) 八百谷孝保「新羅社会と浄土教」(『史潮』七―四、昭和一二年)。三品彰英『朝鮮古代研究第一部新羅花郎の研究』昭和一八年。
(13) 辻善之助『日本仏教史』古代篇、六〇三ページ。
(14) 「御遺告」(『弥勒如来感応抄』第四、所収)。
(15) 『今昔物語集』巻一一―二五、『平家物語』巻一七など。

(16) 『沙石集』巻二、弥勒行者事。
(17) 阪本英一「嵩山のミロク信仰」(『日本民俗学会報』四九、昭和四二年)。
(18) 同右。

第三章　ダイシ信仰とミロク

第一節　ダイシ伝説の意味と類型

日本の伝承的世界において、伝説の形態をとる口碑はきわめて豊富である。伝説が過去の出来事について物語るものであっても、それは歴史的事実ではないという前提のもとに、日本民俗学は伝説研究に数多くの業績を残してきた。伝説が歴史的事実ではないという認識は、伝説が物語る表面的内容の背後に隠された潜在的思考・意識されぬ意識の構造の研究に一つの拠り所を与えるものであろう。

ところで伝説には祖型がある。祖型は時代の変化に伴なって、形態と内容とにさまざまの変容を生ずるに至る。かつて柳田国男は、日本民俗学における伝説研究についての二つの意図を次のように述べた。

一つは勿論上代の信仰、曽て国民の間に伝説が盛んに花咲いていた頃に、如何に我々の祖先が観照し又諦念して居たかといふことであるが、それを詳かにする為にも先づ以て、第二の目途、即ち百千年の久しきに亘って、直接間接に是に影響し、是が変化を見ずば止まじとしたもろもろの社会事情を少なくとも主要なるものだけは尋ね究めて見ること(1)(下略)。

すなわち、伝説には祖型があり、それが諸々の条件で変化する。その理由は何であるかを究明することを説いている。換言すれば、伝説を作り出した背景・基盤を探究することでもある。

われわれが現時点で採集できる伝説は、驚くべき数量に達するが、これらは地域差による若干の相異はあっても、それぞれきわめて類似した内容を持つ。この理由は、柳田説に従えば、祖型の変化の過程において、「合理化」の要素が働いたことにある。「つまり土地毎の伝説の管理が、すなおな何も知らない古老の手から少し歴史を知り、少し推理をする人の手に移った」ためなのである。(2)

伝説の本質というものは、神と人との関係において、人が神の偉大さを尊崇し、神は人に恵みを与え加護するという本来の関わり方をはっきり記憶に留めさせるところにあった。それは神と人と人の住む土地との由緒について語るものであり、神の奇蹟譚を軸に展開するものである。

日本には、神の御子＝ダイシが、各地を巡行し、時に奇蹟を行なうといういわゆるダイシ伝説が古くからあった。だがこれは決して日本固有といった性格のものではない。神の遊行と奇蹟は、諸民族共通の最古の物語の形式なのである。ただ日本で神という場合、ヨーロッパのそれとはかなりの相異のあることは周知のとおりである。日本で遊行する神は人格化され、卑近的存在と認められ、不思議な見知らぬ旅人として描かれる。

ダイシ（またはタイシ）を名乗る不思議な旅人が、村を訪れ、村人たちが永久に忘れ得ぬような奇蹟を行なったという物語は、明らかに民衆の想像力の所産である。それはまた、民衆の潜在的・無意識的な思考の象徴的表現でもあろう。

本章の意図するところは、このように理解されたダイシ・タイシ伝説に示される奇蹟の内容を分析することにより、日本民衆がいだいたメシア信仰を把握することにある。日本におけるメシア信仰を論ずる場合、われわれは一方に仏教が内包するメシア思想であるミロク信仰の存在を認めている。仏教伝来とともに、受容されたミロク信仰が、日本の民間信仰として定着し、複雑多岐にわたる諸相を示していることについては、今までの記述で明らかであろう。したがって、ダイシ・タイシの奇蹟伝説を分析する過程においては、当然ミロク信仰との触れ合いを留意せねばならぬことも自明である。

さて日本の各地で、ダイシが訪れて行なった奇蹟にまつわる伝説はきわめて豊富である。以下、それらの伝説を五類に分けて考察してみよう。

I　神樹由来型

ふつう(イ)箸立伝説、または(ロ)杖立伝説の一部が、これに属する。村にあるこんもり繁った古木の由来を説くために作られたものである。

(イ)箸立伝説は、旅僧が村を通りかかり、そこで昼食をとる。その時使った箸を地にさしたのが成長して大樹となる、といったモチーフである。その旅僧がダイシであり、樹種に杉や松、柳など多い。その木を箸杉とか大師杉と名づけ、神聖視するのである。

(ロ)杖立伝説は、やはり旅僧が村を通りかかり、小休止する。その時手にしていた杖を置いたり、さしたりしたのがそのまま成長して大樹となる、というモチーフである。杖立の場合樹種はきわめて多い。杉、松、銀杏、竹、桜、梅などで、とくに樹の生え方に変形を示しているものが多く、逆杉、逆銀杏の名称もある。(イ)(ロ)はいずれにせよ、樹木が神木・霊木として村のある地点に祀られている。その木に注連がはられたりしている。そして神木の周辺は聖地と考えられているのである。

栃木県上都賀郡東大芦村引田（現、鹿沼市）にある杖欅は、弘法大師が日光登山の折に携えていた杖を地にさしたのが成長したという。この木の下に落ちた枝葉を拾うものには祟りがある。この枝葉を燃やすと、その家の者に病人が絶えない、といって手を触れる者がない、と伝える。(3)

奈良県宇陀郡内牧村高井（現、榛原町）にある箸杉は、幹が二十数本に分かれた杉の巨木であるが、昔弘法大師が室生山に登る時、ここで弁当をたべ、その箸を地に立てたものが成長したという。この木には注連が張られていて、この枝を切ると祟りがあると伝える。(4)

あるいは、その木の落葉の遅速の差で、来年の豊凶を占ったりする。(5)また大分県東国東郡旭村（現、国東村）で夜泣松といって、昔、この松の木の下に一人の女が乳の出ないため激しく泣く子をだきながら佇んでいると、旅僧が通りかかり、この松の落葉を集めて火をつけてみせた、すると子供はたちまち泣き止んだ。それ以来、この松の落葉は夜泣きに霊験ありといわれる。(6)

この話には、産ぶ女などの別の信仰要素が付加されているが、神木とその落葉が落ちる範囲がすなわち霊験現わるる地と見なされる点が指摘できる。この点をさらに深めて考えると、たんに一本だけの神木というより、その周囲に樹木のこんもり繁った地域を神の座所と考え、それを聖地としたと思われる。

和歌山県那賀郡細野村（現、桃山町）で杖竹というのは、畑の中に約一坪ばかりの竹が生い茂った地域であり、伐木すると祟りがあるといわれる。(7)ここにも弘法大師巡錫のみぎり云々の話がつけられている。一頭抜きんでた神木は、聖地の標示としての意味があろう。

高野山奥院近くにある杖杉は、別に明遍杉ともいい、かつて明遍上人参詣の折、携えた杖をさしたのがもとで繁茂したという。ちょうど御廟橋の袂にあり、この樹が霊地の榜示であって、この木より以奥は俗人の近づけぬ地とされる。この木から奥には諸仏が集合する所で、人々は杖杉の木の間ごしに礼拝するものだという。[8]

杖または箸を地に立てたりさしたりすることはすなわち占有権の表示である。外から異者が訪れ、その土地の地主神と交渉して、自己が占有すべき土地を譲渡される、そして開発する際にまず杖を立てることを軸として展開する伝説は多い。[9] 異者はすなわち尊い神の巡幸姿であり、その土地を訪れ、そこの一画を一時の依代とする。後にそこは聖地視され、その地の卓越した樹木は神聖視される。これがダイシの杖や箸の由来として端的に説かれ、一つの奇蹟伝説に示されるのである。

Ⅱ　弘法清水型

かつて水の乏しかった土地にある泉・井戸の由来を語る伝説で、全国に普及している。柳田国男は、弘法清水伝説を次の一〇類に分類している。[10] (1)弘法大師が巡錫の際、水がなくて困った所で、杖で地を突いて教え、また は自ら井戸を掘った。(2)水を所望して、水の不自由なのを知り、錫杖で地を突いた。(3)独鈷で地を突いた。(4)弘法大師に差出した水が、あまり水色がよくないので、良い水を出す。(5)大師が老婆に乞うと水が無いため一度断わったが、大切な水一椀を与えると、大師は杖を地に立てて水を出した。(6)弘法大師が機を織る女に水を乞うと、女は遠方から汲んで来て呑ませる。大師はお礼に杖で突いて清水の出る所を知らせる。(7)弘法大師に水を与えた所には杖でついて水を出し、与えなかった所には水がなく、また渇水となる。(8)水が生ぬるいとか濁っているといって与えなかったので渇水となる。(9)機を織り、あるいは洗濯しているからと、口実を設けて与えなかったので、水が減じたりなくなったりする。(11)米の磨水、洗濯水、白水などを与えたため水が濁りまた白くなる。

右の分類で(1)〜(3)における錫・錫杖・独鈷で大地を突くというモチーフは、Iの(ロ)杖立伝説と同様である。多くの場合、さきに靈木が成長し、その根元や幹の空洞から泉が湧き出たと説明している。つまりそこで靈泉としての性格が示される。(5)(6)においては、老婆・女性が登場する。柳田国男は、この老婆が姥であり、清き泉のほとりで、姥が神の御子を育てるという信仰の古態の存在を想像している。(11)機を織るとは神の御子の御衣を織ることになろうか。(4)〜(10)を通じ、水を無理してでも汲んでくれた良い婆と、何かと口実を設け水を差出さなかった悪い婆とに対し、大師が信賞必罰で臨む形式がとられている。これは幸不幸を神の所業とみる古い心意に基づくものであろうが、さらにその背後には、この村を訪れた神の御子＝ダイシ、が水を自由自在に操る高い靈能を示したことが強く印象づけられたことを物語ろう。

五来重は、弘法清水を三類に類型づけた。(12)甲類は、ある女性の旅僧にたいする善行の報酬として杖・独鈷を突き立て、湧泉せしめたという型。乙類は、大師に不親切なるが故に封井されたということ、そして無理にそこを掘るとばちがあたるという禁忌が伴なう。したがって弘法清水は靈泉で、人間の日常の使用はタブーとされるという型。丙類は、甲乙複合型で、善行の女性に対する湧泉の報いと悪行の女性に対する封井とを対比させ、一つの倫理化を打ち出しているという型、の三類である。さらに五来は、これら三類の古態として、神がすすんで湧泉せしめた神泉伝説の存在を指摘することによって、これらの伝説が神祭用の水の重要性を説明するために生まれたものと推察する。神祭に際しての禊祓には水は不可欠の存在である。その意味での神泉伝説の根拠はよくわかる。しかしそれだけでは、弘法清水伝説の普遍化にたいする説明は果たされていない。むしろ水の日常生活における重要性が、それに拍車をかけたとはいえる。和歌森太郎も評するように[13]、まず水の日常的効用があり、それに加えて神祭用の効用も重んぜられる故に、この伝説が喧伝されたという方が妥当に思える。

日常生活上の有効性という点では、水と並んで塩も重要である。ダイシが奇蹟を行ない、塩水や塩を作ったという類話も多い。

奈良県山辺郡豊原村大塩（現、山添村）には、手水鉢のごとき穴があり塩水が溜る。一日中増減があって、これにより伊勢海の干満度がわかるという。これは弘法大師が杖で穴を掘ったら塩水が湧き出したもので、大師はその水から塩を取り出し村民に与えたと伝える[14]。

『半日閑話』によると、福島県耶麻郡にやはり大塩村の地名があり（現、熱塩加納村）、江戸時代中ごろまで、塩の出る泉から塩水をとり、釜で煮て塩を製していたという。奥山に何故塩井があるかというと、弘法大師が貴い術で作り出したのだということであったと伝えている。

また水無瀬川・大根川伝説も、この類に入る。泉・井戸とはちがい、川であるが、水の重要性において変りはない。旅僧のダイシが村を訪れ、川辺で洗濯している老婆に着衣を洗ってくれと頼むが、老婆はそれを拒否する。ダイシは怒って、その場の川水を干上らせてしまったというのが水無瀬川伝説である。老婆が大根を洗っている時、ダイシが同様なことを頼んで、断わられると、やはり水を干上らせてしまったのが大根川伝説である。川の流れが地質の差で一時的に地下水になるという自然現象に対する説明であるが、水の重要性が水を自由に司る霊能を示すダイシの奇蹟として語られることで、Ⅱ型に属する。

Ⅲ　禁忌食物型

秋の収穫物についてダイシの奇蹟が行なわれたことを示すものである。(イ)畑作物に関するものと(ロ)果実に関するもの、(ハ)魚類に関するものに分けられる。(イ)の場合、芋・大根・大豆などがある。芋は石芋・くわず芋伝説として知られる。たとえば、ダイシの旅僧が村を訪れ、村人に畑の芋をくれと頼む。与えるのが惜しいので、この芋は固くて食べられないといって断わると、旅僧は去ってしまい、その後この村の芋は石ころのように固くなってしまう、という話である。[15] 先に挙げた大根川伝説も、水の重要性という点からみればⅡ型に属するが、大根という秋の畑作物が素材となる点をみればⅢ型といえる。大豆については、実らぬ大豆の話がある。やはり大豆を煮ている時、それをダイシが乞うのを、断わってしまうと、花は咲きたとえ莢は大きくなっても大豆は実らぬことになる。[16] 大豆は味噌の原料として重要な作物だったのである。

(ロ)の果実となると、栗・柿・柚子・桃など種類は豊富である。栗については、弘法栗・三度栗伝説が知られている。

これは栗でもとくに木の丈が小さく手の届く所に成る栗についていう。昔子供が栗を取ろうとするが、木が大きくてとれないでいると、弘法大師が通りかかり、枝をたわめて実を取らせたことから、木の枝が垂れ下がるようになったという話である。[17] または、昔弘法大師の術により、秋の末までに三回実を結ぶ栗だというのが三度栗である。[18] ならずの柚子[19]とかやに桃[20]などまったく大同小異のモチーフである。(イ)(ロ)を通じて明確なことは、素材となる芋・大根・栗などがいずれもハレの日の代表的食物であることだ。芋（里芋）は秋祭りに欠かせぬ神饌であり、旧八月一五日のイモ名月の行事でもよくわかる。大根も秋の畑作の代表物であり、ことに冬に行なわれる祭事の神饌の中心といえる。栗は果実であるが、以前は米の不足を補って栗飯として使われたし、ことに正月の神への供物として知られる。要するに神を饗応する際の代表的食物である点で共通する。したがって、奇蹟伝説の中ではダイシによる奇蹟の結果として作られ、それが禁忌の食物として語られることにもなる。

これら作物・果実類とは別に、(ハ)魚類についても神饌としての意味が十分にある。代表的なものに片目の魚伝説がある。たまたま村人が魚の片身だけ焼きかけていたところへ、ダイシが通りかかり、それを哀れんでそのまま池にはなつと、それ以後その池の魚は、一方だけ焼け焦げのままで泳ぐようになったというのである。あるいは、ダイシが施行を求めたところ、貧しい村人は、自分の食事のために用意した魚の片身だけ焼きかけたのをダイシに進ぜた。ダイシがそれを近くの池にはなつと、その魚はたちまち蘇生して泳ぎ去った。以後そこに住む魚は片目であると伝える。(21) これなど明らかに、神の食物として、凡人の食物との別を明示することが強調されている。

これに連なる伝説として鯖大師伝説がある。これは四国八十八箇所霊場にはかなり濃厚に分布しているが、九州は福岡・熊本の各県、関東の沿岸部を北上して、宮城県あたりまで分布していることが知られている。(22)

ある男が馬に塩鯖の荷を負わせて通りかかると、旅僧が近よってきて、その鯖一匹をくれと頼む。馬方は承知しないばかりか悪口を言って去ろうとすると、その旅僧が一首の歌を詠んだ。曰く「大阪や八阪阪中鯖一つ、行基にくれで馬の腹病む」と、たちまち馬が患って一歩も歩けなくなる。馬方はこれは尊い旅僧だと恐れて、くれぐれも無礼を詫びて鯖を献じたというのである。柳田国男は、山路と鯖と旅の宗教家の間に一種の運上信仰というべきものがうかがわれると推察している。(23) これもつまり旅の宗教家であるダイシに対しての神饌にまつわる一種の奇蹟譚といえよう。

Ⅳ　大師講型

旧一一月二三日夜から翌二四日にかけて行なわれる大師講についての伝説の骨子はだいたい次のようなものである。

この夜、ダイシ様が村を訪れる。そこで各家々では、小豆粥・団子・大根・蕪などを供える。この供物にはさらに栗・桃・萩などで作った大小不揃いの箸を供える。この夜はダイシが必ず雪を降らせる。これをダイシコウブキ、アトカクシ雪、スリコギ隠シという。これは巡歴のダイシをもてなすために、食物を盗みに出た貧しい老婆の足が不具であるので、ダイシがその足跡を隠すために降らせた雪だといわれる。東北地方に多い伝承では、ダイシには子供が多く、二四人または一二人の子持ちの老婆だという場合がある。それで生活苦に追われ、この日吹雪で死んだとか、この日に薪木や大根を盗りに行ったので、その跡を隠すために雪を降らせるのだともいう。(24)

五来重も指摘するごとく、(25)このダイシの属性はすごぶる豊富である。そして、先学の多くが説くように、このダイシは大師という仏教上の高僧・聖のイメージとはかけはなれた民俗的大師であり、柳田の言を借りれば、このダイシこそ、「長男を意味する大子（おおいご）」なのである。(26)この遠来の客人神＝神の御子であるダイシを人間がてい重に祀り、もてなすことに大師講の本義がある。この日、宵から風呂をわかしてダイシを待ち、夜半すぎてダイシが訪れ風呂に入った後に家人が入るのだという地域もある。これは新嘗祭、アエノコトに共通するものである。(27)

この日、ダイシが必ず雪を降らせるというのは一つの奇蹟である。雪はおそらく祭りの前の浄めの意味であろう。ただこの奇蹟は、今までの他の類と異なり人間にショックを与えたり、畏怖させるようには説かれていないことに注目すべきである。

訪れるダイシをてい重にもてなし、これを祀ることは、神と人間とのより古くより深い関係である。ここでは、神の奇蹟をことさらに強調せずとも、神と人との関係はきわめてスムースなものなのであった。これが神と人との関係を物語る最古の形式であるとするならば、叙上のⅠ〜Ⅳ型の中で、Ⅳ大師講型の伝説がダイシ伝説中最古の型と指摘できる。そしてⅠ〜Ⅲは、ダイシをてい重に祀る形式の中これを機能的に説明づけた形式といえよう。Ⅰは神の依代・霊地について、Ⅱは神をもてなすための霊水、祭りのための禊祓の霊泉について、Ⅲは、神に捧げる供物について、それぞれの重要さを人々に牢固として記憶させておくために、ことさら奇蹟を印象づけるように説明されたといえる。Ⅰ・Ⅱ・Ⅲ型の相互関係は明確でない。Ⅳを根として、同時的に分化変遷したものといえば無難かも知れない。しかしなお臆測すれば、まず神を迎え祀るための依代・聖地の選定が古く、次に祀るために浄い泉が必要であり、さらに神饌の準備という三段階を設定した場合、それぞれの段階に対応して、Ⅰ→Ⅱ→Ⅲとなろう。したがって、Ⅳ→Ⅰ→Ⅱ→Ⅲの変遷を単純に図式化することも一つの試みである。

さて実は、ダイシ伝説について、叙上の四類型の他にもう一つの類型設定を筆者は考えている。

Ⅴ　奇蹟強調型

これに属するものは、(イ)話の要素はⅠ〜Ⅳ型のどれかに入るが、奇蹟がことさらに強調されている。(ロ)話の要素はⅠ〜Ⅳ型のいずれにも属さぬ別要素であり、村を襲う災害の救済に対し、ダイシの奇蹟が強く説かれている、の二類に分けられる。(イ)の事例を次にあげる。

〈**事例一**〉　兵庫県宍粟郡神戸村（現、一宮町）の水無川伝説で、揖保川に沿った伊和・安里・島田三部落の中、安里だけが水不足でこのあたりは石川原となっている。昔老婆が川で洗濯していると、川下の方から旅僧が来て「水を飲ませてくれ」といった。老婆は「水はない」と断わった。旅僧は怒って錫杖で水をぐるぐるかきまわすと、水はみるみる減って川原となった。老婆は自分の悪かったことに気づくが、すでに旅僧の姿は消え、天中から声がした。曰く「そんな良くない者がいるから水無川にしてやる」と。それ以来、安里川は大雨が降った時以外、水が流れなくなったという。[28]

一見、見過ごすかも知れぬが、この話では、旅僧の激怒の様子、天中からの声といった要素が付加され、水を自在に操る旅僧ダイシの奇蹟が強調されている。

〈**事例二**〉　長崎県島原半島の富津町（現、南高来郡小浜町）の日見港一帯は水の乏しい所で、しばしば火災があり、人々の火に対する恐怖は一通りではなかった。ある日、旅僧がこの村を訪れる。老婆に水を求めるが、老婆が言うには、ここには一つの井戸とてなく、大浜という離れた所に汲みに行かねばならない。一度火事でもあれば火を消すこともできず、燃えるままになるといいながらも、水を差出す。僧は老婆の好意に報い、村人の難儀を救おうと、近くの大楠の根元に円を描き、ここを掘れば水が出ると指示して去った。たしかにその場所から清水が湧き出たので、この旅僧は弘法大師に違いないとしてこの井戸の辺りに大師像を祀ったという。[29]

これはⅡ弘法清水型の一つの典型であるが、説明の仕方に、村の災害＝火災の救済という意図が加わることによって、奇蹟がことさらに強調されている。

〈**事例三**〉　『親子草』によると、宝暦六年（一七五六）頃下総国古河で、御手洗の堀より弘法大師の霊水が出現した。盲人がそれで眼を洗うと目が空き、いざりは腰が立つ、手拭をそこに浸すと梵字が現われる。それらの奇蹟が喧伝されて、江戸からも多数の者が参詣した。そして皆は竹筒に霊水を入れて持ち帰ったという。この霊水はある僧が掘ってみよといったので掘ったら湧いたものだと伝えられている。(30)

これもⅡ弘法清水型であるが、病気治療の霊験という奇蹟が強調され流行現象となった例である。

〈**事例四**〉　三重県名賀郡比自岐村摺見（現、上野市）にある昨夜柿という柿木についての伝説。ダイシがこの土地を通ると、傍の茶園でしきりに実が落ちるので不思議に思った。そこでこの土地に何か仏縁のあることを知り、それでは自分がさす柿の枝に一夜で芽を出させ給えといって祈ると、その翌朝発芽した。そこでその木の傍に草庵を結んで、一七日滞在した。この庵を後に夕部柿山御幣寺と称する。(31)

これはⅠ神樹由来型とⅢ禁忌食物型の複合したものである。ダイシが一夜の中に柿木を発芽させるという奇蹟が、そこにさらに滞在したことでいっそう効果的に説かれたことになる。

次に(ロ)に属する事例を挙げよう。

〈**事例五**〉　愛知県宝飯郡形原町（現、蒲郡市）の音羽港にある水弘法の伝説。昔このあたりに津波が襲ってきた時、みすぼらしい僧が出現し海に向かって読経しどこかへ去った。すると津波は鎮まったという。それから数日後、海辺に清水が噴出して、その水煙の中に輪が現われ、その中に過日津波から村を救った僧の姿があった。村人はこれこそ弘法大師の御姿であるとして、ここに大師像を安置した。(32)

一部に弘法清水の要素はあるが、それよりも、旅僧が津波のもたらす村の破局を救済したという奇蹟が強調されていることは明白である。

〈**事例六**〉『新著聞集』によると、寛永一三年(一六三六)のことであった。高野山の麓の奈倉という村の者が垢離をとっていたところ、にわかに狂気の状態となり走りまわり、「吾は山の大師なり、此在所の者あまり邪見放逸にして、仏法をしらず、麓に有ながら、わが山に歩を運ぶ事なく、只朝暮利欲の事にのみ心をさし置事、哀に思ひ侍り、今より後、ふかく信をとれ」と告げた。村の者たちは、これは狐狸が憑いたに違いないとして、罵詈雑言を浴びせた。その男は大いに怒ってさらに言うには、「汝ら誠に大愚人なり、かほどまで大悲を垂給ひしに心得ざるはいかんぞや、いで其儀ならば、来月中旬に此所を黒土になして思ひしらせん、その時悔ゆ共甲斐あるまじぞ」それだけ言うと、村はずれまで行って倒伏したが、しばらくして蘇えった。どうしたわけかと人々が尋ねたら、その男が垢離をとっていると、若い僧が水の上を越えてくるので、怪しんでいた。すると僧はその男にひしと抱きついたので、そのまま男は気を失なったという。さて次の月の一六日に、一村はことごとく焼失してしまい、垢離をとっていたその男の家だけが焼け残ったという(33)。

この話は、ダイシが予言をして、村を破壊させ、信心厚い者だけを救ったという強力な奇蹟譚である。

〈**事例七**〉愛知県丹羽郡犬山町内田(現、犬山市)での伝説。

ある日、一人の僧がやって来た。初めは里人も乞食坊主と思っていたが、次第にその徳に服するようになった。やがてその僧は漂然と草庵を捨てて立ち去った。これを知った村人は村境の内田橋の渡まで後を慕ってついて行った。僧は静かに手を払い、「それほどわしを思うなら、わしの姿をあの山に止めて置こう」と言って前面に立つ石頭山を指差した。不思議や僧の姿はその山にまざまざと映った。里人は瞑目合掌したが、やがて目を開くとすでに僧の姿はそこになかった。(34)

この話になると、旅僧ダイシはますます霊能高きマジシャンの面影を示してくる。

さてV型の(イ)(ロ)を通じて、奇蹟がことさらに強調されていることは、とくにⅣ型の奇蹟とくらべると格段の差がある。そして各々の奇蹟伝説の中で、奇蹟が強く説かれているのは、奇蹟の行為者であるダイシ（旅僧）の呪者的能力を強調することでもある。

Ⅳ型においてダイシは、ひたすらてい重なる饗応を受けることで、やたらに奇蹟を行使する必要はなかった。Ⅳ→Ⅰ→Ⅱ→Ⅲの変遷過程において、とくにⅠ→Ⅱ→Ⅲの段階で、人間にとってショックな奇蹟が語られているが、その内容は樹木・清水・食物などについてのきわめて日常的世界の出来事として受け止められている。然るにV型(イ)の奇蹟はⅠ〜Ⅲ型の各々に対応しつつも、その内容にはダイシの呪術的能力を強める要素を新たに付加させている。さらにV型(ロ)になると、奇蹟の内容は、日常的世界の破局にまで及ぶこととなり、それを操るダイシはすこぶる霊能高き呪者として描かれる。

したがって、V型はダイシ伝説の中でもっとも成立の新しいものといえよう。そしてV(イ)よりV(ロ)の方がより新しい形式と考えられる。

このことは、次のごとき問題提起の前提となる。すなわち神の御子＝ダイシの来訪をとる最古の物語の形式に内包される日本人のメシア信仰が、時代の変遷に伴ない歴史的社会的条件によってどのように変化しているか？ということである。これはいみじくも、ダイシの大子が仏教上の大師のダイシにある時代に表現されるにいたった理由を問うことになる。先の図式化によれば、①Ⅳ型からⅠ〜Ⅲ型へ移行する時点、②Ⅴ型が成立し、これがⅠ〜Ⅳ型と接触する時点においてそれぞれ問題は展開するであろう。

そして畢竟、この問題は伝承的世界に歴史的世界が交錯した地点において論じられることになろう。

(1) 柳田国男「伝説」昭和五年（『定本柳田国男集』第五巻所収）。
(2) 同「伝説のこと」昭和二五年（『日本伝説名彙』序文）その他、伝説そのものの把握の仕方については、柳田国男『木思石語』昭和一七年（『定本柳田国男集』第五巻所収）、関敬吾「伝説研究のために」（『民間伝承』一四の三、昭和二五年）、和歌森太郎「伝説の発生過程について」（『民俗学評論』一、昭和四二年）、T・R・バイヤール『伝説の歴史』昭和三三年、などに負うところが多い。
(3) 柳田国男編『日本伝説名彙』五四ページ、昭和二五年。
(4) 高田十郎編『大和の伝説』一四七ページ、昭和八年。
(5) 前掲註3、四八ページ。
(6) 市場直次郎編『豊後伝説集』一一〇ページ、昭和六年。
(7) 前掲註3、四九ページ。
(8) 同右、四七ページ。
(9) 前掲註1、一〇〇ページ。
(10) 前掲註3、二〇七―二〇九ページ。
(11) 柳田国男「大師講の由来」（『日本伝説集』所収、昭和四年）。
(12) 五来重「弘法清水」（『密教研究』八一号、昭和一七年）。
(13) 和歌森太郎、五来稿「弘法清水」書評（『民間伝承』八の四、昭和一七年）。
(14) 前掲註3、一七九ページ。
(15) 柳田国男『木思石語』昭和一七年（『定本柳田国男集』第五巻、所収）四四七ページ、四七一ページ。

(16) 大庭耀「実らぬ大豆」(『旅と伝説』一の一二、四九ページ、昭和三年)。
(17) 井之口章次・朝倉治彦他編『神話伝説辞典』弘法栗の項、昭和三八年。
(18) 前掲註3、六七ページ。
(19) 島田清「弘法大師の廻村伝説」(『民間伝承』十二の五・六、昭和二三年)。
(20) 同右。
(21) 前掲註3、一三九ページ、四五三ページ。
(22) 柳田国男「鯖大師」(『民間伝承』八の四、昭和一七年)、桃井若州「鯖から鰹節へ」(同、八の六)、山口最子「鯖大師」(同上)。
(23) 同右、柳田稿。
(24) 桜田勝徳「大師講」(『日本社会民俗辞典』昭和二九年)。
(25) 五来重「仏教と民俗」(『日本民俗学大系』3、所収)、昭和三四年。
(26) 柳田国男「二十三夜塔」昭和二五年(『定本柳田国男集』第十三巻所収)。
(27) 前掲註25。
(28) 前掲註19。
(29) 榊木敏「伝説の島原」(『旅と伝説』二の五、昭和四年)。
(30) 喜田遊順「親子草」(『新燕石十種』第一、所収)。
(31) 前掲註3、七三ページ。
(32) 愛知県教育会『愛知県伝説集』六七ページ、昭和一二年。
(33) 『新著聞集』寛延二年(『日本随筆大成』二期、所収)。
(34) 前掲註3、七六ページ。

第二節　ダイシの宗派性と類型性

前節で記したように、ダイシは祖型たる神の大子の痕跡を辛じて残すものの、現在の伝説においてはすべて仏教的大師を名乗るに至っている。そして大師という場合、その多くが弘法大師に収斂するとはいうものの、そうでない場合もある、その理由は先学の指摘するごとく、大子のダイシに相当する貴い人なら誰でもよく、したがって仏教上の高僧なら誰もが該当することになるからだ、ということになる。しかし明らかなことは、弘法大師を除いた他の大師たちには、信仰圏に裏付けられた地域性が存することである。たとえば天台宗慈覚大師は東北地方、親鸞上人は新潟、富山から北陸一帯、元三大師、智者大師は関東から東北地方、日蓮宗地帯では日蓮上人や大覚僧正、白山周辺には泰澄大師、大和地方の理源大師等々枚挙のいとまがない。この中、真宗、日蓮宗のごとき宗派性の濃厚な地帯には、それが明確に示されている。たとえば備前法華の地帯には、大覚僧正伝説が広まっている。岡山市津島での話。大覚僧正がある農家で一夜の宿を乞う。その家の老婆は一度断わるが、無理に頼みこんで麦飯の饗応にあずかった。その夜半、僧正は、老婆が裏口からしきりに出入りするのに気付いた。その仔細を尋ねると、隣家の嫁が産気づいたが難産なので苦しんでいるとの由、僧正はそこで洗米を出し産婦にすすめて、井戸水をくんで飲ませると、不思議や安産となって子供が生まれた。以後この井戸を子安の井戸といい、村人たちは僧正の奇蹟に驚いて当時の真言宗を捨てて転宗したという。(1) これの類話は多く、真言宗、天台宗から真宗、日蓮宗へと転宗した地域に多く語られている。

そうした宗派性が強調される事例について考察をすすめよう。

〈聖徳太子と真宗・天台宗〉　ダイシという場合、大師だけにこだわる必要はない。つまり仏教上の高僧・聖と同義なのである。したがって僧正や上人も当然そこに入ってくる。また聖徳太子も仏教の祖師的存在であることは周知の通りである。その聖徳太子を祀るタイシ講は、大工・左官・屋根屋・鍛冶屋・桶屋・樵夫・杣などの職業集団で祀られていることは、よく知られる民俗である。しかし何故、彼らだけが太子を祀るのかというと十分に説明はできていない。大工が古く寺大工から派生したものだとすると、代表的寺院であった法隆寺などの関係からそれが説かれたことも想像されるがはっきりしない。木樵たちの場合、山の神の子を大子として信仰していたことから大子が聖徳太子と成り得たとするがこれも確証はない。(2) ただ聖徳太子の宗派性を問題とすると、真宗・天台宗がこれに大いに関係してくることは指摘できる。

鎌倉時代に、聖徳太子を日本仏教共通の祖として崇拝することが最高潮に達したといわれる。親鸞はこれをたくみに利用することで太子信仰の吸収を試みている。松山善昭の調査によると、東北・関東・中部の真宗寺院五七のうち太子崇拝を行なっているのは、四〇寺を数えるという。これらの寺は境内に太子堂を設け、太子の絵像、木像を奉持しているという。(3)

一方天台宗では、円仁、円珍の頃より、日本天台の淵源を説く場合、聖徳太子や、鑑真を高祖として挙げた。そして聖徳太子が大唐南岳禅師の垂迹または後身であるとしたのである。南岳慧思大師の歿年と太子の生誕年とがたまたま一致したこともあって、この後身説はきわめて強く天台宗内の尊崇を集めたのである。(4)

叡山の椿堂にまつわる伝説にも、聖徳太子がこの山に登山して、持っていた杖を突きさすと、その杖が成長し

て椿木となったというきわめて類型的な話が伝えられている。(5)

職業集団の太子講が、聖徳太子を祀る理由の一つとして右の宗派性が関連ありとすれば、それら太子講と真宗・天台宗との関わり合いについても考えねばならないが、その点については実のところまだ不十分である。

〈天台宗系の大師〉 天台宗の最澄は、弘仁七―八年ごろ、しきりに東国に伝道し民衆と接触、その地盤を固めたことは周知の通りである。その結果、東国は天台宗の無二の法田となり、天台座主には、東国出身者が多い。すなわち初代義真（相模）、二代円澄（武蔵）、三代円仁（下野）、四代安慧（下野）、七代猷憲（下野）などである。ことに円仁＝慈覚大師の巡錫は東北地方のダイシ伝説に色彩を添えている。(6)

近世江戸を中心に、天台智者大師を大師講の大師とする地域があった。天野信景が『塩尻』の中で、「本邦十一月二十三日作二赤豆粥一為二時物一云賀春二陽之初一名曰二大師講一　按作二赤豆粥一者蓋冬至之賀而当時偶当二天台智者大師之忌辰一也自レ此混而如此乎　吾邦古崇二天台密教一故人々修二其忌一以誤来歟」(7)と記しているのが、的を射た説明である。天台大師の忌日と大師講の一一月二四日がたまたま一致していたこと以外にそれほど他意はないのだろう。

天台宗では、もう一人慈恵の元三大師がいる。これも叡山と江戸の東叡山を中心とする信仰圏の範囲内でしきりに信心されたもので、関東から東北にかけて比較的多く分布している。ただし慈恵の巡幸ということは人口に膾炙されていなかったので、それほどダイシ伝説に影響はなかった。ただ慈恵は生前霊能高い大師として知られていたので、その御影が角大師と名付けられ悪霊退散の絵札となって人々の信仰を集めた。『海録』(8)には、「上野東叡山より出る角大師の御影といへる物あり、或は降魔の像ともいへり、俗説色々あれど取べきなし」とある。

この角大師は妖怪像である。五来重は、こうした元三大師→角大師が、叡山における山の神信仰にもとづくものとされている。さらに関東地方でコト八日に出現するミカワリバアサンなどのような妖怪と同一のもので、正月に訪れる山の神＝祖霊の妖怪化した姿だと指摘されている点は興味深い。(9)

〈行基菩薩・弘法大師と真言宗〉　各々の宗派の立場で、宗祖・高祖をダイシ伝説に吸収させることは、一応認められることである。そうすると、真言宗の信仰圏がすなわち弘法大師となるわけである。ところがダイシ伝説で大師を弘法大師とする地域が、全体の約七割を占めるが、これは真言宗地帯をはるかにオーバーすることになる。弘法大師に限っていえば、決して宗派性だけにとらわれることはできない。たしかに真言宗の村に弘法大師の来訪は語られるが、天台・禅宗などの地域でも、やはり弘法大師は通行して奇蹟を行なっているのである。したがって何らか別の要素から、宗派性を超越させる因由を見付け出さなくてはならない。

その点を考えるに際し、伝弘法大師筆といわれる「御遺告諸弟子」が注目される。(10)すなわち、これによると、大師が青年の時、播磨を行脚して路傍の茅屋に宿をとった時に、老媼が鉄鉢に飯を盛り供養していうには、自分はもと行基菩薩の弟子僧のまだ出家しない以前の妻であった。行基菩薩が入滅に臨んで、自分が入滅した後、某年某月某日に菩薩が来て汝が家に宿をとる、その時にはこの所持している鉄鉢を供養せよと告げた。日を数えるのに、正に今日に当れり云々とある。この一文は、弘法大師が行基の衣鉢を継いだことを如実に物語っている。行基は、古代宗教史上に明らかな通り、古代民衆の期待にこたえて活動した聖であり、一種のメシア的存在であった。(11)聖は宗派を超越して自由に活動することに特徴がある。行基はそれら聖たちのシンボルであった。この行基の衣鉢を弘法大師が継ぐという伝説が成立するところに、大師の聖的性格を窺わしめるものがある。

そこで次に行基による奇蹟伝説を検討しておこう。

文献上で語られるものに、①異常生誕であること、②幼童の頃、村中の牛馬を一人で飼ったり、大人よりはるかに田植する量が多かったことなど、ともにその超人的能力を物語っていること。③院四十九所、僧院三十四所、尼院十五所、布施屋十五所、橋六所、樋三所、船息二所、池十五所、溝七所、堀川四所、直道一所などを建設して、民衆の救済につとめたこと。④文珠の化身となったこと。⑤末世に臨んで、国王大臣、国吏百姓が行基の院家をゆるがせにしたならば、旱魃暴風の災害が起こり、この世が破滅する、もし帰依する者があれば、幸福にさせることを預言していること。⑥遺誡を五人の弟子に付属させ、彼らが順々に出世し、行基の院家を守護して、ミロク出世を待つことを預言していること、[12]が挙げられる。⑤⑥の伝説には連続性があり、行基が聖として伝承されて行く裏付けとなる。

しかも一三世紀の初め天福二年（一二三四）に、行基の託言なるものが、大和国にしきりに喧伝されたという事件があった。その託言によれば、「我入滅之後四百八十六年、化縁既尽、雖人滅度、機感相催、繁昌時至、速除不浄、可崇致之若作疑心　不随我教、灾火出来、隣里不安云々[13]」として、行基自身の遺骨が出現することを告げた。そして翌文暦二年（一二三五）に、また託言があって、八月二五日に「須開我廟、散人疑心、以顕法徳、若猶不信之、空送日月者、忽発灾火、可焼払隣室[14]」として、瑞雲たなびき、細雨が降る中に、ついに行基の遺骨が出現したという。この記事を採録したのは、権少頭果宝なる者で、正平七年（一三五七）、大和国生馬山大聖竹林寺においてであったという。おそらくこの伝説は当時の南北朝対立の混乱の時期において、行基による奇瑞が人々によって期待されたことから生まれたものといえよう。

聖としての行基の巡幸は、各地に及んだ。したがって当然ダイシ伝説との接合があり得た。静岡県北引佐郡鎮玉村四方浄（現、引佐町）には行基橋やら行基作の仏像と伝える物が多い。ある時、行基がその地を通ると、人々が魚を捕えて池の辺で膾を作りすすめた。行基はこれを食べるや、池に向かって吐き出したところ、魚は小魚となり生き返って泳ぎ去ったという。(15) これなどは先のダイシ伝説Ⅲ型に属するものである。また、行基が、老母に衣類の洗濯を頼むと、今田植の最中で暇がないと断わられた。そこで行基は代って田植えしようと、藁人形を作り、これを田ごとに置いた。人形は動き出してたちまち田植えを終えてしまった。行基は読経の後これらの人形を川に投じ、末は遠州灘の大海に出世するだろう、その代り故郷のことは忘れずに、風雨災害は必ず知らせよと告げて流した。これが天気が変わるごとに予知する波小僧だという。(16)

これは、ダイシ伝説のⅡ型にV型が混融した型といえる。明らかに変災を予知する奇蹟が強調されている。

行基伝説に示される伝承性は、聖たちによって担われたものである。行基↓弘法大師への衣鉢継受の伝説も、聖たちの関与によって成立し得たと推察すれば、ダイシの宗派性を問題とすることも、こと弘法大師に関しては、決定的要素とならない。むしろ多くのダイシを名のる旅僧たちの類型的性格、具体的には宗派性を薄めた高野聖たちの活動の類型性が、本章第一節で指摘したダイシ伝説の成立因由に一つの影響を与えたことを見逃がしてはならないだろう。

（1） 中村知章「大覚僧正伝説」（『中国民俗研究』一号、昭和八年）。
（2） 堀一郎「職業の神」（『日本宗教の社会的役割』所収、昭和三七年）。
（3） 松山善昭「東北地方の真宗初期教団と聖徳太子崇拝について」（『印度学仏教学研究』二の二、昭和二八年）。

(4) 古江亮二「聖徳太子観音化身説の起原について」(『宗教文化』八、昭和二七年)。
(5) 硲慈光「伝説の叡山」(『現代仏教』一三・一四、大正一四年)。勝野隆信『比叡山と高野山』一〇ページ、昭和四一年など。
(6) 薗田香融「最澄の東国伝導について」(『仏教史学』三の二、昭和二七年)。また山形市の山寺に慈覚大師が入定した伝説は多くの人によって信じられてもいる(山形県教育委員会『山寺の入定窟調査について』昭和二五年)。
(7) 『塩尻』巻十一。
(8) 『海録』巻十二。
(9) 五来重「仏教と民俗」(『日本民俗学大系』8、昭和三四年)。
(10) 「御遺告諸弟子」(祖風宣揚会『弘法大師全集』第七巻、明治四三年)。
(11) 高取正男「日本におけるメシア運動」(『日本史研究』二四、昭和三〇年)。
(12) 「行基菩薩伝」(『続群書類従』第八輯下、所収)、「行基菩薩行状記」(同上)。
(13) 「大和国生馬山有里村行基菩薩御遺骨出現事」(同右)。
(14) 同右。
(15) 富田準作「遠江における行基伝説の展開」(『民間伝承』一六の八、昭和二七年)。
(16) 同右。

第三節　弘法大師の入定伝説とミロク信仰

ダイシ伝説の中でも、際立った大師である弘法大師が示す超宗派性と類型性は、弘法大師信仰の持つ強力な伝承性に裏づけられている。

たとえばそれは、四国霊場巡りに加わる人たちによって体験されている。霊場巡りの最中、大師に出会ったと語る人は多く、それが事実としてお互いに疑いなく認められている。巡礼団の旗持ち（大先達）がいつの間にか大師の身代わりと考えられ、その大師が病気直しを行なったりするようになることは現在の霊場めぐりに際してもしばしば聞かれる。

『譚海』には「四国には弘法大師常に化現し給ふよしにて、人偽を抱き姦をなす事なし、夫ゆえ八拾八ケ所参詣のもの一宿をのぞめば快とめてもてなしけり」と善根宿について述べ、ある時、一人の旅人が家中留守の某家に泊り、美味な味噌を盗んで立ち去ろうとすると、宵に脱ぎ置いた笠が見えない、探してもないのであきらめて、三、四丁行くと、その家の亭主が追いついて笠を持ち来たっていうには、何か盗んだのではないか、それを置いていってくれ、盗んだから笠をここまで持って来たのだといった。これはすなわち大師の霊験によるものであったという。(1)こうした話は、弘法大師がまだ生きているという信仰によるもので、『筠庭雑録』によると、「四国経歴致し候へば、弘法大師に逢候といひ、又高野山にては大師経歴被ㇾ成候に付、衣裳の裾に泥など付候、又は裾などきれ候故、年々取かへ候由申事に候」(2)とあって、大師が生身のまま高野山にあるといういわゆる入定信仰が、近世以来の多くの民衆の間にびまんしていたことを知ることができる。

この問題を考えるには、結局、弘法大師の入定信仰が示す意義を検討せねばならぬことになろう。

仏教史学者の説明するように、弘法大師の実伝記はほとんど正確さを期し難い。それは、生前の壮大な密教思想の大系を樹立した哲学者としての空海と、死後さまざまに語られた弘法大師伝の記録とがあまりにも懸け離れた内容を示すからである。神秘的霊能者、呪者としてのお大師さんに対する信仰があまりにも民衆の間に普及し過ぎており、果たして歴史的真実が奈辺にあったものか断定できぬ情況なのである。[3]

弘法大師の入定が歴史的事実であることは、現段階では厳密には証明されていない。入定は、大師の歿後五七年後に成立したといわれる「御遺告」の記事によっている。この「御遺告」自体の文献史料としての真偽が問題とされるが、ここではあくまで伝承的世界での信仰的事実として把握するので、成立の絶体年代については問題外となる。さて「御遺告」はその冒頭から、入定の予告を行なう。後述するように行者たちの入定は定型を持つのであるが、「御遺告」もその順序に従っているのである。入定に先立ち断穀の修行に入る。断穀し結加扶坐で行に入り、その間、さまざまな言辞をのべ、弟子たちがそれらを記したのがすなわち「御遺告」の内容である。穀断と水断はともにミイラ化つまり即身成仏化を意図する行為である。

この「御遺告」の第十七条（可レ報ニ進後生末世弟子祖師恩一縁起第十七）に、

（前略）吾滅度以後弟子数千万之間長者也、雖ニ門徒数千万一併吾後生弟子也、雖レ不レ見ニ祖師吾顔一有レ心之者必聞ニ吾名号一知ニ恩徳之由一是吾非レ欲ニ白屍之上更人之労一護継ニ密教寿命一可レ令レ開ニ竜華三庭一謀也、吾閉眼之後必方往ニ生兜率他天一可レ侍ニ弥勒慈尊御前一五十六億余之後必慈尊御共下生祇候可レ問ニ吾先跡一亦且未レ下之間見ニ微雲官一可レ察ニ信否一[4]（傍点筆者）

とある。すなわちまずミロク上生信仰を語り、ついでミロク下生信仰を述べている。

『大師御行状集記』によると、

或伝曰、然則従大寺艮角、入三十六町、卜入定処、従兼日営修之、其期兼十日、四時行法、其間御弟子等、共唱弥勒宝号、至時剋止言語、結跏趺坐、住大日定印、奄然入定、時年承和二年乙卯三月廿一日丙寅寅時也、雖閇目、自余宛如生身、及七々御忌、御弟子等皆以拝見、顔色不変、鬢髪更生、因之加剃除、懃衣裳、畳石築壇、覆其上、立率都婆、入種々梵本陀羅尼、更其上亦建立宝塔(5)

この一文によって、弘法大師の入定ミイラ化が図られたことになる。かくて大師は歴史的世界から伝承的世界へ入り、不死のまま聖界にあってやがて未来世において俗界に復活するのだという信仰的事実が固定化する。

一六世紀に入って、耶蘇会士の書翰に次のごときものがある。これによって当時、大師の入定信仰が民衆の間である期待をもって認識されていたことがわかる。すなわち、永禄四年（一五六一）八月一七日附堺発、パードレ・ガスパル・ビレラの書翰によると、

コーボダーシと称へたる一人の坊主に欺かるゝこと多大なり、之に付語る所に依れば、悪魔の化身即ち肉体を取りたるものゝ如く、又多数の壮麗なる寺院を建築し、甚だ老いたる時、地下に穴即ち家を造らしめ、自ら内に入り、既早現世に在るを欲せず、然れども死するに非ず、休息するものにして、一億年の後、日本に大学者出づべく、其時再び此世に出現すべしと云ひ、穴を被はしめて其処に留り爾来八百年なり、庶民は坊主を大に崇敬し今尚生存し多数の人に現はると信じ、毎日彼に祈り、其穴に入りたる日参拝するもの無数なり。(6)

パードレの聞書きは明らかに大師の入定と復活について語っている。別の書簡（永禄九年〔一五六六〕パードレ・ルイス・フロイス）には、

（前略）コンボーダーシを生きながら埋葬せり、彼は甚だ悪しき人なるが彼等の間には最も高き神の一人とせ

られ、之を葬る時、何人も其墓所に来り又之に触るべからず、彼は死するにあらず、休息するものにして、世界の破壊せらるゝ時、復活すべしと云へり（中略）、諸国の身分ある者死したる後、身体を焼き其歯を高野に送り、（中略）石に称号を認めて墓に葬る。彼等は弘法大師の側に其歯を埋めたる者は、皆直ちに聖徒となるべしと信ぜり。(7)

パードレが大師をキリストに対する悪魔の形にとらえるのは当然であろうが、大師が生きながら入定し、やがて復活することをキリスト者の立場から終末と結びつけて認識している点は実に興味深いものがある。キリスト教自身、キリストの復活信仰を持っている。霊能高き者に対して民衆が不死・不滅の信仰をいだくことは、諸民族の持つ空虚な墓の伝説によって明らかである。そして空虚な墓の伝説の主人公は例外なく、生前奇蹟を行なったかあるいは少なくとも常人と違ったところのある聖人であった。彼は、宗教心理学的にいうところのヌーメンであり、超自然的能力を持つ異者なのであった。(8)

大師が墓を空にしたということは、直接開廟することが拒絶されているため、人々に実見されることはなかったが、大師の示現伝説と奇蹟伝説とによって、いわば復活者として多数の民衆に接触していることが明らかである。これというのも大師の生前における奇蹟伝説の強力さが、民衆の間において大師不滅の信仰をもたらした結果に相違ない。これがすなわち民間における大師信仰の骨子といえる。さらに大師入定がミロク出世＝下生を前提に成立する点において、われわれは、民衆意識におけるメシア待望の反映を看取することになろう。

さてここで仏教的メシアニズムとしてのミロク信仰と弘法大師との関連を考察する必要があろう。生前の空海自身がミロク上生を信奉していたことは、『三教指帰』や『性霊集』によって知られている。ただこの兜率天往生思想は、平安朝における一般的風潮であって、ひとり空海に卓越したものではなかったのである。さらに、真言の即身成仏の教理からみた場合、それはミロク信仰の内容と相矛盾することになる。したがって空海の生前のミロク信仰のあり様も問題となるだろう。(9)

空海歿後、約三世紀半ばを経て、高野山中心にミロク下生信仰が高揚した。ほぼそれは平安末期から源平内乱の末世的時期に相当している。その証拠としてたとえば、

「金剛峯寺弥勒院　久安二年月日」の鐘銘などが見える。(10)またこのころ大門から一八〇町の所に慈尊院が設けられており、金剛峯寺政所とされていた。「高野開山並慈尊院由来」によれば、大師の母が八三歳で歿後、大師は遺骸を加持して全身舎利とならしめ、大師自作の弥勒像とともに廟窟におさめ、慈尊三会の暁を期さしめたという。また高野山は弥勒の浄土たる兜率天の内院に、慈尊院はその外院に擬せられているともいう。(11)

鶴岡静夫の研究(12)によってもあきらかなように、一二世紀後半の約五〇年間に、高野山においてミロク下生を願う文献類が集中していることは否定できない。さらに戦乱の敗残者たちが、高野山に入り、高野聖の一部と成ったことは、かつて柳田国男が指摘した通りである。(13)彼らの抱く末法意識とミロク下生待望とは無関係ではないであろう。これは彼らの一部の手になるという『平家物語』に見られるミロク下生観の濃厚さからも明らかである。そしてこの時期におけるミロク下生の強調は、一三世紀―一五世紀ごろに作られた『高野秘密記』『高野秘伝抄』『高野秘記』『南山名霊集』などの伝説・縁起集の中で、弘法大師とミロク下生のこと、さらには高野山がミロク下生の地であることをしばしば説く機縁ともなったのであろう。

ところで先のパードレの書簡に見るように、高野山に骨納する習俗は、鎌倉―室町期には盛行していたもので

あるが、それがやはりミロク下生と関連があった。そのことを示す伝説として次のような話がある。

盗賊熊坂長範が高野山に押込みに入りこんだが、どの寺家も門を鎖していて容易に入りにくい。しばらく歩いて行くと奥の方にかすかに火の見える所があって、老僧が一人いた。長範が何をしているのかと問うと、拙僧は骨を守る番人だと答えた。長範が周囲を見まわすと、山には人骨歯類谷を埋めつくしているので、一体何のためにこのように沢山あるのかと尋ねた。すると、僧は「弥勒出世の時、大師手を御挽候て御目に可レ被レ掛ためにか様に人の納置候」と答えたという。(14)

納骨と廻国をもっぱらとする高野聖は、明遍率るところの蓮花谷聖である。(15) 明遍自身、高野山入山は一二世紀後半あたかも世情騒然たる末世の折であった。彼の入山もやはりミロク下生観と無関係ではなかったのであろう。「御遺告」の中、後世の附会と見なされる入定・ミロク信仰の一文は、こうした高野山におけるミロク下生信仰の高揚期に裏付けられて創作されたものではないだろうかと考えられてくる。

安藤更生の研究によれば、入定ミイラは、少なくも、承和二年（八三五）の空海の死期には存在し得なかったという。(16) 弘法大師は明らかに火葬されたものであった。(17) 文献上入定ミイラの最古の例とされているのは、長保五年（一〇〇三）に入定した増賀聖である。『元亨釈書』によれば、

臨終語レ徒曰、吾没不レ須二闍毗一只要二窆理一過二三年一開レ壙見之、弟子依二顧命一作二大桶一舁二殯寺後一、後三年十一月春、秀等啓レ壙、全身不レ壊、趺坐儼如也、但衣巳朽弊、秀等礼讃嘆(18)

とあって、死して三年後に開いた増賀聖の入定ミイラの様相が描写されている。

文献上、高野山でのミイラ入定は、嘉保三年（一〇九六）の南院に住む維範によるのが最初であった。やはり

『元亨釈書』によると、「我死不レ須二荼毘一、待二小祥一啓レ棺見之、門人如レ命、殯二小廟室一至レ期諸徒開レ棺、支体儼然、瓜髪倶長」[19]とある。これも開棺するとミイラの状態であったということである。

一二世紀に入ると入定ミイラの数が急に増える。高野山では覚鑁が康治二年（一一四三）に入定したという。彼もミロク下生を目指して入定に入ったといわれる。[20]ちょうどこの頃から、高野山を中心としたミロク下生信仰が高揚してくるのである。

結局、入定・ミロク信仰は、ミロク下生を期待する思考に沿うものなのであるから、弘法大師の入定伝説とミロク信仰の関わり合いについても平安末から源平内乱期にわたる一二世紀後半ごろに求めてよいものではないか。

（1）『譚海』巻六。最近の霊場めぐりの大師信仰については、武田明『巡礼の民俗』（昭和四四年）がくわしい。
（2）喜多村信節『筠庭雑録』上（『続燕石十種』第二）。
（3）渡辺照宏・宮坂宥勝『沙門空海』昭和四二年。
（4）『弘法大師全集』第七巻、二六五ページ。入定説話の成立については、観賢の関与も考えられている（松本昭「弘法大師の入定説話成立の背景」（日本ミイラ研究グループ編『日本ミイラの研究』昭和四三年）」
（5）『大師御行状集記』（『続群書類従』第八輯下、所収）。
（6）『耶蘇会士日本通信』上巻、四一ページ。
（7）同右、三六八ページ。
（8）グレンステッド『宗教の心理学』一七二ページ、昭和三六年。この所説は R. Otto; Das Heilige, 1917（山谷省吾訳『聖なるもの』）に基づいている。なお、八木誠一『新約思想の成立』（昭和三八年）第六章「復活信仰の成立」は、キリスト教の場合について詳論してある。
（9）『性霊集』第八「有人為亡親修法事願文」。なお註（4）松本論文。

(10) 『平安遺文』金石文編 二八三ページ。
(11) 森田竜僊『弘法大師の入定観』一三二ページ、昭和四年。
(12) 鶴岡静夫「古代における弥勒信仰」(『日本古代仏教史の研究』昭和三七年、所収)。
(13) 柳田国男「有王と俊寛僧都」昭和一五年(『定本柳田国男集』第七巻)。
(14) 木村時貞『三暁庵随筆』上巻(『三十輻』四)。
(15) 五来重『高野聖』二〇一―二二七ページ、昭和四〇年。
(16) 安藤更正『日本のミイラ』昭和三六年。最近の研究である日本ミイラ研究グループ編『日本ミイラの研究』(昭和四四年)にもくわしい。
(17) 喜田貞吉「弘法大師の入定説について」(『史林』五の二、昭和五年)。
(18) 『元亨釈書』巻十(国史大系本)。
(19) 同右、巻十一。
(20) 前掲註16、六二ページ。

第四節 廻国行者の入定・奇蹟伝説とミロク信仰

前節においては、弘法大師入定伝説がミロク下生信仰の展開に基盤をおきつつ、ほぼ一二世紀後半頃に成立したこと、それが平安末から源平内乱の変革期に該当し、あたかも一つの時代的要請であるかのごとく思われること、ただしそれは必ずしも、一般の民衆挙っての願いというほどには浸透しておらず、高野山を中心とした真言宗各寺院に限って濃厚に認められること、そしてこれが各地に普遍的になるのは、蓮花谷聖の納骨、廻国による喧伝も若干与かるのではないかという点を指摘した。
民衆の期待に応じ、ミロク下生を求めて入定する宗教家たちは、高僧・名僧たちではない。いわゆる下級宗教家と目される聖・山伏・行者の類であった。
現存の最古のミイラといわれる弘智法印はその代表的存在である。現在新潟県三島郡寺泊町野積の西生寺（真言宗）に祀られている。弘智法印は下総国山桑村の人で、同国大浦村蓮花寺で僧となり廻国修業に出た典型的な聖の一人であった。常に穀食を断ち木の実などを食べていたが、この土地で貞治二年（一三六三）入定した。入定前にミロク下生を待つと誓願している。[1] そしてその言動から明らかに高野聖の一人であったとも推察される。行智法印の入定時期は、南北朝時代のこれも混乱期であった。このころ高野山では大師入定以来、延喜年間の観賢僧正が奥院に参入したのを最後に、二度と開扉されなかったという奥院の扉が、光厳天皇の潜幸に際し、秘かに開かれたという記事が『太平記』にのっている。ちょうどこのころは南北朝期の元弘の乱であわただしい世情であったのである。その記事によれば、
大師御入定の室の戸を開かせ玉へば嶺松風を含で瑜伽上乗の理を顕し、山茶雲を籠て赤肉中台の相を秘す、前仏の化縁は過ぬれ共、五時の説今年にありと覚ゆ、慈尊の出世は遙なれ共、三会の粧己に眼に遮るが如し[2]
と記されている。やはりこれもミロク下生待望の一つの表現といえる。おそらく行智に代表されるごとき聖もしくは、旅の宗教家たちがミロク下生を前提として行なった入定は、南北朝時代の変革期に一つのピークを示したものに違いない。さらに行智に引き続いて、多くの民間宗教家たちの入定が行なわれたことは、今井善一郎氏の行人塚の研究によって明らかにされている。[3] 行人塚は、他にも入定塚・法印塚・六部塚・山伏塚の名称で広範な

地域に自埋伝説を残している。この伝説で語られる行者・山伏たちは入定直前に諸民救済の誓願を行なうことで注目される。この内容は、その土地の人々の期待に応ずる心意に基づくものであろうが、入定後は治病の流行神に祀られてしまうこともまたよく知られている。(4) たとえば愛媛県小松町上黒河の空通上人は、石鎚山麓に入定したが、イボをとる流行神として、現在も、正月と盆の一六日に柿を供え、願かけする人もいる。(5)

同じ愛媛県越智郡吉海町福田で生仏さんといわれるのは、昔ここで入定した旅の六部のことで、そこに赤南天と白南天の木が生え、白南天の木の下に金が埋められていると伝える。同じく温泉郡川内町音田のお定神さんも入定者の跡で、歯痛の苦しみを救うためという誓願の下に入定したと伝える。(6) 誓願の内容は、民間の流行神として、歯痛・頭痛・眼病・痔などの苦痛をやわらげるための機能が表現されている。

『兎園小説』所載の入定行者の話によると、長野県上伊那郡平出村（現、辰野町）に大きな槻樹があった。文化一四年（一八一四）の秋に、この木が倒れた。その後に空洞ができ、中に一つの石櫃が現われた。村人がそこに集まると、石櫃の中から鈴鐸の音、読経の声が洩れてきた。人々が驚きあやしんで相談していると、里の翁が言うには、「むかし天竜海喜法印といふ山伏あり、当時この人の所願によりて、生きながら土定したりと伝へ聞きたることぞある。おもふに彼法印は今なほ土中に死なずやあるらん、是なるべし」と。そこで人々はにわかに注連を引きめぐらし、竹垣を結び、みだりに人を近づけなかったが、次第に噂を聞きつけて群集が参詣したので仮屋を設けて、そこに線香、洗米などを供えさせた。石櫃から聞える鈴鐸の音、読経の声は絶えることがなかったと伝える。(7)

これは入定と復活を語る奇蹟の話であるが、ここではその奇蹟がまことしやかに話題となり、とり上げられている。その事実はともかくも、近世初期ごろに入定した山伏の跡が後に掘り出され、これに対し民衆が奇蹟を期待したことを示している。

近年の学術調査で明らかになった湯殿山行人の入定ミイラも、本明海の天和三年（一七八三）、忠海の宝暦五年（一七五五）、真如海の天明三年（一七八三）、円明海の文政五年（一八二二）、鉄門海の文政一二年（一八二九）、鉄竜海の明治元年頃？　など、近世以降各時期にわたっての入定であるが、それぞれ村の凶作の後だとか、疫病が流行した時だとかに行なわれていることは注目される。(8)

この世に災難が訪れた時、理想世のミロクの世を目指し入定する行人たちは等しく諸民救済を誓願の一つにあげている。彼らは、湯殿山行人に限らず、生前超人的な力を発揮して奇蹟を行なったとされる宗教家ばかりであった。

たとえば京都市左京区古知平町の阿弥陀寺にある弾誓上人のミイラ。弾誓上人は尾張国海部郡の人、諸国行脚に出て各地で修業した。ちょうどその頃は天正年間の戦国時代であり、上人は修業のかたわら窮民を救い、他人の労役に代ってこれを助けるなどの働らきをなし、慶長一八年（一八一三）に入定したと伝える。(9)

新潟県東蒲原郡鹿瀬町菱潟の観音寺にある全海上人のミイラ。全海法印は、東蒲原郡鹿瀬町深戸の出身で、寛永年間に湯殿山で修業後、各地を巡行した。そのころの事蹟として阿賀野川の水路改修に自ら鎚と挺子を使って岩に挑み成功させたり、弱い者や困っている者の面倒をよくみたという。貞享四年（一六八七）に入定した。(10)

一番新しい入定といわれる鉄竜海上人も、行人になる前きわめて苦労した経歴の持主であり、行人となってからは、激しい行を積んでいくつかの奇蹟を示した。たとえば藩主の猟物に鴨が寄らなくなったのを祈禱して元へ戻したり、道路工事を短期間で成しとげたり、病気治し、占いなどを行なって崇敬を集めていたといわれる。[11]

茨城県西茨城郡岩瀬町本郷の妙法寺(天台宗)の舜義上人のミイラ。舜義は相模国三浦郡の人、貞享三年(一六八六)に入定したが、安永二年(一七七三)にその時の住職の夢枕に立ち「われ再び世に出でて衆生を済度せん」といって入定したので、遺骸をとり出し、そのミイラを堂に祀ったという。[12]

生前の奇蹟がその人の霊能者としての価値を高め、死後もミイラと化して諸民救済にあたるということになる。はっきりミイラの形をとらなくても、入定伝説の中で、何らかの救済機能を示すことが語られる例も多い。松山市湯山の米野々部落では、ある時、大変に伝染病が蔓延して困った。そこで弥勒寺の庵主が二一日間の入定を行ない、村の危難を救った。現在村人はその庵主の命日の八月一五日には酒肴を供え一夜を明かすという。[13]

これは弥勒寺の庵主の入定という点、つまり第二章でのべた弥勒寺の性格からして注目されるわけである。静岡県榛原郡地頭方村字蒲ケ原(現、相良町)の六部塚について。これは昔ジョウサイという六部が生きながら埋められた所でジョウサイ塚という。入定後、里人が谷間から水を汲んで来て竹樋で送ってやったが、七日ばかり地中から鉦の音が聞こえたという。その泉をジョウサイ井戸といい、旱魃にも涸れないという。[14] 東京都西多摩郡多西村(現、秋多町)にある四ツ井戸というのは、旅の雲水が湧水を出させた跡である。旅僧はそのままそこで土穴入定したと伝えている。[15] これらはいずれも、行者が水に関しての奇蹟を行なった後の入定とよみとれる。

熊本県阿蘇郡馬見原町(現、蘇陽町)の南の丘にある山伏塚は、昔山法師が来て種々の行をなしながら、自ら掘った穴に入定した跡である。塚上の小杉は天変地異があるたびにその頂きが枯れると伝えられている。[16] この話も、入定前に山法師が行なった奇蹟をしのばせるものである。

入定伝説を直接伴なわないで、いわゆる旅の宗教家が村を訪れ、強力な奇蹟を行なったことだけを説く例は、枚挙のいとまがない。そこで語られることは、畢竟彼らが民衆の味方でありまた一種のメシア的存在でもあったことだ。

島根県邑智郡口羽村大字上土田（現、羽須美村）に、ある夜修験者が止宿した。翌朝起き出ると家人に向かい、「さてさて気の毒ながら、七日の後にはここは石河原となり、住民は全滅するであろう」といった。家人が驚いてその理由を尋ねると、「あの山の向うに大蛇がいる、もはや千年の齢を重ねているが、七日の後風雨に乗じて昇天する。この時、この地は全部流失する」と言った。村人は集ってどうぞこの危難を除いて下さいと修験者に頼んだ。修験者は願いを引き受けて、庭に椿の杭四本を打ちこみ祭壇を設け、懸命に祈禱した。そして七日目に修験者は死んだ。遺言によって、その遺体を大蛇の住む山の下に埋めた。村はそれによって救われたという。その墓標の木は、今も繁り、これを汚すと狂人になると村人は戒めあっているという。[17]こうした類話は、山伏の大蛇退治や、雨乞いの奇蹟とか、村を津波や大洪水から救済する話などにしばしば語られている。

これと関連して、やろか水とか白髪水伝説は全国的に知られたもので、大洪水の直前、白髪の老人が現われ大声で危難を告げるというモチーフである。[18]つまり、村の破局という危難を、突如訪れた異者である白髪の老人が救うという内容で語られている。

ところで、弘法大師が生前に行なったという奇蹟の伝説を見るならば、万農池の修築、神泉苑に竜王を勧請したこと、降雨の霊能が高かったことなどから経世済民の奇蹟[19]に至るまで語られている。さらにまた大師は、祈雨大師、見返大師、種蒔大師など二十数種の分身を持ち各地で霊能を発揮するものと思われている。これというのも、大師の入定・ミロク下生による不滅・復活の信仰が、広範囲に浸透し、それが広く民衆に期待されていたことの結果にほかならない。そしてこれは真言宗中心の信仰圏にのみあてはめて生じる現象ではない。前述したように行基につながる聖の類型性から判断して、超宗派的に人々に期待され、弘布していくものであったのである。

一つの封鎖的な村をそのまま現実的世界と認識する村人にとって、村を破滅させる災難から救ってくれる存在が、メシアとしてのそれであったろう。つまり奇蹟を行ない入定する聖・山伏・行者たちは村人にとってのメシアなのである。彼らが未来の理想世＝ミロク世を予想しつつ、なお、諸人救済を念願して入定することは、すなわち村人の意識からすれば、ミイラとなり不滅のまま復活し、たえず彼らを救済してくることを要望することになる。ここに弘法大師をそのモデルとなし、大師の変化等流の分身のごとき存在のダイシによる奇蹟伝説が成立することになろう。本章で論述してきたところを要約すると、ほぼ次のようになる。

一、現在日本の全国各地に分布しているダイシの奇蹟についての伝説は、おおよそ五類に類型化される。すなわち、Ⅰ神樹由来型、Ⅱ弘法清水型、Ⅲ禁忌食物型、Ⅳ大師講型、Ⅴ奇蹟強調型である。

二、神の御子＝ダイシの来訪と人が彼をてい重に饗応する形式を物語の祖型に仮定すると、Ⅳ型がもっともそれに近い性格を有する。そして人が神を饗応する方式の順序に従えば、Ⅰ型→Ⅱ型→Ⅲ型と一応変遷づけられる。かくてⅣ型→Ⅰ型→Ⅱ型→Ⅲ型の変遷をたどることも可能とした。

三、語られる奇蹟の内容から判断して、Ⅴ型はⅠ～Ⅳ型と比較して異質のものがある。Ⅴ型の奇蹟はむしろダイシの呪者的要素を強調する点に重点があると思われる。このことから筆者はⅤ型をもっとも新しい時代における成立と見なした。

四、V型の要素が時代性を帯び、I—IV型に接触することによって、ダイシの来訪とそれを饗応するという物語の形式に大きな変改が加えられたものと推察した。具体的には、大子（おおいご）のダイシが大師のダイシへ転化することである。非人格的存在の大子が人格的存在の大師へと変化した。それは一体何故であるのか。

五、まずダイシが全国的に弘法大師へ集中していることは、他の天台宗・真宗・日蓮宗の大師・宗祖たちが地域的な片寄りを示すのと比べて明らかである。そこに弘法大師信仰の検討の必要があった。そこで明らかになったことは、大師と聖の象徴的存在である行基との関連と両者の連続性から、大師信仰の大師には超宗派的な聖としての類型性が存することであった。

六、弘法大師の信仰には、その入定信仰によって明らかな通り、不滅・復活の信仰が軸としてある。しかもそれはミロク下生信仰を前提としたものである。

七、そこで高野山のミロク信仰の中で、大師の入定・ミロク下生観を位置づけると、生前の空海にはミロク上生信仰が優位であったが、平安末期、源平争乱の時期にミロク下生信仰が高揚したことが明らかとなった。

八、かくて弘法大師の入定観は、一二世紀後半のミロク下生を背景とした当時の時代人の要請として成立したものと推察された。

九、一四世紀の南北朝時代、一五世紀の戦国時代という混乱した変革期において、民衆の期待に応じて、廻国修業者である旅の宗教家たち（聖・行者・山伏）のミロク下生・諸民救済を誓願とする入定が行なわれたことが現存ミイラの伝承、行人塚などの伝説から推察された。

一〇、入定した宗教家たちは、伝説的弘法大師と同じくヌーメン的性格を有し、各地域社会の住民たちから、その不滅と復活が要求された。それは、彼らが村に起こった破局（洪水・津波・火災・飢饉など）の救済に強力な奇蹟を示したことから、期待されるものであった。つまり山伏や行者の入定という行為が、民衆に対してもたらす優越性はきわめて強力であることは推察にかたくないのである。彼らの発する救世の観念はおそらく、民衆にとってかなり説得力のあるものといえる。仮に彼らがミロクの世を説き、その実現性を説く場合、そこに何らかの宗教運動が動き、世直しの動きに結びついていっても不思議ではなかった。

さてこれまでの要約から、当初の課題へとたちかえってみよう。大子→大師への転化、ダイシ伝説おけるV型＝奇蹟強調型の要素の導入が、一つの時代的性格に基づくことはすでに明らかである。それは、平安末・源平内乱期・南北朝時代・戦国時代などの変革期の際に生じたミロク下生思想（メシア待望思想）を背景とした大師の出現とその奇蹟で説明されうる。そして大師の超宗派的性格と類型的性格は、ひとえに民衆の欲求の反映であり、その結果弘法大師に仮託された無名の旅の宗教家ダイシ（聖・山伏・行者）たちが、民衆たちのメシアとしてその任を果たしてきたものと推察されよう。[20]

（1）鈴木牧之『北越雪譜』（天保九年）、小川白山『蕉斎筆記』など。
（2）『太平記』第三十九。
（3）今井善一郎「行人塚の研究」（『民俗学研究』二、昭和二六年）。
（4）拙稿「生き神信仰の発現」（『日本民俗学会報』二八、昭和三九年、『生き神信仰』塙書房に所収、昭和四五年）。
（5）森正史『えひめ昔ばなし』一一二ページ、昭和四二年。
（6）同右、一一五―一一六ページ。
（7）『兎園小説』第六集。

(8) 堀一郎「湯殿山系の即身仏とその背景」(『宗教・習俗の生活規制』所収、昭和三八年)。戸川安章「ミイラに想う」(『庄内民俗』二〇、昭和三七年)。
(9) 安藤更生『日本のミイラ』一四七ページ。また藤沢衛彦『日本伝説叢書、佐渡の巻』四一一ページ、昭和六年。
(10) 同右、一三一ページ。
(11) 戸川安章「鉄竜海上人伝」(『叢園』七二、昭和四二年)。
(12) 前掲註9、一三七ページ。
(13) 森正史『えひめ昔ばなし』一一五―一一六ページ。
(14) 柳田国男『日本伝説名彙』三〇七ページ、昭和二五年。
(15) 前掲註3。
(16) 前掲註14、三一一ページ。
(17) 正井儀之丞編『島根県口碑伝説集』邑智郡の部、一九―二〇ページ、昭和二年。
(18) 前掲註14、二四五―六ページ。
(19) それは『大師御行状集記』『弘法大師行化記』『弘法大師御伝』などに類型的に記されている。
(20) なお本章と関連し、弘法大師伝説を分析した一文がある(拙稿「弘法大師と日本人」(和歌森太郎編『弘法大師空海』昭和四八年所収)。

第四章　富士信仰とミロク

第一節　富士講成立の前景

前章で、入定する行者・山伏たちが、背景にミロク信仰を持ち、生前さまざまな奇蹟を行なうことによって、民衆にとってのメシア的存在となり得ていたことを、伝承的世界の中において位置づけてきた。これを具体的に近世という時代の枠組の中でとらえてみるのが、本章の目的である。その素材として、近世江戸に成立した富士講とその指導者たる富士行者たちの行動を通して考察して行くこととしたい。

日本の山岳信仰は、山岳をめぐる地域社会の住民の意識の反映に伴ないさまざまなタイプをとるが、(1)そこにおいては第一次信仰圏と考えられる山麓地域の信仰形態の把握がまず必要であろう。山岳は水流分源として農耕を左右する故、雨乞いの山とみなされ、それを司る神は村里へ守護神として訪れ、また山中奥深く住む山神は山の民を守護しながら彼らに畏怖感を抱かせている。死者の遺棄が村里離れ、山中奥深くになされることから、やがて、清浄化したと認められた祖霊が山中にあり、子孫の求めに応じて去来する信仰が成り立つ。またその山容によって年を占い、天候の兆にしたりする。平野から仰がれる秀麗な山容はしばしば山麓民に素朴な神観念を植付けているのである。第二次信仰圏と目される諸現象は、これらと重層的に形成されてくる。そしてこの形成のイニシャチヴを握るのが宗教家たちの一群である。ことに山岳に宗教的母胎をもつ修験・行者たちが信仰対象の山にかならず登場してくる。修験・行者はその山の霊験を強調して解説宣伝し、山麓を離れた遠隔地にも信者を結集させたのであった。(2)

修験が濃厚に関与した山岳には必ず蔵王権現が祀られ、御嶽の美称が与えられている。御嶽は地方修験の拠点として、各国に一山ずつ存在したため国御嶽とも号されていた。中央の御嶽がすなわち金御嶽であり、その山頂には弥勒浄土が出現すると予想された時期が歴史上あらわであった。いわゆる経筒による納経の慣行は道長の御嶽詣に代表されるものであり、それは平安貴族社会に横溢して、さらには末法意識を鋭く表出させるものであったのである。京から地方への文化伝播の結果、国御嶽もまた、その地域社会における弥勒浄土となり得た。木曽御嶽の「御嶽山縁起」には、「されば座王権現と申ハ現世にてミロク菩薩也、今生ニテは権現也(3)」と記され、武州御嶽においては、「御嶽山社頭由来記」に「必請竜華三会之場(4)」とあり、また、甲州御嶽の山寺が弥勒寺であったことなどからもうかがえよう。

名称が御嶽でなくても、山頂が弥勒浄土と見なされる実例は多い。比叡山がそうだし、高野山もまた弥勒化現の地と指定されていたことは前章で述べた通りである。(5)伊勢志摩の国境の高山朝熊岳も近年多数の経筒が発見され有名となったが、アサマ山伏の存在と、現在禅宗の金剛峰寺が中世には都率内院すなわち弥勒浄土であったことによる。(6)

日本の山岳の中でも、際立った山容を持つ富士が、古代・中世を通じて信仰の対象となっていたことはおよそ推測されよう。よく知られている例として、都良香の『富士山記』に「仰観二山峯一有二白衣美女一雙二舞山巓上一(7)」

とある自然崇拝的要素や、山麓の農民たちが富士に見る雪の形から、それが人形に見えるとき「農男見ゆるノ年は必ず五穀熟す[8]」といった農耕神的要素や、馬形に見えるとその年の農始めの時期にしたりしている慣行からも微かにうかがい知り得るのである。修験が中央より地方に浸透してきた場合、当然、地域の伝統的信仰形態に習合しながら定着・発展していったことは、地方の霊山といわれる山岳信仰の歴史の上によく見るところであろう。

富士は、『新猿楽記』からすでに平安末の著名な修験道場であったことは明白である。それは富士をミタケとよび、小御嶽社を祀っていることなどから推察できよう。現在富士修験の道統は村山口の村山三坊にあり、他の須走、川口、吉田などは修験色を早くから消滅させてきたらしい。かれらは木花咲耶姫命を祭神として浅間神社を司祭してきたが、神はさらに神仏習合の過程で浅間（仙元）大菩薩となる。なお、浅間をセンゲンと読みアサマと呼ばせていないが、元はアサマであり、アサマは全国の浅間山に共通した火山に対する名称であったらしい。

久安五年（一一四五）、富士上人末代なる聖が東海・東山両道を勧進し、富士山頂に埋経の発願をした。その願文に「三会立初、値慈尊之出世[9]」とあり、やはりここにも富士を弥勒浄土視する発想が見られる。この末代上人の性格については、注目されるところであるが、三宅敏之氏も指摘されたごとく、末代が当時の宗教社会を唱導する民間布教者の聖であったとすれば[10]、末代勧進に結縁した東海道、東山道の民衆が富士信仰の主要な荷担者であったことは推察するに難くない。

戦国期の『妙法寺記』に「明応九庚申（中略）此年六月富士導者参事無限、関東乱ニヨリ須走へ皆導者付也」、「天文十七戌申（中略）去程ニ導者八十年ノ内ニハ無御富士参詣申候」、「天文廿二癸丑（中略）六月導者富士へ参詣多コト及言（下略）」、「永禄三庚申（中略）導者之事ハ二月ヨリ八月迄参申事[11]」と示された富士登拝の導者たちは、先の末代の流れを継ぎ、民衆との交りを多くする聖たちであったにちがいない。

この導者は、別に富士行人ともよばれるものであった。『駿河国新風土記』には、「末代頂上ニ大日寺ヲ建シメ、仏像ヲ此山ニ置クノ初ニシテ、ソノ後漸々ニコノ山ニ登ルコト、ナリテ、頼尊ヨリマサシク富士行ト云者モ始マリシニヤ、今ニ至リ富士行ハ此人ヲ以テ祖トス」とあり、富士行人＝修験のきっかけが頼尊によるものだとしている。

富士登山口の大宮、須山、須走、川口、吉田、村山の中、村山口は「村山の三坊山伏」といった富士修験の管理するところであった。この村山修験の一つ池西坊の「池西坊記録」[12]には、

従二往古一神変大菩薩の行徳を慕ひ免許のものは結袈裟を掛け、笈摺を着、七五三を切、梵天を立、垢離をとり、懺悔の文を唱、礼拝を勤、別大精進して登山いたす

と記されている。この富士修験は「度数多きものが先立」といって「導者を引導いたす」役をもっていた。「富士先立之名目之儀」は、

大峯山同様の規則に而　修験道依レ為二専務一、村山三坊ゟ免許告文を出事（中略）是ハ又修験道専務作法故、村山ニ限大宮、須山、須走、吉田等ニ而取扱候筋ニ無二御座一候[13]

とあり、それは村山三坊にのみ与えられた特権であって、大峯修験とは密接な関係があったことになる。この村山三坊がおそらく『新猿楽記』に全国の霊場の一つとしてあげられた修験の富士支配の道統を引くものであろう。

さらにこの村山三坊の背後には、

大峯山同様之規則ニ而、本山修験専務之儀に付御本尊聖護院宮より別当三坊共江永免許御座候[14]

といった本山派修験の存在があったこと。このことはまた村山浅間社の大日堂の扁額に「大本山聖護院修験、福寿院、森本伝兵衛」以下三名の名前が記されていることからも明らかである。[15]

『駿河志料』にはこの本山派修験を中心とする富士入峯の模様が記されているが、入峯の間「入峯中俗人登山ヲ禁ズ」とあって、中世来の富士修験＝行人の伝統的権威が保持されてきていることがわかる。

他の登山口を見ると、『駿河国新風土記』に、

川口の浅間宮ハ物フリタル宮ナリ、神主宮下氏、御師百十人アリト云、川口ノミナラズ、此辺リノ村々モ御師アリテ、浅川村ナル外川一統ノ御師二十人アリ

とあって川口とその周辺における御師集団の定着化の有様を記している。

高陽山人の『熱海紀行』（明治年間）の富士登山条には「須走村人家百余軒アリ神主ノ家ハ群ヲハナレテアリ、禰宜其余旅舎六十軒バカリ（下略）」とある。吉田口は、松園梅彦の『富士山道知留辺』（文政年間）なる小冊子に

此地ハ御師の家八十六軒、櫛比びていと繁庶里登山の人先当村なる御師の家に至り山役銭を出し潔斎して山行の装をととのふ

とあり、近世にはこの吉田口がもっとも盛んであった。

各登山口で民衆の登山を管理する御師はいずれも富士修験＝行人の後裔であろうが、それらは村山口を残して神道化し、本山派の富士入峯山伏とは異なった信仰圏を形成していたと思われる。

富士御師が各地の檀那場を廻り配札していたことは周知の通りであるが、これがたんに神札だけでなく、扇とか風呂敷の類などを行商する存在であった近世の実態は川口御師の『諏方出張日記』にくわしく記されている。[16]

『甲子夜話』にも「富士北口の御師等の計らひにて今度江戸に旅宿を構へ海中船舶安穏の守札を配るに縁起を添て都下に弘む、この北口の社家は羽田某と名のる者多し」(17)とあって江戸での御師の活躍を知ることができる。御師は自分の檀徒を富士へ登拝させるが、その際の宿泊所を指定し、登拝の先導を行なっていた。前出の『富士山道知留辺』によると、その際の山役銭は次の通りである。

不浄抜の料　三十二文
二合目役行者賽銭　十二文
金剛杖之料　八文
五合目　三十二文
九合目鳥居御橋　十四文
頂上薬師ケ嶽　二十文
右総計百二十二文是を山役銭といひて古昔ハ山上なる其場に至って出せしが今ハ一度に御師へ渡し置き山上にては切手を渡すのミ詣人の煩を省く為なるべし

と記してある。御師の経済的基盤がこの山役銭にあったことはもちろんである。次に御師の信仰圏の具体例を信州伊那村を例にみてみよう。近世の伊那村は高遠藩に属し、富士浅間社は伊那郡高遠領だけでも七カ所あった。伊那村の浅間神社の社壇には「高見、菅沼、吉瀬、本曽倉、中曽倉、仲山、大曽倉、栗林、大久保、塩田、火山村以二惣氏子余力一漸造立」と記され、さらに、「名主下島九良兵衛外に願主数千人右押殊大工藤原氏、栗林村湯沢又次郎、檜皮大工同氏、野底村平沢七郎兵衛奉加之輩願望不レ空息災延命七難即滅七福即生右村中無レ難焉」(18)

とあって、この浅間社が、旧伊那村の一一部落がこぞって祀っている惣氏神であったことがわかる。

明治時代に旧伊那村の人々は、旧六月朔日を山開きといって数日前から、各家の戸主が神社に集まり別火精進の生活に入り準備を整える。山開きには、早朝からお宮を出発して、村中の神々の社を巡り、最後に浅間神社に戻ってお参りをする。この行に参加する人々は、白装束に白鉢巻をしめ、神主の宮脇氏と、甲州からこの日のために来る山河原範平という富士の御師を先頭に立てて行なうのである。

近くの大久保村でも毎年田植え終了後、村人全員集まり、同村の氏神に参籠し、しかる後村中の各戸を巡り、最後に伊那村の浅間社までお詣りにくる。こうした例は伊那周辺の部落も同様で、いずれも浅間社を最後の目的としていた。この行事は明治一五年頃まで続き、現在はもうなくなっているという。(19)

明らかに伊那の浅間社と結びついた御師がいて、村々の宗教生活の指導者的性格を持つに至っている。浅間社の創立、勧請などと御師とが深い関わり合いを持っており、なおその後も霞のような形で自己の信仰圏を形成させていることが考えられよう。

聖護院系の富士修験と浅間神社の御師による信仰圏が民衆生活と接触している点をよく示しているのが京、大坂にみる富士信仰である。

正徳五年（一七一五）の「京都御役所向大概覚書」の中の「山伏富士垢離之事」に、

聖護院御門跡、本山山伏三百二十六人
内洛中百弐十二人、洛外百四人
一、三宝院御門跡　当山派之山伏　六十八人

内洛中三十八人、洛外三拾人

一、聖護院御門跡

富士垢離七拾九軒

内洛中五拾六軒、洛外弐拾三軒[20]

とあり、京都における富士山伏の存在を示しているが、ここで注目すべきは「富士垢離七拾九軒」の意味である。『諸国図会年中行事大成』五月廿五日条には、

富士垢離、今日より六月二日に至る富士行者の山伏毎日河辺に出で富士垢離を修して富士権現を遙拝す、是則富士参詣に同じきとぞ、男女疾病平愈を祈り、或は福をもとめ、諸の所願ある輩、此行人を憑んで祈願すれば、行人紙符を願主に授く又願主自ら行人に雑りて垢離を修するものあり

とある。このように一般民衆と富士行人・山伏の間の宗教的関係は、この富士垢離の期間に結ばれたわけである。富士垢離は民衆の欲求に応ずるための宗教的行為なのであった。

このような富士山伏と信者との関係下に講集団が作られていた。「村山浅間社所蔵弥陀三尊画像箱書[21]」にみる京都行者講はその典型であろう。ここでは、「大先達、行者吉兵衛」以下一六名の名が連ねられ、「高宮屋吉兵衛、よしや藤助、竹中嘉兵衛、酢屋喜兵衛、尾張屋勘兵衛」といった町人らしき名が認められる。

これと同様なケースは大坂にも見られる。安政四年の「村山浅間社及富士山頂大日堂修理勧進帳[22]」によると、大坂三郷における山上講の存在を知ることができる。

この講は、南島、上町、舟場、川西、天満組の各地域の連合体であり、その規模は大きく、各地域ごとに世話

人が定められ、その世話人だけでも総計五九名にのぼっている。こうした講結合における連合体の形成は、町人社会における特質でもある。こうした民衆の結集力は、逆にそれを管理する側の修験にとっては、一つの脅威でもあった。たとえば村山三坊の一つ「大鏡坊」が聖護院に差出した書状に「於二大坂一富士信仰之俗人共、此度富士行屋之義差免呉候相願候、富士三坊之義、従二古来一諸国江富士行屋并に参詣之先達、幣束、七五三等今以致二連綿一許状を以差ゆるし来候(23)(下略)」とあって、村山三坊の従来の特権から脱却しようとした大坂の富士講とそれを防禦しようとする修験たちとの間の角逐を見ることができる。

既成の宗教者の手を離れた大坂町人の宗教意識の高揚をここに見ることができるが、結局のところ、この大坂の富士講は、次に教団化への発展がないままに一つの民間信仰の講として終ってしまっている。大坂、京に限らず、修験・御師の講は、遠江、三河、伊勢、尾張、信州、伊予、大和、山城などの各地に分布していたが、その辺の詳細は別稿にゆずりたいと思う。

(1) 池上広正「山岳信仰の諸形態」(『人類科学』一二、昭和三五年)。
(2) 拙稿「山岳信仰と講集団」(『日本民俗学会報』二一、昭和三六年)。
(3) 長野県西筑摩郡王滝村滝文書、天正二一年の奥書。
(4) 鶴岡静夫『日本古代仏教史の研究』三三五ページ、昭和三七年。
(5) 伊野部重一郎「弥勒信仰について」(『高知大学学術研究報告』二―一二、三―二五、昭和二八年。静岡静夫「古代における弥勒信仰」(『日本古代仏教史の研究』所収)。
(6) 拙稿「アサマ信仰」(和歌森太郎編『志摩の民俗』所収、昭和四〇年)。
(7) 『本朝文粋』巻十二。
(8) 『羇旅漫録』巻上(『日本随筆大成』一巻、一四八ページ)。

(9) 『本朝文粋』巻五九。
(10) 三宅敏之「富士山における一切経埋納供養について」(『歴史考古』五、昭和三八年)。
(11) 『続群書類従』巻八七八、雑部二八。
(12)(13) 井野辺茂雄『富士の信仰』昭和三年、二七〇ページ。なお、本書は富士研究に必須の史料を収めた基本的文献であり、『富士の歴史』(昭和三年) ともども利用度の高いものである。
(14) 同右、三三九ページ。
(15) 同右、一九六ページ。
(16) 中村左近『諏訪出張日記』安政五年 (『庚申』二九、所収)。
(17) 『甲子夜話』続篇、巻一八、二八〇ページ。
(18) 『長野県史蹟記念物報告』第一六輯、一八四ページ、昭和一〇年。
(19) 同右、一八九―一九三ページ。
(20) 前掲註12、二一三ページ。
(21) 同右、二〇五ページ。
(22) 同右、一九八―一九九ページ。
(23) 同右、二〇八ページ。

第二節　富士講の成立と展開

前節で述べた富士信仰の展開の中でとり上げられた富士講は、いわば修験・御師といった富士の専門宗教家たちに組織され、指導された宗教講であった。したがって、民衆が自発的意志によって創設した集団ではない。後に民衆宗教の教団にまで成長した富士講とは、ここではっきり区別しておく必要がある。

さて、富士講の起源については、ほとんど伝説化していてその実録は得がたい。しかし『甲子夜話』所収の「富士講起源由来」は近世中期に小冊子として公刊されていたことは明らかで、また今日の各地の富士講伝承とほぼ同様の内容をもち定説化しているのでそれを掲げておこう。

其始を尋ぬるに書行藤仏と云者より始まれり、この書行といへるは、肥前高崎の産にて其父は長谷川民部大輔某と云ふて浪士なりしか、同国平戸より来て長崎に住し、時の騒乱を憂ふること有て夫婦天に祈て一子を生む、是を竹松丸と云ふ、実に天文十一年正月廿五日なり、是時天より告あり曰く汝夫婦の願は世の英傑を生じて天下の乱を定め万民を安んずべき宿志なれど、已に治世安民の主は、此子と同年にして東国に生るべし、汝が一子は世外の者と成て普く万民の疾苦を救ひ、又世を治め国を平ぐる教を施して天下の蒼生を済度する者と成ん（中略）始めて奥州奥山に入て修行し、夢想の告を得て初めて富士の人穴に入て苦行すること日あり三七日の断食して穴中に四方の杭を樹て其上に𩆜立ち角榷をつきて二十一日間立行を為す、時に仙元菩薩の告ありて富士行の一派を開く。(1)

当然この内客には後世の潤色が考えられるわけだが、開祖たる書行藤仏は、当時の山岳行者の修験系の一人として富士人穴で修行していたものと考えられよう。

彼は修行中、他の修行者と同様にいくつかの呪法を体得し、それをもって民衆の中に入り信者を獲得していったのである。

富士講の秘巻の一つである「御大行の巻」によると、元和年間、江戸に「つきたおし」なる流行病があり、その時書行藤仏（またの名を角行）が「おふせぎ」という呪法を病人に授けることにより助けたという記述がある。「おふせぎ」のほか、安産、風送りなどの護符も盛んに使われていたらしい。

「扶桑教祖年譜」（神道扶桑教庁所蔵）では、書行藤仏の弟子日旺は、寛永九年（一六三二）に江戸馬喰町三丁目で墨紙を商いとする一方、「おふせぎ」を用いて、狐つきなどをおとした霊能により、多数の信者を得たと記してあるから、近世初期には、富士講はまだ民間信仰の一つの講として未成熟な組織の段階であり教団の形成はなされてはいなかったと考えられる。

「富士講起原由来」によると、富士講開祖の富士行者角行の誕生は、戦国の混乱期であった。その両親に「汝の一子は世外の者と成て普く万民の疫苦を救ひ又世を治め国を平ぐる教えを施して天下の蒼生を済度する者と成ん」というお告げがあって、後に山岳修行に励み、富士で修行中、浅間（仙元）大菩薩の託宣を受け、富士行の一派を開いたというのである。一種のメシヤ的観念を彷彿とさせるものがある。こうした伝説は、富士講最盛期の近世中期に文字化され宣伝弘布されたものであろう。しかし、こうした開祖伝説が富士講を支えた民衆の意識の反映した姿であるならば、それは後の富士講が唱える「みろく出世」の前提となるべきものであった。

富士講は、近世中期を通じて発展して行く。『甲子夜話』で松浦静山をして

> この一類殊の外に盛延なる故にや、官より度々禁断の旨下ると雖ども暫時忍び居て又起り倍々増蔓して分に及んでは如何とも為べからざるに至れり[2]

といわしめ、また、会沢正志斎が『新論』の中で、「如二所謂富士講一、亦其聚レ党蓋至二七万人一云」と述べたほどの張行ぶりは、天保年間にはさらに「江戸町中富士講四百余ありて、毎年一組より五人十人或は二十人三十人大

人数は四五十人も申合登る」[3]という情況を現出せしめるに至ったのである。

井野辺茂雄氏の文献学的研究によると、富士講の文献上の初見は宝暦七年（一七五七）で、[4]『我衣』には天明年間に流行しだしたという記述がある。[5]

天明二年（一七八二）の吉田口旧御師田辺氏の記録によると、[6]「江戸舎講中」の存在が知れる。これは講連合体で、大先達吉田平左衛門、小先達大和屋伝七の下に世話役七名、以下二五名の講が加わり構成されている。二五の講は、麻布九、芝八、赤坂二、渋谷二、目黒、下谷、牛込、品川、深川とほぼ江戸全域にまたがっている。いわば元講―枝講の関係で、講の連合がなされているわけである。天明年間にこれほどスケールの大きな講連合体を組織しているわけだから、もちろんそれ以前に、これらの母胎となる小集団の富士講が各地に存したのであろう。講が横の組織につながるのは、組織の軸に、優れた富士行者の宗教行動がなくてはならない。当時民衆の欲求に応じた行者の呪術によって示される奇蹟が展開していたものと思える。

講は初めは江戸を中心に次第にその外縁部にも広がっていた。武州上藤井村の富士講は新兵衛、文七の二人が講頭となり、「毎月四度宛互寄合、富士浅間之画像を飾、和歌唱候参り合候もの共に祈念いたし、多人数寄合候」[7]というものであった。こうした講の態様は、きわめて普遍的であったが、かような講の形成の成因にはやはり民衆の欲求に応ずるものがそこになくてはならない。

それにはもちろん、他の宗教講同様、まず加持祈禱類が重要視されていた。その内容は⑴焚上げ……線香、護摩を焼き吉凶禍福をトする。⑵おなか……御肉、秘法に基づく病薬。⑶御ふせぎ……参の字を印した護符。こういった種類のものが富士行者によって扱われた。「御ふせぎ」については、「今世初伝の富士行の偽字は浅間明神の教給へりといへり」(8)というもので、一般の人々に知られた護符であり、信者の間できわめて重用されていた。これにより、病難を払い、火災を遁れ、安産を得るといった、現世利益のごく基本的な欲求が信者にあって、富士行者はそれに応じて奇蹟を示し、信者を集めたことは明らかである。しかしこれだけでは、富士講が、他のさまざまな民間信仰を抜きん出た存在として、評価されるべきものは何もないことになる。ここで富士講の信者たちが、何故富士山に懸命に登拝するのか、その宗教的動機を考えなくてはなるまい。昭和五年に発掘された富士山頂の多数の中世末の経巻数(9)が、中世来の富士登拝の導者たちと何らかの関係があったと考えるのは、早急であろうが、富士登拝の直接の目的が富士山頂にある浄土に見(まみ)えることにあったことは肯けよう。埋経が弥勒信仰の存在を予測させるという一般的見解にしたがえば、富士の浄土とはすなわち弥勒の浄土となろうが、この点については富士山側からまだ十分な資料は得られていない。

近世の富士講信者のうたう御歌の初期のものでとくに角行が作ったものと尊重されているのに、

身可けさ寿不二乃禰いつ登ても南無阿ミ陀仏乃浄土なり計り、夕日さす富士乃裾の西の国楠(なん)㑦(くう)楽土乃浄土あり

といったのがあるが(10)、ここでみる限りでは弥勒浄土の個性は強く打ち出されてはいない。後述する六代目行者身禄がミロク浄土の実現を宣言して入定に赴く前、門弟小泉文六郎に対し、「此度仙元大菩薩様の御世を御弘め被成候」と語ったそうであるから(11)、富士がミロク浄土に直結して民衆に意識されるのは、富士講の初期には未だ形成されていなかったに違いないのである。

しかし、身禄の門弟高田藤四郎が、何故富士に登拝するのかと聞かれて、仏教では遠方にある極楽が、富士講

では現実の富士の山頂に存在するからだと答えた言葉の中には、民衆の富士浄土観の一つの帰結点を見ることができるであろう。

富士講のミロク（身禄）行者出世後、はじめて、そこに結集した民衆意識の中に、富士山頂がミロクの世界に比定されることが認識された。しかし、それは後述するように中世来の宗教者の説く仏教の弥勒浄土とは異なるものであった。ただ、それまで持ち伝えられた富士浄土観が、強く基底に存在していたことは明らかである。信者たちが、「曇りなくみな三国へ澄みわたる都卒天にぞ名を残しおく」「富士の山名は三国へ弘めおき都卒天にて見るぞ嬉しき」「世の中の人の心を和らげて都卒天にて見るぞ嬉しき」とうたう時に、富士山頂に民衆が自から認め得た富士のミロク浄土の具現性を認めることができると考えられよう。

ここで若干角度をかえ、こうした富士講が江戸の町人生活の中に、どのような形で具体的に浸透していたか、人造富士の習俗を例にとって考察しておこう。

『新篇常陸風土記』によると、「富士塚、中世以後関東ノ風俗ニテ塚ヲ築キ、富士権現ヲ勧請スルモノ所々ニアリ。自然ノ山ヘモコレラヲ祀ルモノアリ」(12)と記してある。おそらくこれは関東における富士講盛行以前の富士信仰の一つの形態であり、戦国時代の御師の活躍と在地土豪の浅間社勧請との密接な関連のもとに成立したことが想像されよう。かような富士塚は近世町人社会の中で独特な型を表現させた。すなわち『近世風俗志』に「五月晦日、六月朔日の両日江戸浅草駒込高田深川目黒四ツ谷茅場町下谷小野照崎以上八所ともに江戸の地名也並に富士山を模造して浅間の神を祭れり平日は此模山に登ることを聴さず、此両日のみ詣人を登す蓋駒込を江戸の本所とす」(13)と記された人造富士である。これが近世のきわめて特色ある富士信仰の形態となっている。人造富士の中心といわれる駒込富士は元来本郷にあった富士塚でその山頂に浅間社が祀られていたものである。これが、寛永三戊年（一六二六）に今の駒込の地に移されたと伝えられている。[14]

本郷にあった時分の富士塚は一種の聖地であった。「その頂きに大木あり、其の木のもとに、六月朔日に大雪ふりつもる、諸人此木のもとに立よれば、かならずたゝりあり[15]」とあり、六月朔日の雪と樹木崇拝といった信仰要素との関連が認められる。[16]

『新篇武蔵風土記稿』には駒込富士の祭りの際に麦藁蛇が売られていたことにふれ、

麦藁ヲモテ作リシ蛇ヲ売ル、是ハ宝永ノ頃上駒込村ノ民三左衛門ナルモノ売ハジム、或書ニ宝永年中近郷大ニ疫病流行セシニ、此蛇ヲ買モテルモノハ、其一家疫病ノ患ナカリシ故弥モテハヤシ、今ハ当所ノ名物トモナレリ

といった疫病除けの意味が加えられていることを示している。なお現在にもこの麦藁蛇が盛んに重用されていることはよく知られている。さらに人造富士と富士講の関係については、高田富士について、

巌石を疊んで其形を模擬す、安永九年庚子に至り成就せしとなり、此地に住める富士山の大先達藤四郎といへるもの之を企てたりといふ[17]

とあることから分る通り、こうした巨大な巌石の山を積み立てる作業は富士講の経済的バックなしには当然不可能であったのである。したがって人造富士の簇生の背景には富士講の進出があると見てよいだろう。

江戸という地域社会には、経済的な力を蓄えた町人があって、彼らの生活感情から生み出された価値観に基づく諸々の行為がなされたのである。そうした江戸町人の創造的な宗教的行為として富士講はあり、人造富士も成

立し得たわけである。

人造富士は駒込、高田の順で古く、文化・文政期に入って目黒富士、深川永代寺、鉄砲洲稲荷、茅場町薬師、下谷、小野照崎の社地に作られている。『東都歳事記』には、「其余あげて、かぞふべからず、都て石をたゝみて富士をつくること近世の流行なり」と記されているほどであった。かような人造富士はたんに富士講信者だけでなく、広く町人たちの信仰対象であった。年中行事化した儀礼として「七富士詣り」があり、群をなした町人たちが、「雑踏の中の富士」に登拝することで、宗教経験を得ようとした。したがってこれは同時に娯楽の対象ともなり得たわけでもあった。こうした側面は近世の山岳信仰の民衆生活への展開面の一例として注目すべき現象といえるだろう。

また江戸町人の価値観によれば、富士山＝ミロク浄土をあえて遠方に行かずとも、自からの生活の場で実見できると認定したことも人造富士創造の心的要因と成り得たのであろう。実際に修行して富士登拝する行者はともかく、身近の富士山に登ることによって、日常性の中に宗教的満足感を得るという宗教情操が、江戸町人社会に醸成されていたと考えられるのである。

(1) 『甲子夜話』巻六七―三五。
(2) 同右。
(3) 竹村修『富士山に登るの記』天保一二年。
(4) 井野辺茂雄『富士の信仰』一〇ページ。
(5) 「我衣」文化八年（『燕石十種』所収）。
(6) 上吉田旧御師田辺氏記録（『富士の信仰』一六七―一七〇ページ所収）。

(7) 前掲註4、二一八ページ。
(8) 『宮川舎漫筆』。
(9) 三宅敏之「富士における一切経埋納供養について」(『歴史考古』五、昭和三八年)。
(10) 伊藤堅吉『富士講のおうた考』所収、昭和三八年。
(11) 同右、一三ページ。
(12) 『新篇常陸風土記』古蹟部、墳墓条。
(13) 『近世風俗志』下巻二十四篇、二七一ページ。
(14) 『兎園小説』第四(『百家説林』正下、五一九ページ)。なお飯塚文治郎『駒込富士神社誌』昭和三九年がくわしい。
(15) 浅井了意『江戸名所記』。
(16) 六月朔日の雪などとの関連は『文京区史』巻二、昭和四二年(同書、七三九―七四八ページ参照)。
(17) 『江戸名所図会』高田富士山の条。

第三節　行者ミロク出現の意義

さてここで富士講にミロクを名乗る行者が出現した必然性とその意義について論じなくてはならない。身禄をミロクと称した理由、また行者ミロクと今まで述べてきた、日本人が伝統的にいだいているミロク観との関わり合いなどを明らかにして行かねばならない。

先にのべたように、山とそれをめぐる山麓住民の農耕生活との関係は、山岳信仰の第一次信仰圏に見られる大きな特徴でもある。

富士の周辺の地域をみると、たとえば山梨県南巨摩郡増穂町青柳では、正月の年神は富士山の方に送るものだといわれ、年神棚には「三光様」を祀っていたという。この三光様は、富士講の神格の一つで、陰陽道、道教の系譜に連なる日神、月神、星神を指している。(1) また富士の二合目に祀られる御室浅間神社の里宮として有名な下吉田の小室浅間神社には、筒粥神事による年占がある。これは旧正月一四日に行なわれる。二四本の葭が粥柱から解かれ、順々に割られていく。筒の中に入った粟と米の濃度によって占いが立てられるわけである。この占いは、一八種の作物、夕顔、大麦、蚕、小麦、麻、稲早生、晩生黍、粟早生晩生、小豆、稗早生晩生、馬鈴薯、蕎麦、菜などにわたる。さらに置炭の黒白で一二カ月の天候の照り降りの占いを加えて、紙に印刷され、関東一円の農家に配られることになる。(2) これなども、地域社会の住民が農耕神としての富士の神託によって豊凶を占い、凶作を避け豊作を乞い願おうとする意識の発現形態といえる。

地域社会における霊山と山麓民との関係でよくあることだが、ごく素朴に富士の雪による山形が農事暦として、山麓農民に信仰されていたことも見逃せない。「御山に牛がつぼといふ所有、名付て四季の節鳥といふ。御山八合の脇にあり、此所の雪、春二月頃鳥の嘴の如く成かたちになるころ、是をしるしに此時米の種をおろす、四月に入右のかたちに羽を生ず、此時田をうがちて土おこす。五月に入り右の牛の像に見ゆる。此時田を植付て米と成」(3) ときわめて詳細な規定となっている。

いったい、第一章・二章で述べたように日本に在来からと目されるミロク伝承は、仏教の教理とは無関係に、稲米儀礼に結びついていた。北は青森から沖縄までそれらの例証に暇はないだろう。ここで表現されているミロクはすなわち米＝穀霊なのである。こうした伝統的名称としてのミロクを名乗る富士行者が享保年間に江戸に出現した。彼は開祖角行より数えて六代目にあたる富士講中興の祖といわれる。

「仙元大菩薩米の種三粒をもって、今駿州かしま郡へ投げさせ給ふ、穂をはらみて一粒万倍となる。是を以て万民の食物となし給ふ、よって御山を穀聚山ともいふ(4)」とミロク（身禄）行者は、記している。富士を穀聚山と見るのは、先ほどの富士の農耕神的要素の存在にも裏付けされよう。またこのことは、「是仙元大菩薩、人間助けの元を知らしめ、農業を勤めなさしめ給ふ(5)」という教理にもつながろう。彼の理解からすれば、仙元大菩薩が米穀生産の根本となっているのだ。

南無仙元大菩薩様の御身越を分けて、此真の菩薩のお種を駿河国加嶋五千石のうち長者屋敷といふ所へ八町四方にちりんより真土を御寄、御内院より水を御よび、初て苗を御植へ御そだてあそばされ候(6)（下略）

とあるように仙元大菩薩は米であり、信者の崇拝すべき真の菩薩なのである。「仙元大菩薩米を真の菩薩とたつとみ思召事(7)」という言にそれは強く主張されていよう。

かくて、富士はその浄土を支配し稲米の生産を司る仙元（浅間）大菩薩の鎮座するところとなる。いつかいの行者が厳しい修行を積みついには入定した目的の一つには、この仙元（浅間）大菩薩と合一することにあったのではないだろうか。御師の田辺芳大夫は身禄の行を観察し、「三日から断食之御事者誠尓凡夫之不及所ニ而、全く仙元大菩薩御合躰ト可申ヤ(8)（下略）」と記していることからそれは察せられてこよう。

米という文字は八十八と分解できるという一種の判じ物的解釈により、八八歳を米寿とし人寿の最高位と考えることから豊かな米作は、豊かな人生を約束してくれるだろうという心意が生まれた。「八十八才の米寿には弥勒の位を授かる」という云い慣わしが奥能登地方に聞かれている。(9) かような心意の傾向はひとり奥能登に限ったことではなかった。富士講の経典には随所に「寿命八十八尓かぎり米一位なり」「凡そ人間八十八乃真乃菩薩」なる言葉が見られ、そうした民衆の心意をよみとることができる。

富士が米をもたらしてくれる。それも仙元大菩薩の化現とも目さるべきミロクなる実在の人物によってであるという期待は、みずから稲米の体現者ミロクを名乗る行者に集中したことであろう。ミロク行者出現の折はちょうど、享保一〇年以降のいわゆる享保の飢饉が始まっていた。米価の下落と暴騰が民衆生活を苦しめていたことは明白であった。富士講教祖身禄(ミロク)の救世のための入定は飢饉の最大のピークである享保一七年の翌年であったことは、民衆の米=ミロクに対する願望の反映であったに違いない。

富士講には、次の如き身禄歌が作られ信者の間で歌われていた。

泰平の御代を謳うや身禄歌五穀成就をはやす御田植

三国に植えし五穀も成就して身禄の秋と祝う嬉しさ

種三種この三国へ蒔き初めて世々に尽きせぬ富士の苗代

これらの歌詞からも、ミロク(身禄)が支配する豊饒のミロクの世に対する憧憬を看取できよう。

このように、富士信仰を通じて二つの民衆意識の表白形態が指摘される。一つは富士山頂を現実の浄土と見、そこに聖なる世界を求める意識であり、二つは、富士が農耕社会を律し、ミロクの名において豊穣に応えてくれることを求める意識である。そして、これらは、断片的な資料からではあるが、発現形式に差異はあっても、歴史の各時代を通じて伝承的性格を示すことも推察される。

なお、富士信仰にもとづく富士講の結集の主要イデオロギーである「ミロクの世」のことを先に若干触れたが、この点についてはこの世界観が富士講のみならず広く日本全土にわたっての民衆の潜在意識であることもすでに指摘したことでもある。

仏教の教理が五六億七千万歳後の弥勒出世を説いても、その天文学的数字の示す未来世は民衆の直接的願望に応えることができない。柳田国男が鋭く指摘したところでもあるがこの仏教思想の浸透は、天文学的数字が容易に捨象されることによって等しく民衆の至福千年説にマッチするところであったのである。つまりくり返していうならば、これを弥勒仏に体現化していることは、名称をただ仏教から借用しているにすぎないのである。

さて民衆の日常生活意識の中で、歳運の改まりは一つの大きな願望である。正月の行事の豊かさがそれをよく物語っていよう。年の初めから不運が重なれば、一年の内に歳運を再度転換しようとする儀礼もあった。いわゆる取越正月の慣行がそれである。宮城県牡鹿郡女川町石浜で採集された資料については先にも論じたが(六三ページ)、「文化十一年五月廿五日より八日迄三日御正月にて門松御立申候」とあって、その理由が「病はおろし歳門松二度立ル也」と取越正月の存在を記している。六月一日を二度目の正月とみなそうとする心意も切実な民衆の願望に支えられているのであろう。戦国期に流行した私年号もまた、こうした心意のヴィヴィッドな表現であった(第一章第三節)。「延徳元庚戌、京ニテハ正京二年ト延徳ヲ改玉フ也……福徳二年ト年号ヲ改ル也、此年一年中ニ三度茂年号替ル事以ノ外、殊ノ外ニ大飢饉」[10]「明応元辛亥此年モ年号色々也」[11]「永正三甲寅此年春ハ売買、去年冬ヨリモ、尚高直也、秋作ハ悉ク吉、但シ春ノマツリニ秋吉ケレトモ物モツクラヌ者イヨイヨ明シ春迄モ貧也、此年半ノ頃ヨリモ年号替ルナリ[12]」とした年号変更の基底には、民衆の生活の不安定に対する脅えがある。

永正四丁卯年は弥勒二年となっているから、永正三年は弥勒元年とみなされていたことになる。弥勒の私年号は、将来仏弥勒の出世が歳運の改まりに強調されたことを示しているのであるが、この分布が関東一円に広がっていたことはすでに注目された。そしてこの分布の中心に鹿島信仰があったらしいことは、鹿島神人が弥勒の守礼を持ち、年頭の託宣（鹿島の事触れ）を行なっていたことからもうかがえる。なお、鹿島信仰の実態についてさらにくわしい分析を後章でするが、いわゆる鹿島送り、鹿島人形と称した疫病神を地域社会内から放逐する行事に注目しておきたい。災難をもたらす悪神は、鹿島に向けて送られるという思考は「禍転じて福となす」という意識を基底に、逆に鹿島から幸福を招じたいという発想につながってくるのである。「享録三庚寅此年七八ノ両月諸国諸神ヲ鹿島ニ人々送申事無限、人ノナヤム事不知数ヲ大概死也[13]」と記されたその翌年には弥勒の年号が出現していることは単なる偶然によるものなのだろうか。現在も神奈川、静岡、千葉県の各漁村で神事芸能として踊られる鹿島踊の中世的といわれる異様なわざおぎは、その練り行列から浜辺へ神送りをする。そして同時に弥勒踊と称される如く弥勒唄を高唱しながら海上彼方から憧れのミロクを招くという段構えを包摂していたことなど、さまざまの問題を含めて、先に論じてきた通りである。民衆社会において、年の改まりに福神としてのミロクを招くことは、正月の来訪者たちに果たされるものであった。万才たちが門付けでミロク出世の幸運を説くことは、くり返し毎年行なわれる所作であった。一般にミロク出世が盛んに期待されていながら、常にその約定は果たされぬまま、民衆の心意の中に累積してきていたのである。このようなミロク観は歴史世界における連続面の性格を濃厚に示しているといって差支えないだろう。

仮にこうした反復の行為と意識が結末を告げるということは、歴史の連続面に断絶が生じたことになる。その断絶は強力な時代性の認識に基づくものである。この意味で、遠い彼方から招来するというミロクのイメージが現実世に現身として民衆の感覚に触れたという事実の成立は、民衆意識の志向する優れた価値観を基底に初めて可能となるのである。このような見方からすれば、享保一六年（一七三一）亥六月一三日の日付で、江戸巣鴨中町の自宅に富士行者食行身禄が、示したという次の文句は、注目すべきであろう。

一字を開御ぜんより三日からのだんぢき仕御礼申上候、これよりしては身禄の御世、御山の名も参明藤開山と御代り御極り被遊候間、万法の御みなえ御伝えおき申御事(14)（下略）

右の一文の中ではじめて明確に「身禄の御世」の到来が告げられるのである。ここで、富士山頂に入定を意図し、身禄の御世＝ミロク世出現を謳った行者身禄について、若干記しておこう。

身禄は寛文一一年（一六七一）伊勢国一志郡下河之庄清水村に農家の子として生まれ、一三歳の時、江戸本町三丁目呉服商（または薬種商）富山平右衛門を頼り、その援助を受けて江戸の町中を出商いした。その間、当時はまだそれほど盛行はみなかった富士講の五代目の行者と伝える月行憎忡に出会い、富士への代参講員として富士登拝を行なうこととなった。その後、商売は繁盛して、ついには独立して店を持ち、巣鴨仲町を中心に、小石川関口町あたりまでの、油、太物、雑貨類をさばく商いに精出すことになった。ところが享保一五年の富士登拝は彼にとって画期的なこととなった。すなわち、彼は山頂で修行中仙元菩薩にまみえ、その結果ここに入定の決意をなしたという。下山後、直ちに彼は今までの全財産を縁者に分配し、自らは、生計を油の出商いに求めた。そして、四十数度の登拝で得た富士信心の道を布教した。その説法は憑かれたもののごとく、世に「気違身禄、乞食身禄、油身禄」ともてはやされたという。翌享保一六年の登拝のときに、再度、ある種の宗教体験を得て、先述のみろく世の実現を預言したのである。ミロクの名称をみずから名乗り、救世の意志を発現させたことは、日本の民衆宗教史上に一つの意義を示すものであろう。中世末—近世初頭来の多くの文献、伝承資料の示すところでは、民間宗教家の行者による入定の行為が多く救済観に基き、しかもミロク世実現の可能性を秘めていたことが実証されている(第三章四節)。みずからミロクとなのり、富士山頂に入定することにより民衆待望のミロク世の実現を果たさんとしたことは、そうした思想ともつながっている。

六十八才にして御山において入定とおもひ定めしかど、仙元大菩薩より新に霊夢を蒙り、五カ年をいそぎ登山入定とおほひたち六十三才にして享保十八年丑六月十日(中略)、十三日卯の上刻愚翁めしつれられしから、断食にて釈迦の割石に立玉ひ、夫より入定の室にいり玉ふとき、我三十一日か内、汝に仙元大菩薩の御開き一ち一ち講じきかすべし[15](下略)

これは、身禄入定の直前、同行し、かつ身禄を援助した富士浅間社の御師田辺十郎左衛門(後に富士講のオルガナイザーとして活躍した)の記した記録であるが、入定時が五年短縮されたところに当時の世相の一種の逼迫感がくみとれる。先ほどふれたように身禄の周辺は当時享保の大飢饉、江戸の打こわしの渦中にあり、ミロク世出現の声がその行為を促したのである。

享保一八年(一七三三)六月一三日、『三十一日の巻』の冒頭に、「不二頂上釈迦の割石に立、我念願今日跡卒の内院にたち衆生を化度すべき事成就す[16]」の宣言はまた次のようにも記されている。

都卒之内院に立て衆生を化度春扁起事。

我可願届峯尓納又喜多ロ七合目烏帽子岩耳て定に入る。北面之開き三国乃貴賤皆々生うくる者ハ子ノ九門よ里ひらけ生ずる本理を志らしめん。可た免耳我者是おしへ乃奇瑞越請て此所に浄土を究奈り。

身禄行者は二年前に身禄の御世お開きを弘布していたが、それはなおかつ富士信仰が本来に持つ神格仙元大菩薩とその浄土とは別個の存在であることを意識していた。しかし入定の瞬間彼が発したという意志には身禄の御世に関わる仙元大菩薩のイメージは消え、みずからの肉身の姿で体現するミロクの実在性が表明されたのである。「一方奈らぬ大菩薩我都卒天耳て感悦する事、是より信慮祈る外くらべ可多し」の言葉もまたそれをはっきり示していよう。民衆の意識裡に、はかなき幻の世であり、実現の望みはなくとも、ただひたすらくり返し憧憬され、伝承されてきた「みろく世」は、その伝承性の連続面がこの時、はじめて拒絶された。富士行者身禄による「みろく世」の現出の預言と、ミロク出世の現実性がその意識の潜在面を顕現させたのである。

かくて、このプロセスの基盤には、今まで述べてきた日本の民衆の持つ伝統的意識の諸形態――山岳信仰、穀靈信仰、人神観念――といった諸々の要素が重層的にからみ合っており、その上におけるミロク信仰の発現といえるであろう。また、同時に、こうした民衆の内在的思惟構造に外側から刺激を与えた社会・経済的条件の関わり合いも見逃がしてはならない。そして身禄と富士講の出現が近世封建社会の時代性を負うていることは、享保の大飢饉と身禄入定の時点において明白であったのである。

（1）　青山靖「富士川沿い地方の正月行事」（『甲斐路』四、昭和三七年）。
（2）　小野俊秀「小室浅間神社の粥占神事」（『甲斐路』四、昭和三七年）。
（3）　三田村玄竜編『不二行者食行録』所収、大正四年。
（4）（5）　同右。

(6)(7)　伊藤堅吉校訂『三十一日の巻』。これと前掲『不二行者食行録』とは、若干内容は異なる。各富士講には、類似の異本がなお保存されている場合もあり、今後のこれらの比較検討を待ちたい。
(8)　田辺芳太夫「教祖身禄倘由緒伝説」
(9)　和歌森太郎「奥能登における弥勒信仰の伝承」(『人類科学』六、昭和二九年)。
(10)(11)(12)(13)『続群書類従』巻八七、雑部二八、所収。
(14)　伊藤堅吉『正伝食行身禄』昭和三八年。
(15)　前掲註3。
(16)　前掲註6。

第四節　富士講の教理

『甲子夜話』中の富士講の起源について述べている所で、伝説的開祖書行藤仏（角行）が天からの啓示により「万民の疾苦ヲ救ヒ、世ヲ治メ国ヲ平グル教ヲ施シテ、天下ノ蒼生ヲ済度スル者ト成ル」として誕生したというのは、富士講の基礎が固まってからの創作であろうが、ここで開祖の行者を一種のメシア的存在と規定づけていることが、後世の富士行者と信者の関係の性格を一層意義深いものにしている。

書行（角行）―日旺―旺心―月旺―創仲―身禄と続いていく行者たちは、書行を除いて、いずれも江戸町人であった。「扶桑教祖年譜」では、横山町二丁目に住んでいた町人旺心（俗名赤葉庄三左衛門）が、その師の日旺（俗名星野運平）とともに作った同信者仲間に「三条のおきて」というものが定められていたという。

それは、

一、よき事をすればよし、あしき事をすればわるし

一、かせげば福貴にして、病なく命ながし

一、なまければ貧になり病なり、命みじかし

というもので、町人生活道徳の典型を示している。しかしこれが事実その当時できたものかは判然としない。当時の富士講が前述したような呪術的行為による民間信仰的な段階であったことには間違いない。

それが近世中期の身禄の出現にいたり、今までの呪術的行為が講統合の大きな柱であったのに対して、身禄の教えが軸となることになった。

先の伝記にあるように身禄は町人として立身出世し、かなり裕福な暮しを捨てて信仰の道に入ったわけである。その後、いかなる宗教的修練を経たのかは毎年の富士登拝以外は明確でない。しかし、富士山頂に断食入定したことからわかるようにミイラ化を意図する行者であったことは確かである。

身禄が入定の折に残したといういわゆる山上の垂訓は、彼をたんなる救世の行者から民衆宗教の教祖としての性格を持たせるにいたったことは、後の経過からも明らかである。その内容は『三十一日の巻』にのべられているのであるが、特色を以下簡単にまとめてみよう。

一、すでに述べたように、みずからがミロクと名乗った根拠が仏教的弥勒信仰に基づくと同時に、一方では、民衆のいだく伝統的な「ミロクの世」希求の反映としても考えられることである。それは「我と我名を指して身禄と云にあらず、直にろくにならん」と仏教上の弥勒をその通りに解釈せず、「ろく」という言葉に彼自身の創

唱性を表現していることにある。

二、この「ろく」の発想の基調にあるのが人間観である。

凡人間の境界、善事をのぞまば、能事うかむべし、悪事を望ば悪事におもむく、つねづね心掛に寄所也、下成者をも見下さず、我より上と心ざしを思はゞ、更に物の道理をわきまへざる者なりとも、後には尊とみ有がたきと云ことを思ふべし、然れども角有ものを丸きを覚へ、御山のかたちと成べし、其上は邪悪もまぬかれるもすなおにならん、さある時は人間といふものになる也　人間一人相続したらんには、堂塔伽藍寄附したらんより、はるかにすぐれたる大善なり

ここに示された「人間一人相続したらん」という目的こそ「ろく」になるための前提条件なのである。

人間の善事よくものおこなへば、神にも仏にもなるべき人間、これによって我体人の体一仏一体なり

「神にも仏にもなるべき人間」と具象化された人間は、またその基底にある平等観によって裏付けられる。

人間男女の差別あり、女は罪業深く五障三従のつみ有といふ事、仏法にて第一にと聞す也、女とても悪に成まじき事、悪になるべきゆえんなし、女とても善を勧めば善なり、男とても悪をなさば悪也（中略）男とても女とても何れのへだてあらん、同じ人間なり

男女間の差別は存在し得ない。この開明性は、たとえば女性の赤不浄に対する従来の宗教認識を認めない。

唯此おしへにまかせ邪悪除起内於浄々にしたるに男女に何れの隔てあらん哉、同人間なり、すでに仙元大菩薩者母体にて猶更、女人於御救可有との御本願也（中略）仮に経水乃身なり共御構有間敷との御慈非[1]（下略）

だから富士講においては、富士登拝での女人禁制はなかった。富士行者には女性が輩出したし、実際身禄の娘

花は七世の富士講指導者となっている。

かくて男女に何んのへだてもなく「同じ人間」であり、「神にも仏にもなれる人間」そうした人間のあり方を善事を行なうことによって相続せよ。そのあかつきに身禄の理想である「ろく」となる人間が想定されている。

明らかに、身禄の教理には仏教批判に立って、町人社会から発する価値体系の創出を求めようとする姿勢が指摘できる。

三、しかし、身禄の人間観の開明性にくらべ、社会観には覆うべくもない限界性を見る。

彼は「四民其家々の業を昼夜懈怠なく勤める」ことを善事の筆頭にあげる。そこから必然的に、士に対しては「主君への忠不忠、我跡卒におって改るゆへ、忠あるものゝ人間、仙元大菩薩の冥慮に叶ふ事」という言葉となる。

農・工・商の一般民衆に対しては、「父母への孝、仙元大菩薩御感応し玉ふ一つなり、父母への孝を尽すこと、是我を尊の元なり」という教えになる。人間平等は、知足安分の封建道徳には通用せず、かえってその枠を強化することを意図している。身禄のそうした志向は彼自身その時代の人間としての適応性を示していると同時に、富士講に結集する民衆の生活意識自体が投射した姿以外の何ものでもない。

四、ふたたび身禄の宗教観に戻ってみると、それは富士信仰に見る伝統的諸信仰を基盤として、開展されていることである。すなわち、

仙元大菩薩、米の種三粒をもって今駿州かしま郡へ投げさせ給ふ、穂をはらみて一粒万倍となる。是を以て万民の食物となし給ふ、よって御山を穀衆山ともいふ。

この言葉は、先にも掲げたがミロク踊におけるミロク唄とかなり似通ったところがある。仏教的弥勒信仰とは異質の形で、日本には伝統的なミロク信仰が民衆社会に形成されていたことはすでに何度も指摘した。身禄がミロクと名乗った基底には穀霊信仰と結び付いたミロク信仰の一面があったのではないかと推察もしてきた。このことはまた「不忠の者は、たちまち八十八の真のぼさつ定る真の寿命より前に食物米の穀葉のなわにていましめられ、死ざいをうける事」といった言葉の中の「八十八の真のぼさつ」が「八十八になると弥勒菩薩になる」といったミロク伝承を基底に説明されているものと思われる。

五、さて再三のべてきたように、身禄の宗教観の本質は「禄」にあり「禄にならん」ことのための行為が『三十一日の巻』の全巻を通じて説かれているといってよい。と同時に身禄は、それらの行為に対する代償を示すことによって、自己の教祖としての性格を確立させることにもなった。

その代償の内容が「生増す理」であった。それは次のとおりである。

(1)士農工商則その業を懈怠なく勤る時、今日より明日、貴き自在の身にて生れ増こと分明なり。
(2)父母への孝を尽すこと是我を尊の元なり我祖として守り居るならば、後世生増の理顕然なり。
(3)忠孝の禄をするもの、夫に習ふ者、夫へ移る者、生増の理多からん。
(4)此御山へ一度登り奉ニ拝礼一内心の垢離精進せば、誠に生増す事うたがひなし。
(5)十五首を唱へ御宝前へおさめ、祭り事として是を勤る時差当り病難救いと成、後五十七首は後世へ生増の所謂しめし也(2)

この生増の理は未来における再生を信者に約束するわけである。この再生観がどのような構造を示しているのか、その点は明確でない。ただ『三十一日の巻』の言葉に「後生公家殿上人大夫にも生れ増の理うたがひなし」からうかがうとすれば、これは明らかに、先にその限界性を指摘した社会観からの発想に基づく論理であろう。

富士講における宗教的思惟構造が身禄をその頂点に置き、その後はもっぱら町人の生活道徳の体系化に進み、ついに時代を脱却すべき宗教的性格を確立し得なかった理由は、おそらくこの辺にあることは推察できよう。しかし時代への適応性を示す一方では、身禄の教えの中に、たんなる呪術的な民間信仰の段階から民衆みずからの手で脱却し得た高揚を認めることはできると思う。

このような内容の遺言を『三十一日の巻』として残して、身禄は入定後死んだ。そして身禄は死してミイラ化したという。そのミイラは有名な弘智法印や湯殿山行者のごとく今もってその時のままで祀られているわけではない。ミイラは壊れて、その一部は、江戸駒込の海蔵寺に葬られた（口絵参照）との伝えがあったが、今はない。寺の境内には「身禄殿」が建てられ、ミイラの代りに木像が祀られる具合となった。近世後期に作られた多くの身禄木像は現在貴重な神像であり、富士講の秘宝として礼拝されている。(3)

身禄はこのように死後いっそう神格化されていった。彼の教えは絶対的教典として、富士講結集の軸となった。身禄の思想は「みろく世」の預言と身禄の出世に至る過程まではいわば、それを期待し支持する講員の意識の投映の結果として没個性的民俗的表現の形をとっていた。しかし、身禄がみずからの思想を彼の宗教集団の教理として信者に従属を促すよう説いた時、身禄自体の個性が時代性を帯びて登場した。ここに伝承的世界から脱却した身禄（ミロク）思想の創唱性が評価される必然性があろう。

（1）　伊藤堅吉校訂『三十一日の巻』昭和三七年。

（2）身禄は『三十一日の巻』を遺言し終った後、これを要約した和歌を七三首残したと伝える。
（3）仁村重治「わが家の身禄像」（『あしなか』八四、昭和三八年）。

第五節　富士講の教団化

『諸聞集』に「死テ大名ニ生ト云テ、此山ヲ信ズル者多シ」と記されるように、江戸下層町人の意識の限界性を内包したまま、富士講は展開して行った。こうした民衆に支持される宗教集団に対し、権力の対応の仕方は当然ながらはっきりしていた。

近世徳川幕府の宗教政策の基本方針は「新義異宗の禁」にあった。江戸の町人社会における民間信仰の殷賑ぶりは、さまざまの神仏を生み出したが、これはまた、当時の一般の思潮として際立った現実主義観に裏付けられたものでもある。そうした当時の民間信仰の中で、「新義異宗」として禁圧の最大の対象となったのが、富士講なのであった。

寛保二年（一七四二）の町触に「富士之加持水と名付、病人薬をも相止させ、右の水ばかり数盃相用ひ遇々病気快候得ば富士門弟と申成し勧め込候由不埒之事に候間、早々相止可申候[1]」と記された呪術的作法による富士行者の布教ぶりは、寛政七年（一七九五）に至り、「近年富士講と号、奉納建立を申立、俗にて行衣を着、鈴最多角之珠数を持、家々之門に立、祭文を唱或は護符守等を出し[2]」と富士講を他の講中より際立たせていた。多くの講中がそうであるように、「職人、日雇取、軽き商人講仲間」が講を結集していたわけであるが、文化一一年（一八一四）四月の町触には、この富士講に「身分を不顧、其席へ立交候族も有之由」(3)と、下層町人のみならず武士の身分で富士講の信者である者が存在していたことをほのめかせている。天保年間には、江戸の町中に富士講の数四百余(4)があり、その勢威は松浦静山をして、「この一類殊の外に盛延なる故にや、官より度々禁断の旨下ると雖ども暫時忍び居て又起り、倍々増倍して今に及んでは如何とも為すべからざるに至れり、漢の張角黄巾の賊も始めはかかる者にやあらん。今の時に治めずんば後患大害ならん」(5)と脅威をいだかしめるに至るほどであった。

寛政元年（一七八九）富士講信者の指導者と目される紅葉山御庭方同心永井徳左衛門の妻そよによる直訴事件があった。そよの書状には、次なる文句が記されていた。

（前略）此世あらん限り天地のあらん限りみろくの御世御開き、御改御極被遊候処未だ上聞に達せず候間、何卒みろくの御世を御開き被遊候様に奉願候、身禄の訳の御書物御藤山北口に御座候間、此書物召寄させられみろくの御開き御継き被遊被下候へば善も悪も相知れ、片降り片旱り等無之、身禄之御世御直願と申候間、何卒みろくの御世御継御開き被下候様　奉願上候(6)（下略）

ここに「みろくの御世のおひらき」なる文句が執拗にくり返されている。富士講信者にとっては、「みろくの世」が理想世であり、理想世の実現こそ彼らの期待するところなのであった。

嘉永二年（一八四五）、幕府は右の主張を行なってきた富士講に対し徹底的な弾圧を命じた。これは「食行身禄与申者、神道、仏道にも無之自己之存在附を以、種々異様之儀申唱候をも帰依致候段於公儀御立被置候神道諸宗門之外俗人之教を信用致異様之儀等相唱(7)（下略）」という為政者側の浅薄な民衆理解にもとづくものである。

この断圧により、富士講の結集力は一時分散させられた。民衆が自ら描いた「みろくの世」は、表面的にはいっそう鋭く求められることがなくなったといえる。

しかし、それはあくまで表面的な現象に過ぎない。きわめて民俗的な発想に出発する富士講は、その民衆的かつ根生いのイデオロギーを失なわないかぎり通時的に伝承され得たのである。

今世みらい此生のあらん限り、此世のあらん限り、天地のあらん限り、世々おかうなく、一筋に万法の衆生もろともに、親子兄弟一家畜類共に一筋に御助け御願たのみ奉る。(8)

これは、富士講における身禄に対する信者の態度であり、彼に対する絶対的帰依の姿である。この態度は、信者たちの日常生活において「おもんくの御りやくにあづかり奉、あく事さい難病難盗なん水なん火事さい難の御はらゐ、御めっし下されまして、身も心も正浄心正、上々信と御極下され、諸願成就、大願成就(9)」という心意の上にも明白に汲みとれる。

井野辺茂雄の採集した「相州一或講の御伝え」の中には、

夢中の御つげ有て、身禄仙様より浅間敷我々を御法会御弟子に被二成下置一ます る御恩徳報じても報じがたし

とある。講会に参加することが身禄の弟子となり、すでにそのことに対する身禄の恩徳が強調されている。松浦静山が「其徒の身禄仙を尊重すること一向宗の親鸞を敬ふが如く、仙元を崇ぶこと弥陀に帰するが如し(10)」と記したように、富士講の身禄においては、かような絶対的帰依の態度を基盤に身禄のカリスマ的権威が創出されているのである。

身禄同行抔いふも其通り、身禄と同じ行ひといふ時は、百人よりても千人寄りても皆みろくの教えは一つ也、

其一つの御教を守り、ひとつ行ひをする程成ば、身禄同行に替りめは無筈成に、これは四ツ谷の講、是は赤坂、是は神田、日本橋、是は両国、是は芝などいふて、其講に依ても教は違ひ、風義も心持も大きに違ふ也

という情況も講が拡大されるにつれ、当然のことながら生じてきていた。

こうした情況の成因は、富士講の教理と実践のアンバランスにあった。民衆は、メシアたる身禄の教える「禄」になる道と「生れ増の理」を信じそれに帰依するが、一方では、火難盗難災難除けの日常的欲求への解決をも期待する。富士講は元来そうした面を強調することで展開してきたわけであるから、それらと身禄の教えとのギャップは当然生じた。その際には村上光清などの他の富士行者に代表されるアンチ身禄派といわれる富士講の存在も見過ごすわけにはいかないだろう。

民衆の日常的欲求は、その裏に現実主義的な物の考え方があることによって支えられている。身禄の教えはかならずしも論理立ったものではないから、言葉の解釈の仕様ではどのようにも意味づけられる。身禄の弟子たちは、身禄の考えをさらに現実的色彩を加えることによってより多くの民衆との接触を可能にしていこうとした。

中山保高が「元祖呉々御申伝へにも、我と我名を指て身禄と云にあらず、面々皆身禄なりとおふせ置れ候」[11]といったのは、「面々皆身禄」すなわち信者自身現実に身禄となれる可能性を説いたものであった。

高田藤四郎が、何故富士へ登るのか問われたのに対し、「我們が信ずる富士山上の極楽は、一年に一度ずゝ拝まる」[12]ことを理由としたが、それまで極楽について身禄は直接答えてはいなかったのである。

しかしその後享和二年(一八〇二)になった神田の富士講の秘巻にも「極楽と云事生レ増の理也」[13]と記されていて、極楽の存在は信者にとって重要問題でもあるわけである。いわば富士講の極楽浄土観は、既成の宗教＝仏教

に対する批判に裏づけられたものであった。

今の出家山伏出家社家などは法を喰物者みな余田者との御伝へ也[14]
儒者のおしへは有難き事也、何れも無学の人をすくふに不足也[15]

弾圧を受けつつも、身禄以後の富士講は、教理をさらに通俗化させつつ、民衆に適応させる試みをしていた。しかしその一方では、次の時代に継承さるべき種子の萌芽も包摂しつつあったのである。

身禄以後の道統は、

身禄―花子（身禄の娘）―伊藤参行―小谷三志

とつづく。

身禄の思想の中にも明確に見られた通俗道徳観は伊藤参行から小谷三志にわたってさらに変容し、ついに不二道という思想体系を生み出すに至った。

文化五年（一八〇八）伊藤参行が著わした『四民の巻』には、「当時、町家にて、不二講と号して、わずかづつの人集めを致し、焚上げとやらんといふ事を拵へ、其長をするものを先達、講頭などと名付て、祈念祈禱などする（中略）当時信心同行と言はるゝものは大概病気災難逃れて、夫〳〵御山を有かたきと存付たる迄の事ゆへ我心の急度此御願にこりかたまりたると申程の信者も稀なり」と記されている。ここには、民衆の日常的な欲求に従い呪術的行為を第一義とする富士講への批判をくみとることができる。参行の志向するところ、こうした講との絶縁を意図することで、身禄の教えすなわち「御願にかたまりたる」ことを目指しているわけである。

この伊藤参行の跡を継いだのが小谷三志であり、彼によって不二道は大成されたといえる。『甲子夜話』に、武州鳩谷と云所に三枝と云者、家富て且親に孝あり、年ごろ富士浅間を信じて、武相房総の間富士講と云者の総先達と呼ばるゝ人なり（中略）この三枝は食行身禄と云るが法を伝ふると云[16]

と記された三志の教えは、その著書『不二孝教』に見ることができる。

不二孝と申せば、講中を取立金銀を取集め、大口講、神酒講中などのやうに参詣するにもあらず、不二孝とは二つなき孝と教へる。此五体揃ひたるからだを、おあたへ被ㇾ下候、かりの父母様の高恩を説き教へ、夫より段々と其元へたずね入り、月日仙元大菩薩、元の父母様、天子将軍様の日夜の御高恩に預り奉る所の御恩礼申上るなり

「不二孝」には身禄の通俗道徳の継承とは別に三志の独自の発想が見られる。三志はいわゆる、草莽の国学者の一人であった。『禄行三志翁』の中で「四民相親み相睦み各々その身に備りたる業務に勤勉努力して国家の安寧を期し、国恩に報ふべきを教旨の心髄となし」とするのが小谷三志の基本的立場である。

かつて身禄とその信者の間に成立した宗教的価値は、三志に至って、国家への恩すなわち国恩という概念の導入がなされたことによって変質した。その結果別の価値体系下に再編された。身禄の宗教的権威は天子・将軍の二元的政治・社会的権威に転置され、元来身禄に代わって教祖となるべき小谷三志はいっかいの布教者となる。身禄の権威から離脱せんとする不二道の存在形態の特異性はここにあるといえよう。

つまり、不二道は身禄崇拝に現われた権威信仰を巧みに「天子将軍様の御恩」へとすりかえることに成功したのである。そのことはたとえば、嘉永元年（一八四八）不二道の講員が町奉行で審問された時、何故彼らが京へ上るのか尋ねられて、

同気ノモノハ御国恩ノ御礼トシテ御所ヱ拝礼ニ、一代ニ一度心掛ケ上京仕候[17]

と答えており、また幕府側の態度も、

天子天子杯ハ云フコトト、百姓町人ノ賤シキ身分ニテ新規ノ事ヲ取立テ、本尊トスルコト、公儀ヨリ法度ノ事ナリ[18]

という点に絞っていることからも明らかであろう。また信州伊那の不二道信者松下千代家の家宝には、天子様御茶椀、天子様御盃があり、その盃は天子様の御手にふれ候として尊ばれていることなど、ムードとしての国恩への具体性を見ることができよう。

国恩はすなわち天子の恩である。伊藤参行はその著『三光の巻』で「天子天日の御恩と申は、此世界有と故共、亭主ましまさでは一日も治るべからず、皇居に居られ、天下泰平、五穀成就、万民快楽を日々祈らせ給ふ故に、其国々治り百姓も農業も心安くいとなみ、職人・商人も其道を心のまゝにはげむ物なり」と天皇崇拝を明言する。国恩にはこの「天子の恩」の外に「天下の恩」が語られる。「天下の恩」とはすなわち「将軍の恩」である。『三光の巻』には、その恩が具体的に説明されている。

かんかこどくの類は御れんみんを以御すくい被ㇾ遊願候へば病にはいがくより御薬を被下病用調ひ兼候物には御薬いんに召連て、食薬共に籾蔵より御すくいの米銭を被ㇾ下又ききんの節は御すくい下され、田畑のあれ場までの御修覆被ㇾ仰付ㇾ（下略）

ここで天子の恩、将軍の恩の二元性のどちらに優位が求められるのか、教理の上では不鮮明である。しかし、その実践行為を見た場合、一つの差異を認めることができよう。

天保一四年、将軍日光参詣の際、その道中に必要な「草鞋、飼葉之類、無代ニ而差出度申立候」といった行為が不二道信者たちによってなされた。これは、すでに安永・文政の二度にわたって願い出たものであるが、いずれも差戻されたものである。この天保年間の場合には、「御府内三十八ヶ町、武州外三十五ヶ国七百五十一ヶ村、廿四ヶ町、惣人数六千八百八人」が参加し、「沓、草鞋五万足、籾六百俵、大豆四百俵、飼葉、苅豆、干草、豆穀取交三貫五百目の俵二千俵[19]」を差出したというからおそらく不二道の当時の中心勢力がすべて加わっていると見て差支えない。いったい何ゆえこのような行為に出たかといえば、「全二百年来一同蒙二御国恩一候義難有存多人数一致いたし願出候[20]」とあるからいわゆる国恩に対するものであることは事実である。この国恩は、明らかに「将軍の恩」である。信者たちにとって国恩に対する代償としての自覚が具体的に「将軍の恩」へという形で表出しているわけである。

しかし抽象的には、「天子の恩」を価値体系の頂点に求め、上京しての御所遙拝を行事化させたことは、国学者小谷三志の意志の及ぼすところであり、そしてこのことは、明治以降の富士講を中心とする教派神道成立の際の重要な契機にもなったのである。

明治政府が神道国教化の下に、民間信仰の統合化を図ったとき、矮小化しつつあった富士講はおのおの二つの教団にまとめられた。一つは、今までのべた国学者小谷三志に指導されていた不二道で、明治の「天子の世」に感応、再強化され神道実行教となった。他の一つは、神道家宍野半により結集された神道扶桑教である。ともに同規模の中教団であり現存している。後者の神道扶桑教は、富士山講社と丸山講に結集する信者たちを基盤とする。その創立主旨に、「富士講先達等が恣に講を結び、食行の心眼開きを模倣し、私誕無稽の一家言を立て異端愈々出でて、富士道の祖統原義たる身禄教法の真義漸く失はれ[21]（下略）」とあって、暗に不二道一派の批判に始まっている。さらに、「明治維新に神政復古したるは身禄世界の出現にして、玆に身禄教法の原義を発明し之を公宣する第一世太教主こそ身禄身なり[22]」と、信者の憧憬たる「みろく世」を観念的に明治の世にすりかえ民衆に押しつける操作を行なっている。

われわれは、現在、各地域社会で多くの伝承的な富士講の資料を採集できる。事実近世に創始された富士講は現に日本の現実社会にも機能しているのである。信者は、霊能高き富士行者に指導され、富士に登拝し、元祖として身禄を崇め、その教えである教典を読誦する。しかし、かつての草創期のごとく「ミロク世」の認識がダイナミックな躍動を示すことはない。むしろこの教義に附随するマジカルな作法のみが、民衆の日常的欲求に応えているかのようである。一度、革新性を示した民衆意識が、その本来的な保守的停滞的側面の中にまたもや埋没しつつあるといえよう。これは何故なのか。われわれは客観的な材料をもとにさらに把握して行かねばならない。

（1）『御触書寛保集成』二八四九号。
（2）『御触書天保集成』五五二九号。
（3）同右、五五四六号。
（4）竹村修『富士山に登るの記』天保一二年。
（5）松浦静山『甲子夜話』巻六七ノ三五。
（6）井野辺茂雄『富士の信仰』所収、二二二ページ。
（7）「富士山史料」（前掲註6、二四二ページ、所収）。
（8）（9）「富士講唱文独見秘書」（『信仰叢書』〔国書刊行会〕大正四年、所収）。

(10) 前掲註5
(11) 前掲註8
(12) 『百家琦行伝』
(13) 「神田参行内神行伝へ」（渡辺一郎氏所蔵文書）
(14) 同右。
(15) 伊藤参行「おふりかわり」（前掲、井野辺『富士の信仰』所収）。
(16) 『甲子夜話』巻四十三。
(17) 「富士諺解録」（『富士の信仰』所収、前掲三一三ページ）。
(18) 同右、二五二ページ。
(19)(20) 「富士講書類」（『富士の信仰』七二―七三ページ）。
(21) 石原荘之助『宍野半伝』（写本）。
(22) 同右、また宍野半『富士信導記』（神道扶桑教教典）参照。

第五章　世直しとミロク信仰

第一節　農耕儀礼と世直し観

前章まで、ミロクの世の実現を期すべきメシア的存在である行者の具現性を検討し、とくにその典型として近世富士講の実態を究明した。ミロクの世の実現とはいっても、それはきわめて幻想的な世直し意識ではある。これが日本人の潜在的思考として、いかなる性格をもつものか、これは当然、日本人の伝統的メシア観との関わり合いのもとに論じられるべきであろう。

さて「世直し」観念は、民衆が現実の世に絶望し、新らたな世に変革させようとする思考形態である。これは各民族の間に伝承的に形成され、ひっきょう各民族のいだく世界観に関わる問題となる。「世直し」観は、民衆意識の内奥から発現するゆえに、集団的・類型的であり、かつ時代的な諸条件に規制されながら、くり返しくり返し再生産されるという特徴を持っている。

日本の現代社会において、「世直し」観が集約的に表現されているのは、いわゆる新宗教と呼ばれる宗教教団においてであった。戦後の世界救世教・天照皇太神宮教・霊友会などをはじめ、第二次戦前までの大本教、さらに近代社会成立期に鮮明にそのイメージを打ち出した天理教・丸山教などは、その時期時期に、民衆の求めに応じ「世直し」を描いて見せたのである。しかし、これら新宗教に現われた「世直し」は、宗教の次元に止まる限りにおいて、政治理論・経済闘争・土地革命と結びつかず、幻想と呪術に彩られたものであったのである。(1)日本の幕末から明治維新にかけて、一般に「世直し状況」という諸現象が現出した。巨大な社会の変革期において、人民の果たした役割は如何なるものかという観点から、人民闘争としての「世直し」を評価しようとするのが、最近の日本近代史研究の一つの立場である。とくに慶応二年の打ちこわしと同三年のエエジャナイカ運動などが、世直しの形態として評価され、分析対象となっている。(2)

本章は、こうした歴史学における問題点に対し、直接呼応すべく用意されたものではない。しかし、民衆意識を問題とする限り、そこに表出する「世直し」観がいかなる民俗文化の型にもとづくものなのか、究明することは必要であろう。もともと、民衆の潜在的意識を語ってくれる民俗資料はきわめて断片的なものである。それらは時代・地域を超越しながら、一貫した原理なり、軸を持ち統合された価値体系を形成している。そこで、「世直し」観を取り上げた時、これを深化させるための具体的な民俗資料に焦点を合わせねばならない。ここで当然、われわれはミロク信仰を考察する必要がある。つまり、ミロク信仰を通して、日本の民衆がいかなる型の「世直し」観をいだいているかを検討することになろう。

沖縄・八重山群島における豊年祭・節祭などについては、数多くの報告がなされてきている。これらの祭りは、西表島古見、新城島、小浜島、石垣島宮良などの赤また・黒また、石垣島川平のまゆんがなし、その他の地域はミロク、といった仮装来訪神の出現が中心になることで注目されている。(3)豊年祭は旧六月、節祭は旧八月頃になり、先島の稲作儀礼からすれば、収穫の終了と開始にいたるちょうど折目の時期に当たっている。いわば、それは正月であり、古い年から新年に交替する時期である。

石垣島白保の豊年祭を例にとると(豊年祭を穂利祭という)、旧六月中の甲子・寅・午の日を祭りと定める。第一日をオンプールとし、願解といって、昨年の願ほどきをする。第二日目はその年の豊年祝いとなり、第三日目が次年の豊年を祈願する世願い(ムラプール)となる。[4] 豊年祭の初日が願ほどきになっていることは、注目してよい。一般に、この日は御嶽において、司を中心として、氏子(ヤマニンジュ)が参集し、ユーヌシュビ(世の首尾)と称して、祭祀を行なう。[5] 二日目以降の盛大な予祝祭とくらべると、地味なものとなっているが、願解を果たさなければ、次年に移れないという心意が潜んでいる。年のはじめにニライ・カナイから来訪する神にその年の豊作を祈願し、その年の終了を、神との約束に結末をつけることによって、明示するのである。豊年祭の二日目か三日目に来訪神が出現する。そして、その前後に歌と踊の乱舞があることに注目したい。石垣島白保では、二日目は司たちが御嶽に集まり、香をたいて拝む。「雨も風も静かに、日のお蔭、水のお蔭、土のお蔭によって、米も野菜も満足にできました」といって、供物を上げる。[6] 夜は酒宴となり、氏子たちも集まり歌や踊がある。とくに巻踊が圧巻である。この巻踊は三日目の午後からも踊られる。やがて小休止となり、いよいよ祭りのクライマックスとなる。すなわち白保では来訪神がミロクとなって出現する(赤また・黒またが出現する地域では二日目の夜である)。この出現にあたり、歓喜した人々が、ミロクの行列と一緒になって、巻踊の大乱舞をはじめる。その壮観な様が、本田安次氏の報告によってよくわかる。[7] これと同じモチーフにもとづく祭りに川平の節祭、竹富島の結願祭・種取祝などがあげられる。いずれも新年に当たり、豊作をもたらす神を迎え、村人が集まり、挙って歌や踊の大乱舞をすることで共通する。これらの祭りの最中、いろいろと歌われる歌の中で、世乞いについての唱句は注目される。そこでは、理想的な世が想定され、その世はミリ（ロ）ク世であり、ミリク世がミロクによってもたらされることを求めることが強調される。

竹富島の種子どりは、豊年祭、節祭などが終り、旧九月—一〇月にかけての戌か子の日を中心として行なわれる、農耕開始直前の行事である。この行事の最中、ミル(ロ)ク踊が盛んに踊られるが、その後、島の三つの村が相互に各村人挙って練りながら訪れ合うというユークイ（世乞い）がある。この時ユークイ歌が数多く歌われるのである。この中の一節に

しきどぅ世ばたぼらる　ヨイショオハハ　ハハ　ヨイショオハ、ミルク世ばたぼらる、稲ぬ世ばたぼらる粟ぬ世ばたぼらる　ユウバヌレユウバヌレ(8)

とある。この意味は、「しきどぅ世」＝平和な楽しい世である「ミリク世」、稲、粟の沢山稔った世を給われ、ということである。

古い年が終り、新しい年が続いて誕生する時、新年は新しい世界として認識される。その折目に行なわれる季節祭には、いつも世界の始まりを意識させるものがある。新世界は期待される理想世でなくてはならず、農耕に律せられる社会においては、主生産物の豊かな収穫でなくてはならない。この論理は、何も八重山群島だけに限ったことではないが、ただ叙上の事例には、比較的純化された姿を認めることができるのである。

年の変り目の狂熱的な乱舞は、集団的オルギーと解される。堀一郎は、日本の年の変り目にあたる正月行事のいくつか——追儺にはじまり、小正月にいたる間の暗闇祭、押合祭、喧嘩祭、尻ひねり祭、暴れ祭、悪口祭、種貰い祭——に、集団的オルギーの要素が認められることを指摘している。(9) 民衆が季節的農耕的な祭りの中で、オ

ルギー状況になることは、その年、豊熟をもたらしてくれる神の強力な再生を求めるか、または穀物の豊熟の再生を強調するための行為と見なされる。[10] 八重山群島の諸事例にはこの点が際立っており、さらに、ミリク世という ユートピア的理想的世の実現を期待することにおいて、「世直し」の一つの型を表示するといえる。

さて日本の正月は、大陸からの暦法により、大きな影響を受けているため、農耕作業の開始と終了を単位とする年の替わり目とは一致しない。ただ冬から春にかけて、農作業に入る頃までに行なわれる春祭りには、しばしば狂熱的な乱舞を伴なう場合もある。豊作の予祝を意味する田遊びや、田遊びの変化した田楽など、各地で毎年くり返す神事芸能、長野県下伊那郡新野の雪祭や愛知県北設楽郡の花祭、山形県庄内地方の黒川能などにそれは認められよう。

近世伊勢信仰に包摂された「おかげ参り」も、まず伊勢踊を契機として開始された。この伊勢踊も、伊勢踊と称する前は神踊の一種であった。毎年冬から春にかけて流行し、ふつう一村ごとに終るべきなのが、慶長一九年(一六一四)の冬から翌春にかけて、特にこれが伊勢信仰と結びついて、各地に弘まって行った。[11] したがって、冬から春にかけてはとくに伊勢信仰と直接結びつかないで行なわれる民衆のオルギー的乱舞もあり得たわけである。天保一〇年(一八三九)の春に、京都とその周辺に起こった踊は、きわめて興味深い。『天言筆記』二巻によると、

天保十年三月頃より、京都にて豊熟都大踊流行、世直かやかや都の町の赤おどり、いわふ五穀も鈴なるこかな綾にしきおどる四条の左右かな

道をゆづり物言のなき踊かな(中略)

誰初むるとなく、遂には町中踊歩ことにはなりぬ。遠き昔は知らず、八十年此方かかる事なしと、或老人の

申されける、往古は飢饉のありし跡にては、かく踊て豊年を祈りし由聞ゆ、され共慥成書にも見へず、唯里俗の言伝へのみなり、実に此度の事は前代未聞の珍敷ことにて、老若男女貴賤の分ちなく、数十人の者東西へ馳違ひ、南北に走り廻る事夥しといへども、喧嘩もなく怪我もなし、其名も豊作踊と称するも、此両三年米の高きに苦みたる気欝をひらき、猶行末をいのる心なるべし(12)（下略）（傍点筆者）

と記されている。すなわちこれは飢饉の連続・米価上昇による生活の困窮化の折、豊熟な年柄を期待して行なう豊作踊であることがわかる。オルギッシュな側面が、「世直し」の踊りとしても認識され得る。天明飢饉の際、江戸近郊の農村部から老婆たちが踊り出て、それが江戸中に流行したのを、おたすけ踊り(13)といったが、やはり豊作踊・世直しに連なるものといえる。慶応三年八月から一二月まで、日本の民衆を狂乱の渦中に叩きこんだ「エエジャナイカ」は、八月中旬東海地方を端緒とし、次第に各地域に広まり、収穫の終了した一〇月末から一二月にかけて最高潮となっていった。

この「エエジャナイカ」の最中に歌われる「御蔭世直しくどき節」などの文句には、盛んに五穀成就、豊作を願う意味がこめられている。政治的、社会・経済的な変動に対応して、季節的農耕的な踊りのオルギー的要素が、きわめて拡大化する例を、ここにも認めることができるであろう。

結局、稲作の終了と開始に、新旧の世の交替を求める、農耕儀礼に基礎を置いた潜在的な「世直し」観が存在すること、この場合、新しく来るべき世は、豊熟な世＝ミロク世で表現され、それは八重山群島で端的に示されるごとく、ミロクによって実現されるものと認識されていることが指摘できよう。

（1）安丸良夫・ひろたまさき「世直しの論理の系譜――丸山教を中心に――」（『日本史研究』八五、八六号、昭和四一年)。

(2) 津田秀夫「世直しの社会経済史的意義」(『近代化の経済的基礎』四六七―四九五ページ、昭和四三年)。藤谷俊雄『おかげまいりとええじゃないか』昭和四三年。高島一郎「エエジャナイカ考」(『歴史学研究』三七七、三五―四三ページ、昭和四三年)。西垣晴次『ええじゃないか』昭和四八年、は近年もっとも注目される。

(3) 折口信夫「国文学の発生――まれびとの意義――」(『折口信夫全集』第一巻所収)、宮本演彦「小浜島の穂利祭」(『民間伝承』一六―四、昭和二七年)、宮良賢貞「小浜島のニロー神」(『南島』一、昭和一八年)、源武雄「八重山古見地方における稲作とその信仰行事」(『文化財要覧』所収、昭和三二年)、宮良高弘「黒マタ・白マタ・赤マタの祭祀――西表島・古見の豊年祭――」(『札幌大学紀要』昭和四三年)など。

(4) 本田安次『南島採訪記』三三ページ、昭和四〇年。

(5) 前掲註3、宮良論文、九八ページ。

(6) 前掲註4、三九ページ。

(7) 同右、二四一―二六八ページ。

(8) 内盛直夫「竹富島の種どり」(『民間伝承』一六―一〇、一二―一五ページ、昭和三七年)、同「竹富島の弥勒踊」(『芸能復興』一五、二四―二六ページ、昭和三二年)。

(9) 堀一郎「Orgy の宗教史的意義について」(『宗教研究』一八一、五―六ページ、昭和四二年)、同「日本の民俗宗教にあらわれた祓浄儀礼と集団的オルギーについて」(『文化』三〇―一、二一―四四ページ、昭和四〇年)。

(10) Mircea Eliade, *Traité d'histoire des religions*, Payot, Paris (堀一郎訳『大地・農耕・女性』第三章、昭和四三年)。

(11) 『当代記』慶長一九年九月の条。

(12) 藤岡屋由蔵『天言筆記』二巻。

(13) 『嬉遊笑覧』五巻。

第二節　鎮送呪術と世直し観

四国一帯に注目される習俗として、「仏の正月」と呼ばれるものがある。年内に死人のあった家で、一二月初巳か午の日に、餅を搗いて、墓に供えて詣るのであるが、要は正月を迎える前に亡者と最後の食事をして人並みとなり、新春を迎えることにある。一年の中で、二回以上正月行事をくり返すことを「取越正月」という。平山敏治郎は取越行事が全国的に広まっていたことを指摘し、さらに近世の諸文献に示された同義の行事とを比較研究した。(1)これは四国の仏の正月と同様の心意にもとづくものとして、厄年の者が、それを嫌い、年内に年重ねの祝いをして、正月をやり直す例や、同年の死者が出た場合、その死者の年より一年増やす年重ねの意味で、やはり正月をやり直す事例などと共通する。これらの事例は枚挙のいとまがないが一例掲げておこう。

秋田県仙北郡西木村では、神官がその年が厄年に当る者のいる家々をまわって、お払いをする。又厄年の者はさん俵の上に年の数だけの金銭、豆、手拭い、櫛などをのせ、幣束をさして、十字路や道傍に置いてきたり、川へ流してしまう。さらに、正月を二回迎えて、齢を先に進めることによって厄難を逃れようとする。この行事は二月一日で、神主に厄を払って貰い、親戚近所の者を招いて、祝うのである。(2)

平山敏治郎は、悪疫の流行を防ぐために生じた取越正月が、近世の特定な年――寛文七年(一六六七)、宝暦九年(一七五九)、明和八年(一七七一)、安永七年(一七七九)、文化一一年(一八一四)――にとくに流行したことを近世の文献より証明し、これらと現在の慣行とを比較すると、正月の儀式を急ぎ行なえば悪い年を送って新たな平穏な時を得ると信じた心意において共通すると指摘している(3)。

われわれは、すでに取り上げてきたように、これら取越正月が盛行した年の中で、とりわけ「ミロクの年」と呼ばれた年に注目するだろう。宝暦九年の夏の頃に、誰が云い出したわけではないが、来年は一〇年の辰の年で、これは、三河万才の歌う「みろく十年辰の年」に当たるという。この年は災難が多いので、この難を除くために、正月の寿をなすのがよいというので、雑煮を祝い、蓬萊を飾ったという。文化一一年の場合も、五月末に、やはり取越正月を行なっている。その理由は、本年はミロクの年で疫病によって人が多く死ぬので、年を改め来年の正月になったように門松を立て、雑煮を祝うと病をまぬがれるのだからという(4)。両年とも、ともに悪霊(行疫神)を追放することにより幸福な年を迎えることで一致する。この場合ミロクの年は、災難の多い年としている。このことは周知の通りであった。災難の年、飢饉の年というのは、そういう年であればこそミロクが出現してくれるのだという、メシア待望の思考の表現なのである。災難・飢饉が激しいと、年内に速やかに年を替えたい。そして来るべき幸福なミロクの世を迎えたいとするのが真意であろう。三河万才が「ミロク十年辰の年」と唱えたのは、年頭の祝言の時であった。一〇年辰年が、特別意味ありげな年だと、託言された根拠は不明であるが、理想世到来の現実感が、三河万才の縁起言葉にのせられて、その意義がいっそう高まったらしい。したがって、ちょうど語呂の上で当該する宝暦一〇年辰の年は、民衆が非常に期待していた年となったのである。ミロクの年はこのように特別に選定された年ばかりでなく、毎年くり返し待望されていたことは小正月の予祝を意味するモノツクリのきらびやかさがまるでミロクの年のようだといわれたり(二六ページ参照)、童謡の一節に、「今年の年

は　ミロクの年で、三貫金を襷にかけて　やあれはかれ米はかれ(5)（下略）」などとと歌われている例からもわかる。さまざまの災難をもたらす悪霊を追放してしまい、速やかに素晴らしいミロクの年を迎えたいという心意は、歴史的には、ミロク私年号に歴然としていた。そしてミロク私年号を論述した中で触れたように、関東・中部・東北地方の人々にとって、そうした悪霊を追放し禊浄するセンターというべき地が、鹿島地方であったのである。それは毎年くり返される各村の「鹿島送り」の儀礼の中にくみ取ることができる。

「鹿島送り」の習俗は、現在では、茨城・千葉の各地をはじめ、ほぼ東北地方一円に分布している。(6)どの地域でも人形を作って流すので「人形送り」ともいう。茨城県香取郡新里村（現、山田町）では、

夏の土用ごろ、組長から人形送の廻状が来る。各戸で藁人形二つを作る。一つは香取神宮、他は鹿島神宮を形どっている。其の人形を棒の先にさし、野菜で太刀・長刀を作り、この人形に持たせ、「香取鹿島戦に勝った。みいさいなみいさいな」と書いた旗を負わせる。その人形を晩、庭に置き、三日目の朝、餅を搗いて菰のつとに入れ、人形を負わせて家の前に出して立てると、子供等は、各戸を廻ってこれを取集め、川へ流してしまう。以前は人形送りは子供だけでなく、青年も混り、大勢で紙旗を押立て、笛太鼓で練りながら舟に人形をのせ、賑やかに送ったという。(7)

等身大の人形を作り、舟（鹿島船という）にのせて流す、その際、村中の者（現在は子供のみ）が多勢で踊りながら送って行くのが、より古風な姿であったらしい。他地域の事例報告も同様のことを物語っている。すなわち人形を形代として、疫病をもたらす悪神を追放する行事である。秋田・山形・青森の各県では旧五月一五日か晦日ごろ、茨城・千葉では旧七月一〇日前後に行なわれている。

神送りの際、練りを作って踊る、いわゆる神踊りは、おそらく、村から村へと掛け踊の形式となって、次から次へ、鹿島の方へ送られて行ったものであろう。この踊は、近世に伊勢踊と並ぶ鹿島踊と深い関係があった。『近代世事談』五巻によると、

寛永のころ諸国に疫病あり、常陸国鹿嶋の神輿を遣わして諸々にこれを渡し　疫難を祈らしめ、その患を除く　よつて是を憧め踊しむ　世俗鹿嶋踊といひて諸国流布す　是はしめ也

とあって、鹿島踊の悪神追放、神送りにおける機能を記している。神輿が出ると、それをかつぎ、大勢で乱舞したわけである。(8)

現在の鹿島踊分布地帯は、鹿島を南下して千葉県、神奈川県、静岡県の沿岸部に集中している。これらは、各町村の氏神の特殊神事として保存されている。踊られる時期は、六、七、八月の夏祭りの前後であり、各部落の若者組が中心となる。全員が神人風の白衣姿で、白足袋、白緒の草履、烏帽子をつける。踊の役として、太鼓、鉦、黄金柄杓、日形、月形とあり、この中、太鼓役が中心で、乱打しつつ神招ぎをするかのような舞態をとり、鉦がそれに伴なって、恍惚乱舞の状況になる。神奈川県下の鹿島踊に関する永田衡吉の研究によれば、(9)踊の列は五行五列の方舞で、中世的な形式だという。この踊の練りに伴ない歌われる歌詞がきわめて注目されるものである。歌詞のポイントは、(1)鹿島の浦または沿岸の町や村の浦にみろくの船が着く。(2)船には三神（代表的なのは鹿島、伊勢、春日）が乗っている。(3)天竺の雲の間から十三姫または十三小女郎が米を撒く。(4)みろく御代(世)が永続することを乞い願う。(5)鹿島の稚児が現われ、鹿島の護摩堂で護摩が焚かれる。(6)鎌倉の名称がある。

ちなみに千葉県佐倉市に残るものを掲げよう。(10)

世の中は孫末代弥勒御代が続くように
鎌倉は何時も正月　男は若水くみ揃(マヽ)う
その水おろしもすれば子持金が九つ
二つをば神にあげそろう　七つで倉を建てそろう
天竺が近くなる程にタタラタンが聞える
タタラタンをば何とふみてそろうタタラタンと八八つふむ
ともへには伊勢と春日の中に鹿島の大やしろ
おかしま（鹿島）でおもしろいのは御満堂にみたらしで
みたらしでちごをこりとり御満堂でごまをたく
天竺の雲の間から十三姫が米をまく
米まかば　ただもまくまい
弥勒御代が続くように

ここには弥勒の船の文句がないが、船のない内陸部の弥勒踊では、船の字が御代にかえられており、これもむべなるかなと思われる。

さて佐倉では、この踊の前に獅子舞があり、その時の太夫の文句は、まさにかつて彼が鹿島神人であった証拠を残している。すなわち、

東西〳〵しか東西

私は鹿島のおん手代
下総、上総、常陸をめぐる社人でそうろう
その証拠には頭には○冠○からかみのえぼしをいただき肩にはカイギを
着し、手にはサンギ、サイハイを持し
おんめでたい時には良い餅をどいつく
酒を盛りこぼす
そなたはシメンこなたはゴメン
ちはやふる〱このところ神々のおゝせなら二八〇年
ミロクを通りめでたい
さあさあみなさんおんたちおんたち
も一つおまけに
ミロクを通りめでたい

と唱えられるのである。悪霊祓いの獅子舞の口上を鹿島神人が行なう。これが導入部となって弥勒歌が歌われるという順序である。『鹿島志』所収の弥勒謡が、老婆たちによって祝事や祈事のあるごとに歌われるのとほぼ同じ内容を持っているといえるが、鹿島神人の関与がこの場合きわめて明確となっている。また歌詞をくらべると、先にあげた神奈川県、静岡県下の鹿島踊のものに似る。ということは、鹿島踊の歌詞の特徴(1)〜(6)と、『鹿島志』の弥勒謡の相違は(3)〜(6)の部分が弥勒謡の方にははっきり表現されていないことを意味する。このことから、鹿島踊と弥勒謡とがある段階では別系統のものであったと類推するのは、どうも早計のような気がする。

ただ次のようには言えよう。鹿島浦の方から、踊りながら幸運をもたらすのは具体的に、下級神人たる事触であると近世の民衆の間には意識されていた。事触れ自身が、鹿島踊の歌詞にあるように、みずから米を体現するミロクを誇示することがあったように思われる。それは、鹿島踊の行列で、太鼓・鉦に続き、米(色紙)を撒く黄金柄杓の役に仮託されよう。これはかつての「十作姫蒔・弥勒米蒔く」の姿をほうふつとさせるものであろう。

ところで、一方では関東から中部一帯に、弥勒踊とよばれる民俗芸能が残っている。やはり盆を中心に踊る。一種の念仏踊といえる。老婆が中心で、円形で手踊の群舞であり、鹿島踊の練りと様相を異にしている。歌詞で特徴的なのは、冒頭に「神々の仰せなれば弥勒おどり面白や」の一句が来ることである。また「世の中は、まんご末代みろくの舟(みろくの御代)が続いた」という句が続いている。[11] 後は、先の鹿島踊の歌詞と大同小異といえる。しかし、鹿島踊と弥勒踊が別のものであったことは以前に指摘したとおりである。永田氏も、鹿島踊の現在の歌詞の分析から、かつて鹿島踊と弥勒踊が習合したことを証明している。[12] 両者の混触の度合には地域差があった。おおざっぱにいって鹿島を起点とし、内陸部(埼玉県、東京都、長野県、新潟県)に向うと、弥勒踊的要素が濃い。また沿岸部にそった地域(茨城県、千葉県、神奈川県、静岡県)では逆に鹿島踊の要素が濃いといえる。鹿島踊は神踊であり、悪神追放の神送りである。これに対して、弥勒踊は仏教の影響を強く受け、念仏踊の系譜を引くものであるが、農耕的なミロクの世を待望する内容が基本にある。鹿島踊は、宝船=弥勒舟=米を満載した舟が訪れるということで鹿島の浦へ飢饉、疫病、その他災いをもたらす悪霊を追放してしまうが、同時に鹿島神人が幸福な世をもたらす神の化現として、踊の中心となって、民衆の乱舞を引き起こすことに意味があった。これと、ミロクとミロクの代（世）を讃仰する弥勒踊が結合しても内容の上でそれほど異質なものではない。倉林正次が以前報告した埼玉県南埼玉郡武里町の弥勒踊は、倉林氏もことわっているように西角井正慶の命名からきたものである。村人はやったり踊といい、このやったりは囃し言葉なのであって、その内容は、盆に若衆たちが円陣で舞う一種の念仏踊である。[13] ところが、この踊を舞うに際し、大幣をいただいた先導者が進み出て、香取神社の前で、

神々の大伊勢なれば、みいろく踊り
おめでたや　おめでたや

と声高に唱えるのである。むしろこの後に続くのは、「世の中はまんご末代、みろくの船（または御代）が続いた」の唱句であったろう。時代的変化があって、欠落した部分が生じたのではないか。こうした現象は、神奈川、静岡県下の鹿島踊にもあることで、鹿島神人が強力に関与することで鹿島の地元で弥勒踊と称するものが鹿島踊に統一されても差支えないことなのであった。遠隔地を訪れ、鹿島信仰を喧伝する神人は、鹿島の神威をかなり高踏的に民衆の前に示す必要がある。十三姫とか十三小女郎と称する鹿島の巫女が天竺の方から来たり、鹿島の稚児や護摩堂の力を説いたり、鎌倉文化とのつながりを歌わせるのは、基本にみろく船（御代）の到来を告げる弥勒踊があって、次の二次的粉飾ということができるであろう。

それでは何故、鹿島信仰にミロクの信仰が結びついているかが、当然検討されねばならぬ問題であろう。要するに、民衆の潜在的意識裡には、この世の悪霊を追放するという鎮送呪術により、新たな世、それもミロクの豊熟な世を求める、そういった「世直し」観が存在していたことがここでは指摘できる。

世直しの観念については、近年の民衆思想史の上で追究された重要課題の一つであった。本節では、これは主として民俗儀礼の中から摘出することに意を注いできたのであり、ここで注意されることは、一つがいわゆる歳運を改めようとする意義と、それに伴う儀礼。他は、悪靈を追放するための儀礼で、これが芸能化した形態に、それをうかがうことができたのである。そして両者とも、きわめて農耕的世界の中に醸成されたものであって、この点に限っていえば、世直しとは、農耕的世界の変革というようにとらえられる。このことは、農民にとって世を改めるという意味での世直しが、豊年の世を迎えるということであり、飢饉や凶災が連続すれば、それは凶年であり、凶年を改めて豊年を求めるというごく当然の心意を基底に成立しているものといえるだろう。

とくに取越正月とか疫病送りという儀礼、それは日常化した意識体系に属するものであり、日常的意味での世直しと把握されるものだ。

鹿島踊や弥勒踊となると、民衆にとっては、ハレの儀礼に考えられている。社会現象としても一種のショー化した段階である。しかしこれら踊の本来もっている意味を考えると、最近のプロセスでは、歳運を改めねばならないとか、災厄を何としても追い払わねばならないといった危機状況があって、発生したオルギー状況が想定される。踊そのものに、脱日常性の要素を考えることによって、踊の中の世直し的要素の指摘は、すこぶる意義があるはずである。

踊の中で、オルギー状況になるという心意は非日常性を志向するものだった。それは、この世における悪しき部分の除去という一点に集約することによって、大きなエネルギーに転換する可能性を秘めているといっても過言ではない。

百姓一揆の構造の中に、悪の措定とその除去が存在することを、安丸良夫が指摘したことは重要であり[14]、民俗儀礼との対比において百姓一揆の民俗的意味の位置づけが、この際重要と思われる。本章では、そこまでの考慮がなされないのは残念だが、いずれ今後の問題としておきたい。

さて、われわれは次に今まで絶えず問題となってきた鹿島信仰そのものの性格を考察したいと考える。

(1) 平山敏治郎「取越正月の研究」(『人文研究』三―一〇、昭和三六年)。
(2) 東京女子大史学科『羽後桧木内川流域の民俗』三五ページ、昭和三九年。
(3) 前掲註1。
(4) 北慎言『梅園日記』巻五、弘化二年。
(5) 北原白秋『日本伝承童謡集成』九ページ、昭和二八年。
(6) 柳田国男「神送りと人形」(『定本柳田国男集』第一三巻、昭和三八年)。
(7) 藤沢衛彦『日本伝説集』下総の巻、一八三ページ、大正八年。
(8) その他に『雲評雑誌』巻一、『本朝世事綺談』第三。
(9) 永田衡吉「鹿島踊」(『神奈川県民俗芸能誌』上、四一七―四七五ページ、昭和四三年)。
(10) 佐倉市史編纂委員比留間尚氏のご教示による。
(11) 『海西漫録』巻二。『鹿島志』下。
(12) 前掲註9、四六六ページ。
(13) 倉林正次「弥勒踊りの一例」(『芸能復興』四)昭和二八年。
(14) 安丸良夫『日本の近代化と民衆思想』第五章、昭和四九年。

第三節　鹿島信仰の性格

一　鹿島送りの発想

鹿島神宮については、主として古代の政治史社会史的な観点からする宮井義雄の研究がある。(1) 鹿島神が元来、中臣、卜部氏族とその地域社会の神であったものが、中臣氏→藤原氏の政治的消長を反映して、中央神に成長する跡づけと、その神域膨脹と神格の発展の基礎に、大和朝廷による蝦夷経略が強く働らいている点などが明らかにされた。

さて鹿島という地に鹿島神がどのような経過で祀られるようになったのか、いくつかの考察が必要である。

鹿島のある常陸国は、「海山の利ありて人々自得に家々足饒へり」という地で、「古の人常世国といへるは盖し疑ふらくは此の地ならむか(2)」といわれていた。古代人の意識裡に「常世国」という理想郷化されたイメージがなされる所であった。鹿島は、常陸国でも東のはてに当る。『夫木抄』に「浪高き鹿嶋か崎にたとりきて東のはてを今日見つるかな」と記されており、ちょうど陸地の続きのさいはてという観があったのである。現在の茨城県大須賀村市崎か竜ケ崎市大徳に当たるという「常陸路の頭」では、「初めて国に臨らむには先ず口と手とを洗ひ東に面きて香島の大神を拝みて、然して後に入ることを得るなり(3)」として、さいはての地に祀られる神に敬意を表し旅の安全を祈る風があった。いわば大和国家の東端に当たる地で背後に海原を臨み、北方の異民族を睥睨するたてまえで社殿が異例の北向きという形がとられるに至ったのであろう。(4) 鹿島が世界の境であるという考えは、また常陸の鹿島に対置される肥前の鹿島（現、佐賀県鹿島市）の存在にも裏付けられる。『肥前国風土記』には「杵嶋郡」とあり、景行天皇がこのあたりを巡幸した際、天皇の乗った船の牂戨（かし）の穴から冷き水が出てその船の泊った処に一つの嶋が出来たので、天皇名付けてこの郡を「牂戨嶋（かしま）郡」となしたという地名伝説が記載されている。(5)『筑紫国風土記』には、「杵島の県南二里に一孤山あり坤のかたより艮のかたを指して三つの峯連なる、是を名づけて杵島と曰ふ」として、山岳名となっている。そしてこの杵島山において「郷閭の士女酒を提へ琴を抱きて歳毎の春と秋に手を携へて登り望け楽飲み歌ひ舞ひて曲尽きて帰る(6)」という有名な歌垣の風があった。ちょうど常陸の筑波山におけると同様なケースである。ところが筑波山の名称は『筑波山記』によれば後の名で、元は神島という山頂の名称があり、神がそこに降臨したことから由来すると記している。(7) つまり神島（かしま）山が本義だとする。『鹿島宮社例伝記』には、「鹿島トハ御社之御名ニモ非ズ、海辺田ノ中ニ幾程モナキ在小島、是付郡ノ名ニモ神御名ニモ顕ケルニヤ」とし「今日モ見ル東ノハテヲタズネ来テ名ニアラハル、神ノ鹿島ヲ(8)」と記している。カミシマ、キシマ、カシマといった地名伝説には、突端とか先端といった局地と、それにともなう一種の聖地観がうかがえるのである。秋元吉郎は、『肥前国風土記』の杵島山と『常陸国風土記』の筑波山についての記述の類似性を指摘しているが、これは、後世の潤色と割り切るより、このように類似させるような感覚が東西かけはなれた地に同質的に示されたことが注目されよう。西端の鹿島は松浦郡値嘉郷に隣接する。値嘉郷には旻楽崎、美楽崎（現、美井楽町柏崎）とよばれるちょうど常陸国鹿島郷鹿島崎に対応すべき西のはてがある。「遣唐の使は、此の停より発ちて美称良久の埼に到り、此より発船して西を指して度る(9)」とあるように、遣唐使はこの地を境として異郷への長い旅路につくのであった。能因法師の『坤元儀』に「肥前国ちかの島、此島にひひらこのさきと云所あり、其所には夜ともなれば死たる人あらはれて父子相見る」とある「ひひらこのさき」は源俊頼の「尼上うせ給ふて後みみらくの島のことを思ひてよめる」という詞書に始まる「みみらくの我日の本の島ならばけふもみかげにあはましものを」[10]の歌中の「みみらくの島」を意味している。康保元年（九六四）実母の死にあった『蜻蛉日記』の作者も、僧どもが念仏のひまに亡き人に会えるというみみらくの島のことを語るのを聞いたという記載がある。柳田国男がこのみみらくの島をして根の国との境としたのもまことにむべなるかなと思われる。[11]いわば日本の西端にあたる鹿島いったいが、死者の国＝根の国との境に該当するとするならば、東端の鹿島は正しく常世国であり理想郷に真近い境としての意味が古代人の心意に存していたのだろう。

東のはてなる鹿島のそのさきは、はるかな大海原である。その海のかなたから神が訪れるというシェーマは日本民俗学が以前から追究してきたことであるが、ことに常陸、房総の太平洋沿岸にかけて漂着神伝説の多いことは、松本信広がすでに立証した。[12]常陸国大洗の磯前明神の神体石は有名な漂着神であるし、鹿島神宮の末社蚕霊神社には貴種が桑樹の小舟に乗って鹿島に漂着するといううつぼ舟漂着談を持っているという。[13]また『鹿島志』によれば、摂社息洲社の剣座祭は「四月十三日の祭也、祭のおり、神官等海のかたに向ひて拝す、こを海原の神事といへり」[14]というもので、海上の彼方に何ものかを求めていたことを暗示している。後述する鹿島神宮寺の開祖万巻上人が、鹿島明神の夢想を得て、本地仏を求めて補陀落に渡り、椎の木を三個伐て海水に浮かべたところ、この木が鹿島浦にたどりついたので観音像に刻んで本尊にしたという縁起も語られている。[15]鹿島崎は荒海で潮流の関係から古来、いろいろなものが流れ着いた。碁石が多数集まる浦があるし、明治末までは貝が見渡す限り寄り集って丘陵となり幅一町二町にも及んだという。[16] 難破船の多かったことは大船の残骸が浦にあることを記した『常陸国風土記』によっても知れるが、さらにここから北上を目指す船の航海の安全を守護する霊験も当然説かれてくる。揖取からくる香取神が航海神であることはいうまでもないが、大神が鹿島大宮司中臣鹿島連をして舟三隻を作らしめるため舟を海から丘へ、丘から海へと自由に操った霊力談、[17] それを縁起として現在なお行なっている鹿島から香取へ神の巡行を意味する御舟神事などが航海神としての性格を物語っていよう。[18] 世にいう「鹿島立」とは、長旅に出立する際、無事を祈って鹿島神の加護を求める習俗であるが、[19] 元は、東のはて鹿島からさらに遠く道をのばす際の守護を求めるところから出てきたものである。ことに大和国家の東北経略の海上交通上の要衝としての位置がさらにそれを広く宣伝させたものといえよう。

かくて、鹿島神の水辺にあって航海を守護するという性格は、その水辺の地域が現実世界の東のはてであり、夢に描く常世国という別世界との境であるという認識から、その地へはるか海上の彼方より神の示現を仰いだという思惟を基盤に多様な展開を示すことになる。

さて神送りの習俗というのは、神無月に各地の神々すべてが出雲に集合するという伝承を指すが、これは近世期以降の解説であり、本来は各々の閉鎖的共同体内部の諸々の悪霊を外界へ追い払う行事であった。生活の順調な進展を阻害する悪神を御幣や形代にこめて村境まで運んで行く行事は、出雲信仰伝播以前のごく普通の姿であった。神送りの一つのタイプに鹿島送りがある。秋田県大曲町では旧五月二七日に柴で舟形を作り、この舟に鹿島サンという人形を作って乗せ川へ流すという。[20] 青森県津軽地方の深浦でも四月八日に沢山の鹿島人形を作って小舟にのせ笛太鼓で噺し廻った後、海へ流した。千葉県君津郡亀山村（現、上総町）にも藁人形（鹿島人形）を作って路傍に飾り後に棄てることをしていたという。(21) 茨城県では旧七月七日に粟稈で人形を作り人形の腹の所に団子を入れ、門口に立てておくことをカシマノリ（鹿島禱）といった。『新編常陸国志』には七月一〇日に同様な行事をしたことを記し、これを「鹿島大助（オースケ）」とよんでいたという。(22) 鹿島＝さいはての地という意識が鹿島信仰伝播とともに、悪霊を人形に籠めて、鹿島の方へ流してしまうという解説を作り出した。これは関東から東北一帯に広がる鹿島送りが鹿島御子神社の分布と一致する点からも推察されよう。先にも触れた鹿島の摂社息洲社の神事に祓の具として海原人形を紙で作り海上はるかに流してしまう神事がある。これも各地の神送りと同じであるが、各地から送られた悪神を一括してはるか海の彼方へ追い払ってしまうという意味も考えられて興味深い。

二　鹿島信仰の預言性

鹿島の地へ示現する神は、はるか海上の彼方から来たという伝承に対し、天から降臨したのだという異質のものも語られている。鹿島神の枕詞は「霰降る」というがこれは異常な天然現象に関連づけたところに特色があろう。『常陸国風土記』に記載された「沼尾池」（現、鹿島町沼尾）や、『鹿島宮社例伝記』記載の境内にある降池は、ともに鹿島神が天から下って御座した神聖な池との伝承を持っている。神が天より下るか、海から訪れるかは神話学の範疇に属するが、ここでは先ず鹿島神にこの両面からの性格が附与されていることが問題となろう。そして信仰が発現していく際にどちらかの性格がその時や場に基いて強調されるわけである。前節で指摘した水辺の守護神としての性格や、悪霊祓いの鹿島送りなどはその根底に海から訪れる神に対して意識された儀礼といえる。ところで「霰降る」鹿島神は、激しい自然現象を予測せしめる。たとえば鹿島神が叙位叙勲を嫌った兆として、

「正一位勲一等之額、第二之大鳥井懸ケレバ雷雨俄ニ鳴動シ其額降落」[23]という伝承はその一例となろう。

鎌倉時代、頼朝が鹿島神宮を深く尊崇したことは、しばしば彼が社領寄進をしていたことから明らかである。[24]藤原氏とその消長をともにしていた鹿島神宮も、かつての東北経略に因む軍神的要素が、東国支配に武威を誇ろうとする鎌倉幕府の精神的背景の一役を荷うことになった。『吾妻鏡』に、

建久二年十二月廿六日庚子去廿二日子剋常陸国鹿島社鳴動如二大地震一聞者驚レ耳　是為三兵革并大葬兆一之由弥宜中臣広親所二註申一也　幕下源頼朝有二御謹慎一別以二鹿島六郎一被レ奉二神馬一[25]

とある記載は、そうした結果、鹿島神に戦乱の予兆を見た事情を記している。鎌倉幕府の命運をかけた源平合戦に際しても、

當所神為レ追二罰義仲并平家一赴二京都一御云々而同廿日戌剋黒雲覆二宝殿一四方悉如レ向レ暗　御殿大震動鹿鶏等多以群集頃之彼黒雲亘二西方一鶏一羽在二其雲中一見二人目一是希代未聞奇端也[26]

とことさらに兵乱時の鹿島神の霊威を説いた。この奇端は当時の人々に、「鹿島大明神御上洛」として盛んに取沙汰されたという。奇端が予兆として考えられる風は、頼朝政権とのつながりばかりではなかった。同じ氏族に属する大宮司家と藤原氏の関係からも、当然、藤原氏中心の公家社会にも鹿島の予兆が影響を与えていた。『鹿島宮例伝記』に、

不開御殿瑞籬之辺リニ、八神木共八本ノ在神木其中イミジク大キナル神藤有リ、御社方様綻懸余多之梢蔓紫花色。年毎ニ夏懸、神徳深キ色顕、子葉孫枝春末夏始不替御神恵跨発綻、摂録之家事之吉凶有トテハ必花発不開、其子細言上、下咲年天下当国之吏務誠（誠歟）有事云ヘリ、又五穀不熟ト云ニヤ、専可抽精誠[27]

とあるのは、鹿島の神樹藤の花が藤原家の命運を予兆することをのべ、またそれがたえず期待されていたことが明らかとなっている。

鹿島神のこうした予兆性は、その周辺に住む神人たちによりことさらに宣伝されたのである。『鹿島志』（下）の「いにしへは禰宜のうち卜部の家あまた有て年中の吉凶を卜て朝廷に奏聞せしと也[28]」とあって卜部氏の卜定を記している。『鹿島宮年中行事』の正月四日の項に、「歳山祭」のことが記されているが、これによると、

是大宮司毎年木札ヲ認出長八寸、横三寸弐分、劔形ニ作ル文段有リ、十吉合札之正中ニ三字書付、扨年号日付〆大宮司中臣連実名書之　是祭事ハ本社東西南北四方ニ当、無幾程神木ニテ椎木有　此椎木其年之明之方ニ当リタル木之本ニテ祭役人之社家等火ヲ打付焼椎ノ枝ヲ折取、焼火ニカザシ火ヲアテ、件之木札ヲ紙ニテ包ミ　ヨリニテ結椎之枝少札ニ指添大宮司宅明之方軒ニ指テ置、是亀卜ヲ勤行是時之灵験トナシ[29]（下略）

とあって、神樹椎木を正月四日の歳山祭に切り出し亀甲の占いに際して用いていることがわかる。亀甲が鹿島の主要な神事であったことは明らかである。「鹿島神宮古文書」の「天葉若木枯事注進案」には右の神樹についてふれ、「爰奉㆓行神事㆒之刻、採㆓用件木枝㆒事多之所謂正月四日歳山并毎月廿七日吉凶御占及御物忌初任之時以㆓彼木㆒為㆑薪焼㆓亀甲㆒就㆓其験㆒令㆓撰補㆒者也[30]」とあり、吉凶占いが定期的に行なわれたことを示している。この際、「御物忌」という神役が重視されていることが注目される。

『神道名目類聚抄』には、

鹿島神宮ニ物忌ト云女官ヲ定ル時ニ亀ノ甲ヲ灼事アリ、女子ノ七八才以上十二、三才以下イマダ経水アラザルモノヲエラビテ物忌ニ定ムアラカジメ件女子ヲ以一百日神事ヲツトメ満ズル日神前ニ鼎ヲ立、亀ノ甲二枚

ヲ設各女子ノ名ヲ記シ是ヲ鼎ニモリテ早朝ヨリ暮ニ及マデ是ヲ灼、物忌ニ定ベキ女子ノ名ヲ記セル甲ハ少モ灼損ズル事ナシ(31)

と記されている。この物忌というのはすなわち巫女であり、神事においてもっとも神聖な存在である。託宣を述べる巫女の存在は日本に普遍的であるが、鹿島信仰の枢軸に巫女がいることは、鹿島神の一つの性格づけともなっていよう。『鹿島宮社例伝記』は、さらに、

本社ヨリ南ニ当リ荒祭ノ宮トテ有、大曲津命ヲ祭、俗跡ノ宮ト云、是神野ト云里也、此傍ニ女一人有、神主以亀卜定之、授当社神符為物忌職、如何ト云ニヤ、毎年正月七日夜至丑ノ刻、本社御戸ヲ開正ス、大小之神官等内陣ニ奉納幣故、物忌去年奉幣取出、当年之幣納置事、是出納之役ト云

とあって物忌の神聖な職掌をのべている。この物忌の住む神野ノ里は、鹿島神が最初に降臨したところであるとの伝承もある。現在の社地は後世の移動した所である。この神野の里の、物忌の周囲に「秋谷部」なる住民がいた。『新編常陸国志』によると、秋谷部とは、

鹿島物忌職ノ被官ノ百姓ニテ鹿島郷神野村ニ住セル、神野旧名秋谷ト云、彼地ニ物忌旧来知行ノ所アリ、「物忌在代々屋敷一町八段秋谷内二段□□□六段跡宮一町」大宮司文書仁政元年摂政家下文、物忌ノ所役ニ従フ時ハ素袍ヲ着ス、常ニ相呼テ殿原ト云(中略)此氏人十五以前ヲ百人乃至五十人ソロヘテ明神ノ御前ニ御物忌焼ト云コトスルナリ(32)

と記されている。すなわち物忌の所役として神事をつとめ、物忌焼というから物忌中心とする亀甲の占いにも携わったものと考えられる。およそ鹿島神人といわれるものは『鹿島大神宮諸神官補任之記』(33)によれば大宮司、大

禰宜、物忌以下八四名でそれぞれ正式な職掌が与えられ存続してきている。また、『常陸国風土記』には、「神戸は六十五烟なり」とあり、天平宝字二年には、「鹿島神奴二百十八人便為二神戸一(34)」、神護景雲元年には、「放二鹿島神賤男八十人女七十五人一従レ良(35)」と一五五名の神賤が良となったが、宝亀四年六月には、「常陸国鹿島神賤一百五人自二神護景雲元年一立レ制安二置一処一不レ許二与レ良婚姻一至レ是依レ旧居住更不二移動一其同類相婚一依二前例一(36)」として、一〇五人の部民が神奴、神賤の下級神人を構成してきた。もちろん、現在の神官八七名はこれとは別に上級神人として存在し階層性を保持していたわけである。ところで人数の点から見ても、物忌の管轄下の秋谷部民が神賤の位置にあったことが推察されよう。またこの外にも、鹿島にはエビスとよばれる二十戸の部民がいて、「良ト婚スルコトヲ得ス(37)」ということで、獅子舞・俗大神楽を演ずるのを業としていた。愛知県碧海郡あたりで鹿島獅子というのは、この類の者たちであったろう(38)。

いっぽう託宣を述べる巫女の類も、先の物忌と称される上級神人だけではなかった。たとえば、摂社の息洲社の末社に「有天宮社、是ヲバ俗手子妃ト云」とあり、これに因んで「天下ル神ノ少女子世ニモ又雲ノ通路行カヘルラン(39)」という歌が詠まれているのをみると、手子妃になぞらえられる巫女の存在も考えられてくる。鹿島近辺で、「モリコ」というのは、近世に多く現われた市子のことで、梓弓を持ち口寄せを業とする巫女であった。「神モリコト云ヘルガ祈請シテ物ノツキタルサマシテ、託言ヲナスヿアルモ亦同遺風ト見ユ(40)」とあるのはそれで、シャーマン風の神がかりをする巫女が多くいたことがわかる。物忌はまたモリコにも通ずるわけで、鹿島のモリコである物忌が一頭他を抜きんでてその託言が重んぜられたことも類推され得るのである。

現在も行なわれている神事の一つに、四月の祭頭祭がある。これは仏教と習合して常楽会の名称ともなってい

る。『新編常陸国志』では、二月一五日の行事となっているが、

祭頭ノ式ハ郡内六十六村ヲ左右ニ頒テ三十三村ヲ左方ト定メ三十三村ヲ右方トシ毎年二村ヲ以テ左右ノ大頭トシ其大頭ニアタル一村、ソノ所ノ寺院ニ大神ヲ勧請シ其日ヨリ住僧殊ニ斎戒厳重ニシテ一百箇日ノ間行程ノ遠近ヲ厭ハズ晴雨ヲ論セズ本宮ニ社参スルヿナリ其祭日ノ暁天ニ先左方ヲ以テ本宮ノ神前ニ至ル其行装厳重ナリ、前ニ児アリ鳥毛様ノ物ヲ被ル俗云ササラ獅子ニ似タリ、之ヲ祭頭坊主ト云、夫ヨリ驍壮ノ士数百人乱髪ニ鉢巻ヲシメ襦袢ヲ着シ襷ヲカケ百挺ヲ手ニシ左右同ク大声ヲアゲ供養ニ列ス(41)

と記されている。興味深いことは、鹿島郡の村々と鹿島神との直接的な結び付きである。「祭頭坊主」とよぶ児(ちご)は、七、八歳で新発意(しんぼち)ともいった。きわめて仏教色の濃いように見えるが、この行事には卜部氏が参加し、終りに託宣を聞く風があった。(42)七、八歳の児はおそらく神の憑依の存在であろう。元は巫女のなすべき役割であったことが推察される。右の記事は近世の様子をよく示しているが、その本質は地域社会挙って鹿島神の託宣を要請する行事であった。参集者が雄叫びをあげるのは、神を招く前に行なう所作として理解されるものであろう。なお、現在の各村ごとの祭祀組織を詳細に調査する必要があるが、本節ではそこまで及ばない。ただ鹿島神の託宣が地域社会の宗教生活に根ざしていることを指摘するに止めておきたい。『人倫訓蒙図彙』に「毎年鹿島の神前にて行ひのことあり(中略)吉凶を示したまふとかやその告げを知らせたることは神官の役也」と知られた託宣は、卜部、物忌を中心に告げられ、やがて鹿島の事触として世に宣伝されていく。『塩尻』に「鹿島の事触の事触流しにまはる禰宜三十六人に極め毎年十二月八日十二口の湯花あり其節告の趣を諸国に触まはるとぞ(43)」とあるのは、鹿島の先述した下級神人たちから三十六名選ばれて、託宣を諸国に告げる、すなわちたんなる地元の地域社会を

超越して鹿島信仰が伝播する様子を示している。嘉永六年の『近世風俗志』には、鹿島の事触れが喜田川守貞の幼年の頃に大阪に来たことを記し、

> 折烏帽子に狩衣着せる神巫一人襟に幣帛を挟み手に銅拍子を鳴し鹿島大明神の神勅と称し当年中に某々の天災あり或は某々の疾病流布す免レ之と欲せば秘符を授くべし等の妄言を以て愚民を惑し種々の巧言を以て頑夫を欺き（下略）

と事触れを知識人の立場からの批判の対象にしている。「鹿島の事触、社人体の者あやしき事を申」(44)という情況は近世中期以降の理解である。喜田川守貞も右の事触れが「実に鹿島より来るにはあるべからず」と説くように、近世宗教社会のいたる所に見受けられた事触れは実は鹿島神人の偽者であったらしい。寛文一〇年（一六七〇）夏に、鹿島神宮側で大宮司則敦が偽者の多いことを怒って寺社奉行に訴え、濫りに人が事触れを僭称することを厳禁することになり、以後、「祈禱一偏ヲ業トシ札守等ハカリテ配ルヘキニ定マリ大宮司ヨリ簡札ヲ得テ只符札ヲ檀越ノ家ニ配リコレヲ以テ業トスコレヨリ事触ノ称ヲ止メテ御師ト称ス、然レドモ尚神官ノ中ニ列スルコトヲ得ス」(45)と定め、事触れの真偽の別を定めようとした。事触れは神官に列する類ではないから、やはり先述した秋谷部に代表されるがごとき下級神人の活動と見受けられる。かくて事触れの名称はいちおう消滅したことになるが、「当世偶江戸及都ノ地ニ出テ先ノ業ニ擬シ路頭託宣ヲナシテ事触ト称セル者アリ、コレ皆鹿島ノ地ヨリ出ル者ニアラス」(46)というから、なお民衆の側から見ればその存在は簡単に失ないたくないものであった。これというのも、鹿島の地で行なわれる預言が民衆生活の方から常に期待される何かをもたらしてくれるものと思われていたからなのであろう。

三　鹿島の弥勒仏

弥勒私年号と弥勒踊の二点から、両者の中心に鹿島があることはすでに指摘した。かりに仏教的側面からの検討を進めるなら、やはり神仏習合後の鹿島神宮寺による信仰面を注目する必要があろう。

現在神宮寺址は真言宗鹿島山金蓮院であるが、創立者は修行僧満願という。『類聚三代格』嘉祥三年八月五日の太政官符に、

応ニ随レ闕度ニ補鹿嶋神宮寺僧五人事一右検ニ案内一太政官去承和三年六月十五日下ニ治部省一符偁得ニ常陸国解偁神宮司従八位上大中臣朝臣広年解偁二云天平勝宝中修行僧満願到レ此、為レ神発レ願　如建ニ件寺一奉ニ実大般若経六百巻図書仏像一住持八箇年神以感応而満願去後年代已久、　無ニ人住持一伽藍荒蕪今部内民部須弥麻呂等五人試ニ練読経一良堪レ為レ僧、望請特令ニ得度一住ニ件寺一者

とあり、満願以後衰微していた神宮寺のことが記されている。この満願なる者は、『鹿島宮社例伝記』によれば、

此満願上人当社氏人之中ヨリ出タルトモ、或ハ箱根定楢郷ヨリ出ル人共云、其名ヲ京仁ト云リ、方広経毎月一万巻ヅツ読誦セシカバ万巻トハ云リ、天平宝治年中箱根山ヲ巡礼シ、則建立之、七十余歳山ニ住シ嵯峨天皇御宇天長地久唱其声都響云々

とあり彼と箱根山との連がりが明らかにされている。『筥根山縁起』にも、「高野天皇天平勝宝元年巳丑万巻僧名詣ニ常州鹿嶋霊社一建ニ神宮寺一年経ニ人秋一而令ニ住持一」といった関連記事が認められる。マンガンはマンコウなどと同じように、平安末頃より広く民衆と接した聖を意味している。したがってこれが一般名詞であることは明ら

かで、後世伝説化された一人の行者と見なされよう。箱根山は古代以来の伊豆走湯山権現にかかる著名な修験の根拠地であり、そこで行をしたという修験が鹿島と関係したという事実は指摘されよう。ただそのように解説したのは、鎌倉時代以降と推察される。鎌倉幕府の箱根権現信仰は著名であるから、鹿島神を軍神と見なしてこれを尊崇させる立場に合わせて神官側が潤色することは十分考えられる。『鹿島明神縁起』には本尊の本地仏は十一面観音であるとする。(47)『鹿島宮社例伝記』ではさらに、「本尊丈六之釈迦如来、脇立十一面観音自在菩薩有弥勒菩薩ニテ建立後三百八十年ヲ経」と記されている。これは嘉保元年（一〇九四）に火災にあって、嘉承元年（一一〇六）に神主則景が造立供養を行ない、建久二年（一一九一）の時に「外陣之中尊地蔵菩薩、脇立不空羅索十一面観音御座ケル」とあって、その後現在の址に移ったときには、「十一面観音薬師如来地蔵并不動明王毗沙門天皇是也」(48)と持仏に様々の変遷が見られる。本尊脇立三体については、満願上人が鹿島浦に漂着した椎木で彫ったという伝説を持っているが、当初の脇立の弥勒菩薩にこの伝承が直接つながるか否かは興味深いところである。

鹿島には真言宗関係の寺院が圧倒的に多いが、神宮寺と並ぶ根本寺は近世以降臨済宗となった。この根本寺は「本尊薬師如来左右釈迦弥勒三尊坐像各台座ヨリ後光迄一丈四尺脇立不動毘沙門立像一丈」(49)とありいずれもこれらの仏像は聖徳太子作と伝えている。修験が関与した痕跡は、不動尊像などに見られるが、弥勒踊の歌詞にある「鹿島の護摩堂」は、護国院と称した。「鹿嶋神宮古文書」に、戦国期に近辺の土豪たちがしきりに「天下安全御祈禱」を護摩堂に依頼したことが記されている。(50)ことに佐竹氏の庇護をよく受けたらしく、『鹿嶋長暦』には、佐竹義久が施主となり、文禄二年（一五九三）八月一八日に護摩堂と不動堂拝殿の修造を行なったことが記されている。(51)護摩堂と不動堂は密接して真言系修験の呪法の場であった。中山信名が鹿島の護符に弥勒が記されていると述べていることは前に指摘した通りであるが、元来真言宗系統は弘法大師信仰から弥勒出世を説くことがあり得たからそういう機会の存在は十分認識し得るであろう。仮に鹿島修験と一括できる集団があったとしても、鹿島神宮寺の勢力は神宮支配下の一部に過ぎず、その大がかりな展開は見られていなかった。[52] 神宮寺は戦国時代に勢威をもち、文明年間、順誉大僧正が中興の祖といわれ、彼の死後、諸人で狂疾にかかる者、瘧病を患う者が祈れば霊験あらたかであると宣伝された。[53] 建長二年（一二五〇）八月一日には、神宮寺本尊が汗を流したことが何かの予兆と考えられたりしたが、[54] それ以後とくに話題をよぶことはない。修験の存在も近世にはほとんどなく、妙王院で二階堂大先達と称する修験が触頭としてこの辺一帯を管轄していたが鹿島との関係はほとんどなかった。[55]

結局、仏教的弥勒と鹿島との関連を示す材料は、弥勒菩薩、真言宗系修験、神宮寺などの関連から垣間見るに過ぎず決定的なものに欠けている。弥勒私年号や弥勒踊に一時的に右の諸要素が強調されていても、それはたんなる表面上の現象に過ぎないのではないかという疑問に逢着するだろう。

四　鹿島信仰の多元性

以上述べてきたところを整理すると次のようになる。まず鹿島という地に対しては、鹿島立、鹿島送りといった儀礼に示されるような現世と他界との境目に当たるというような意識があった。その最果の地にはるか海上の彼方から訪れる神があり、世界の端から諸人に対し吉凶を預言し、人々は絶えず幸運をそれに期待した。中国から伝来した仏教の中、未来を約束する弥勒下生信仰は、右の伝統的思考と融合することにより、鹿島信仰と深く結びつく可能性があった。弥勒私年号と弥勒踊がその典型的例である。弥勒踊には、弥勒が稲米であり、豊作を意味する言葉となって現われ、それはまた海上から訪れて鹿島にまず出現しそれから全国に波及するものと考えられた。元来、鹿島信仰の預言性には、中臣氏→藤原氏、鎌倉幕府、在地土豪の支配者層にも期待され、とくに武士階級にとっては軍神として崇められる性格も存した。しかしそれは表層面の事実であり、潜在的にはあくまで民衆の側に密着していることは明らかであろう。民衆といえば、多く農・漁民である。彼らにとっての幸運は豊熟な収穫であり、大漁である。弥勒踊がそれを明確に歌い込めたことは周知の通りであるが、鹿島神自体にも農神・漁神的要素は多分にあった。周辺の漁村で舟を扱う者を中心に航海安全から大漁を約する漁神としての機能は久しいものがある。いっぽう、五月五日は『鹿島志』によれば、「この日大宮司大禰宜より八乙女二人を出せりともに神前にまうづ、いずれも童女にて注連引たる笠を冠れり、こは御田植の神事也」とあり、巫女を早乙女として田植神事をなしたことがわかる。『鹿島宮年中行事』では、先の祭頭祭＝常楽会について、これが「大願成就、五穀豊穣」のために施行されるのだと云い、『鹿島宮社例伝記』では七月の大祭について、「此祭事　諸神官等大小の諸人、至山野ノ住民、海浜泉郎　大形於奉念相邪神気長世上ニ可得災難　多風雨災　諸五穀不熟ト云々」と記している。ともに農作の出来不出来を司る神としての意識を認めることができる。したがってミロクの穀霊的要素もまた鹿島信仰と容易に結び付いてくるのであった。

周知のように、民衆の描く豊熟な社会をミロク世という。いたって素朴なユートピア観であるが、苦しみながら生活を切り開く人々にとっては、その実現への期待が常にあり、具体的に鹿島に救いを求めていたのである。何とかその霊験で救って貰おうとする呪法は、消極的な形で鹿島送りとなり、事触れとなった。寛永年間の疫病流行に際し鹿島踊、弥勒踊が盛行したのもその一つであるし、飢饉時に、鹿島神が天から降った場所という神池の藻が繁茂し、それが救荒食物の役割を果たし、多勢の人を救ったといわれるのも具体例となろう。(56) 鹿島神の枕詞の「霰降る」は天然現象を司る性格を意味する。風雨を左右する雷神が農神的裏付けのもとに成立する。天の鳴動が地の鳴動とつながると考え、雷神は地震とも関係するという解釈も生まれた。鹿島の地の鳴動が天下の凶兆と見なす意識は神官の宣伝ではあるが鎌倉武士たちの信ずるところとなっていた。『吾妻鏡』に、

寛喜三年七月七日壬辰地震、今日大進僧都観基修二薬師護摩一天変御祈也晴幸奉二仕地震祭一云々　九日甲午晴今朝駿河二郎泰村為二奉幣御使一進二発常陸国鹿嶋社一是為二天下泰平御祈一也(57)

とあるのは、そうした結果の現われである。地震を理屈づけて、「陽気地中にこもりて陰気にをさへられ、出ることあたはされば地中にて震動するゆへ地ふるふ(中略)震の赴は二陰の下に一陽あり陽のぼらんとすれども陰のためにをさへられてのほりえざる時震動する也地中にしては地震ふなり虚空にしては雷となるその理一也」(58)とし、雷現象と同義とする解釈は近世の知識人に普遍的なものであった。鹿島神の雷神的要素が、地震を押さえる神であると考えたのも近世以降に普遍化したものである。『鹿島宮社例伝記』で「奥之院奥石の御座有、是俗カナメ石ト云、号山ノ宮トモ、大明神降給シ時　此石ニ御座侍」とし「常州殊地震難繁国石御座有ケルニヤ為地震不動故、於当社地震不動」と記しているのも、国石つまり要石とよばれる神座石で地震を押さえつけるからだという解説を行なっている。したがって近世各地で地震が起こると必ず鹿島へ祈禱した。寛文二年(一六六二)京都大地震では御所から、安政二年(一八五五)の大地震には江戸幕府から祈禱があり地震も止むとされたのである。(59)

このように、鹿島信仰の内容は多元性に富むものであった。しかも、この性格は古代から連綿として形成されてきたものであり、時代時代に応じて、時の政治権力といちじるしく結びつくところはあったが、根底に流れる

のは、きわめて民俗的要素であったといえる。日本の伝統的なミロク信仰がそこに結びつき得たのもそうした鹿島の潜在的信仰要素にもとづくからである。ここでさらに節を改め、前節で述べた民衆の世直し観と鹿島信仰の関わり合いを追究して行きたい。

(1) 宮井義雄『鹿島香取の研究』昭和一五年。
(2)(3) 『常陸国風土記』(秋本吉郎校註『日本古典文学大系』二所収、昭和三三年)。
(4) 『鹿島宮社例伝記』(『続群書類従』巻七二、神祇部七二所収、近世の作と思われる)。
(5) 『肥前国風土記』杵嶋郡条(秋本吉郎校註『日本古典文学大系』二所収)。
(6) 『肥前国風土記逸文』、『筑紫風土記』今井似閑採択。(秋本吉郎校註『日本古典文学大系』二所収)。
(7) 中山信名編『新編常陸国志』巻十二、風俗の部、明治四四年。
(8) 前掲註4参照。
(9) 『肥前国風土記』松浦郡値嘉郷条。
(10) 『散木奇歌集』第六(または『万葉集名処考』)。
(11) 柳田国男「根の国の話」(『海上の道』所収、昭和三六年)。
(12)(13) 松本信広『日本の神話』昭和三一年。
(14) 鹿島神宮神官撰『鹿島志』文政六年。
(15) 津村正恭『松屋筆記』巻十。
(16) 田中楳吉「鹿島の崎」(『郷土研究』二—四、大正一〇年)。
(17) 前掲註2参照。
(18) 和歌森太郎、堀一郎、正木篤三「鹿島神宮式年御船祭拝観記」(『教学』九—八・十、昭和一八年)。
(19) 『近代世事談』巻五、雑事。
(20) 田口松圃「鹿島舟と鹿島祭」(『民族』三—四、一七三ページ、昭和三年)。

(21)『綜合日本民俗語彙』一巻、三四九ページ、昭和三〇年。
(22)前掲註7参照。
(23)前掲註4
(24)『吾妻鏡』第二、「養和元年九月十二日卯、以₂常陸国橘郷₁令₃奉₂寄鹿嶋社₁」(下略)」
(25)『吾妻鏡』第十一。
(26)『吾妻鏡』第三、元暦元年正月廿三日の条。
(27)前掲註4参照。
(28)前掲註14。
(29)『鹿島宮年中行事』(『続群書類従』巻七二、神祇部)。
(30)「鹿島神宮古文書」(佐伯有義編『神祇全書』四、明治四一年)。
(31)佐伯有義編『神道名目類聚抄』六、雑部。昭和九年。
(32)前掲註7。
(33)神宮社務所編『鹿島神宮誌』昭和一一年。
(34)『続日本紀』二十一、淳仁天皇紀。
(35)同右、二十八、称徳天皇紀。
(36)同右、三十二、弘仁天皇紀。
(37)前掲註32参照。
(38)『綜合日本民俗語彙』巻一、三四八ページ。
(39)前掲註4参照。
(40)前掲註7参照。
(41)『新編常陸国志』巻七、神社の部。
(42)前掲註1。

(43)　天野信景『塩尻』巻十二。
(44)　『続飛鳥川』(享保—文化年間)。
(45)(46)　前掲註7参照。
(47)　近藤喜博編『神道集』(河野本)。
(48)　前掲註4。『新編常陸国志』巻七、仏寺部。
(49)　同右。
(50)　同右、巻十四、文書部。
(51)　宮本元球編『鹿島長暦』後陽成天皇の条。
(52)　前掲註48参照。神宮寺は朱印地一三〇石、大末寺三、平末寺一八、と決して大きなものではない。
(53)　『常陸志』第一。
(54)　『吾妻鏡』第四十。
(55)　前掲註48参照。
(56)　『常陸志』第一、附録年表。
(57)　『吾妻鏡』第二十八。
(58)　中山三柳『醍醐随筆』下、寛文一〇年。天野信景『塩尻』巻二十四など。
(59)　岡泰雄『鹿島神宮誌』昭和八年。

第四節　地震と世直し

第一節・二節から、われわれは、民衆の潜在的意識としての「世直し」について、次の二つの型を提出できた。一つは、年（世）の終りから初めにかけて、この年の豊作を予祝する豊年祭（または正月行事）に表出する型である。仮にこれを豊年祭型と名づけよう。他は、悪事を速やかに放逐する神送りと結びついた型である。仮にこれを神送り型と名づけよう。二つの型とも、農耕儀礼を基底に置いている。ところで年・世に表現される世界は稲作の生産に律せられる。後者の場合は、稲作の順調な生産が阻害されたために生じた諸々の災難を追放するために行なわれる「世直し」であるから、前者の場合の副次的所産としての意味もあろう。

豊年祭型の「世直し」は、年の交代時にくり返しくり返し意識されるものである。神送り型の「世直し」も災難の多い時期に求められるが、やはりそのつどくり返されることに変わりはない。二つの型に示される「世直し」に求められる世は、ミロク世という理想世であるが、その実現のための民衆の積極的な意思表示があるわけではない。静態的な「世直し」の表現といえる。というのも「世直し」に付随する終末観の欠如の故といえる。諸民族に伝承される「世直し」は多く終末観が伴なうことは周知の通りである。日本の古代末期には、仏教の説く末法思想があって貴族社会が鋭敏に反応したことは、著名な歴史的事実となっているが、一般の民衆がどうであったかは不明確のままであった。社会不安の連続と高揚があれば、漠然としていても、民衆がこの世の終りを意識することは、当然あり得よう。ただそれが体系だった形で記録や伝承に定着しているとはいえない。

ところで地震・大噴火・大津波・大洪水など自然界の極端な破局は、そのまま素朴な民衆の日常生活の破壊を導いたから、そこにこの世の終末を明確に認めたことが、これらに関する民俗資料からうかがうことができる。以下、主に地震にまつわる終末観に対して、叙上に指摘した「世直し」がいかなる型をもって反応するか検討することとしたい。

大地が鳴動し、噴火・地震が起こる情景を「坤軸のくだくる時、世界泥の海になるとやきさし(1)」とか、「大地を動し高山を震崩し、大河之流を留め土中より泥水を吹出し、剰人馬多く為致死失(2)」といった具合に描写することは、この世の終りが泥海化することを予測させるものであろう。『耳袋』巻五にも、次のような狂歌がのせられている。

土佐衛門に君はなるへし千代よろす万代すきて泥の海にて

これはたまたま江戸の市井で作られた狂歌であるが、末世を泥の海と表現しているところが興味深い。こうした泥海を予測させる地震が起こると、明治・大正頃までよくいわれた唱え言に「世直り世直り」といったり「万才楽万才楽」といったりした(3)。文政一〇年（一八二七）の京都大地震の時加茂末鷹の狂歌で、大変を太平と書いて、「世直して国もゆったり家もゆったり」と詠んだことが『日本地震史料』に記載されている(4)。江戸時代中期ごろから盛んに出版されていた「世直り草紙(5)」や「世直りちょぼくれ」の題から察せられるように、地震観として世直り＝世直しが、意識されていることは興味深い。「万才楽」と唱えるのも、やはり、年の改まりの「世直し」につながる表現といえよう。

諸民族の伝える地震伝説の中で、地震を起こす動物として、蛇、虫、犬、魚が比較的多い。日本の場合は、魚族の中の鯰が知られている。西川如見の『万物怪異弁断』(正徳三年〔一七一三〕)によると、「地震の魚ノ説世説ニアリ、伝説ナルヤ、風大時アッテ自ラ起ルトアレバ、風ヲ以テ魚トセシモノ歟」とあり、当時の科学的観察の中でも、地震の原因の一つとして、鯰説が弘布されていたことがわかる。安政二年(一八五五)の大地震の直前に河筋を漁していた男が、鯰が騒ぐのを知って、「帰宅して庭上に莚を敷、家財道具を出して異変の備をなせり」[6]というほどであった。地震鯰の説は、近世に民衆の間で口碑となって云いならわされるようになったが、鯰は古来から変災を予知する存在として知られていた。

『今昔物語集』によると、大きさ三尺ほどの鯰が寺の瓦の下に閉じこめられている。その鯰(住職の父の変身)が住職の夢中に現われて、二日後に大風が起こり、村中壊滅状態となり、この寺も崩壊して、鯰が地上に這出てくると預言する。二日後に実際その通りとなり、鯰が出てくる。住職は、その鯰を食べて罰が当たり死んでしまったという話がのっている。[7]貞観八年(八六六)は飢饉の年であったが、京の東堀河に鯰が多く出たといわれる(『三代実録』一三)が古代にすでに鯰が変災を予知する力があったと人々に意識されていたことが推察できよう。琵琶湖には、鯰が多く棲むといわれている。この中の主と目される巨大な老鯰は滅多に人の目に触れることはない。村人はこれを黒竜と云い伝えていた。その鯰が湖上に姿を現わすと、流行病や地気異変があると考えられた。[8]文化年間、江戸に大洪水のあった年に、一人の古老が語るには、「我之ヲ父ニ聞、鯰ノ無キ地ニ鯰生ズレバ其年必ズ有大水、関東古来、無レ鯰、二三日前家児等門前ノ溝ニテ、泥魚ヲ捕トテ五寸許ノ鯰ヲ獲タリ云々」[9]とあり、大水の予知が鯰によってなされたことを記している。あるいは、水中から突然鯰が飛び上ると、たちまち山に雲とまがない。

が起こり、水面に煙が立ち、風が激しく吹き、大雨となったという話もあり、鯰と変災についての話は枚挙のい

魚族の王が、人間界に人の姿を借りて現われ、魚族の命乞いをするという話は、柳田国男の「魚王行乞譚」において明らかにされた。この際、とくに知られているのは鰻で、旅僧となって出現した。地域も東北地方に比較的片寄っており、鰻と虚空蔵信仰との関連が顕著であった。[10]

旅僧が滝壺とか淵で大魚を捕える。この大魚を背に負って歩いて行くと、その大魚が大声で僧の名前を呼んだり、大声を出す、という話は「物言う魚」として知られている。大魚はやはり鰻が多いが、鯰の場合も報告されている。[11] この物言う魚は、霊魚であり、神の使令として信仰されていた。それは水底の霊界の主であり、水の災いをもたらす威力の持主として畏怖されていたものである。鯰を神使あるいは霊的存在として祀った事例は各地にある。広島県芦品郡新市町の本免神社で、地中鳴動したので掘ると、長さ一丈の大鯰がおり、それを食べた者に罰が当たったので、あわてて神社に祀りこめたという。[12] 福岡市の郊外に裂田ノ溝という旧跡があり、この溝に棲む鯰は神使なので、里人が捕らなかったという。[13] 福岡県宗像郡旧西郷村（現、福間町）にも、鯰を食べてはならないとする伝承がある。氏神大森神社の使だからだという。[14] 福岡県筑紫郡筑紫野町二日市には、鯰石の信仰があり、雨乞いに霊験あらたかと伝える。福岡県に鯰の信仰が多いことは注目されよう。

琵琶湖のほとり、滋賀県高島郡新旭町藁園の氏神祭は鯰祭といって、例祭五月一三日には、かならず湖の鯰を捕って料理して祝うという。[15] この例は、鯰をその日に限って神供とするわけで、他の日は禁忌となっているのであろう。

岐阜県多芸郡白石村（現、養老郡養老町）の養老寺の本尊は不動尊であるが、この不動が鯰に乗って出現したという伝承があり、鯰の禁忌がある。(16) 東京江東区亀戸天神にもかつて鯰石があり、この石をどこへ持って行っても、かならず、元の所へ戻ると伝えていた。(17)

このように、鯰は、水底（または地底）の奥深い所にあり、地上には神使として出現する霊的存在である。そして水害・地震などを予知し、それを起こす力を持っているものとして、伝統的な信仰を得ていたことが明白である。そして鯰が地震を起こすということは、鯰が世直しを起すとも考えられていたことにもなる。

(1) 田村栄太郎『世直し』六六ページ。昭和三五年。
(2) 『天言筆記』四巻。
(3) 武者金吉『日本地震史料』三一五ページ、昭和二六年。
(4) 同右。
(5) 同右、二七九ページ。
(6) 同右、六二三ページ、昭和二六年。
(7) 『今昔物語集』出雲寺別当浄覚食父成鯰肉得現報忽死語、第卅四。
(8) 松岡静山『甲子夜話』四八巻。
(9) 『万意草』下巻。
(10) 柳田国男「魚王行乞譚」昭和五年（『定本柳田国男集』五巻、二七四—二七九ページ）。
(11) 日本放送協会『日本昔話名彙』二九八ページ、昭和二三年。
(12) 柳田国男「物言ふ魚」昭和七年（『定本柳田国男集』五巻、二九〇ページ）。
(13) 中山太郎『補遺日本民俗学辞典』二〇七ページ、昭和一〇年。

(14) 同右、二〇六ページ。
(15) 「なまづ祭」(『旅と伝説』一六―一、四二ページ、昭和一一年)。
(16) 前掲註13。
(17) 『江戸塵拾』二巻、文政六年。

第五節　鹿島信仰と地震

ところで、いっぽうでは鯰の起こす地震を押さえる要石の信仰が存在している。人口に膾炙しているのは鹿島神宮の要石であるが、なお各地に類似の信仰がある。

島根県平田市国富の要石は旧家の本佐家の邸内(現、都武自神社境内)にある。本佐家では、大昔からの地震鎮護の神として伝え、近辺の人が信仰している。このあたりは地震の時、土地の震えが少ない。また要石の近くにある小石を拾って、地滑りのある地へ散布すると地滑りが止るという。安政の大地震の際にも要石の附近は微動だにせず、明治五年の大地震でも、またこの辺りの被害はなかったと伝えている。(1)

徳島市佐古町のある商家に雷珠石とよばれる石がある。これを地上に置くと地にだんだんともぐって行き、埋まってしまう。そしてこの石を貯えている家には、決して地震・雷の害はないと伝える。(2) これも地震押さえの例といえる。

東京都葛飾区立石の真言宗南蔵院の境内の一隅には、立石とよぶ幅三尺、土中より一尺突き出た石がある。この石は、大地震を押さえているので、この石を動かすと、大地震になると伝えている。(3) 地形の上で、ちょうど扇の要にあたる所に置かれている石を要石とする説は多い。地震伝説は付随していないが、おそらくそれが欠落したものであろう。(4)

鹿島神宮の要石は余りにも有名となっているので、これを模倣した例は多い。鹿島信仰の伝播に伴なったものといえる。「揺ぐとも、揺ぐとも、よもや抜けじの要石鹿島の神のあらん限りは」とは、近世民衆の間に云いならわされた口碑であるが、これが神歌として残っている所がある。福島県相馬郡鹿島町鹿島の鹿島神社では、旧正月一四日夜から火伏せの祭りを行なうが、その時、集まった人々が歌う神楽が、前記要石の歌詞なのである。(5) 長野県小県郡塩田町の武高国神社境内には要石がある。これは、弘化四年(一八四七)に信州大地震が起こった際、塩田組二二カ村で、鹿島神宮の例にならい、要石をここに安置して祀ったのだという。高さ四尺、周六尺ある。(6) 同様な伝承を持つものに、長野県北安曇郡小谷村鹿島の要石がある。(7)

鹿島の要石伝説は、日本の地中に大鯰が横たわっており、首尾がこの地で一致する。その地点を鹿島神が釘で貫き止めた。その釘が要石だということである。『諸国里人談』に次のごとき記事がある。

常陸国鹿島明神にひとつの神石あり、丸く柱のごとくにして、亘り一尺五寸ばかり、頂き少窪あり、地を出る事二尺余、その根の深き事幾丈という限りしらず、動せばゆるぐなり、其石の本を篦をして穿れば虫いづる、そのむしの数にて幾人の子を育つと云を占ふといふ、土俗の説なり。

これによれば、要石には地震鯰の説が付会されていない。むしろ地震虫の発想に近い。『諸国里人伝』は寛保三年（一七四三）に成った書であるから、近世初期ぐらいには要石と地震鯰との結び付きは、それほどはっきりしていなかった。中世の歌人藤原光俊が鹿島を訪れた時やはり要石の説明に、神官が「此明神あまくだり給ひて、此石のうへにて座禅せさせ給ふ石なり」と答えたというから、(8) この当時には、まったく鯰と要石の関係はない。要石は神の影向する御座石・影向石の一種であることは古代以来の伝承であろうが、これに地震とりわけ鯰が関連するのは、鹿島に限っていえば、近世中期以降の所産であろう。それにしても、地震を押さえる要石の信仰は、鯰が関係する以前に、鹿島にあったことは明らかである。したがって地震＝世直しと考えた場合、地震による世直しを押さえるのが要石であり、とくに鹿島神の要石がその役割を強く担っていたことになる。

鯰が地震を起こし、要石がそれを鎮める。とりわけ鹿島の要石が強力さを発揮するということは、鹿島信仰に内在する要素から説明されねばならない。鹿島信仰の中枢には先述のように物忌の託宣がある。卓越した巫女の予知が、不幸を除き幸運を求める人々から通時的に希求されたのである。鹿島に神秘性・予兆性を認めることは、鹿島信仰史に見逃がすことはできない事実である。すでに掲げた建久二年（一一九一）の『吾妻鏡』の記事に「常陸国鹿島社鳴動如二大地震一聞者驚レ耳是為二兵革并大葬兆一之由（下略）」とあるのは、きわめて端的な例である。その他、兇荒・災害など世の中に変革をきたす不吉の兆を鹿島神は世人に報せたのである。要石もその役割を担うのは当然で、それは叙上の説明のように多く地震の災害に対してであったのである。

宝暦四年（一七五四）、青森県津軽地方の旧家平山家の日記『平山日記』によれば

此年於常州鹿嶋去る十月要石鳴事雷のことく則水戸様より御見使寺石蔵人、山野辺何兵衛両人被遣被見届候処、無相違則天文者右京光定之被仰付候処相考候趣

○丙戌年従西方悪しき獣来て人をなやまし事あるべし
○中国にて黄なる雲気立べし
惣して諸国にて悪しき病はやり人多損すべし、是を逃れんとならば、南天の葉を門に立亦黄なる餅を搗、鬱金にて色付南天の葉と共に神明江捧、或は門口にさぐる虚説と言ながら餅搗はやり賑々敷事なり[9]（傍点筆者）

とある。これによると津軽地方にまで、鹿島の要石のことがはっきり知られていた。要石が鳴動するので、何の予兆かと、水戸藩の役人が駆けつける。その結果天文方が陰陽道の知識から一応の判断をつける。悪獣が来て災害をもたらすというのは、要石に因む地震鯰のことか？　いずれにせよ流行病などはやるというので、世間一般では取越正月を行なったことが知られる。この史料は、取越正月が鹿島の予兆にもとづいていることを示していて興味深いものがある。

　鹿島地方には、古来より伝説でいうように大地震が少ない。したがって、地震が実際起きて鹿島神が霊験を示したという経験がない。ところが各地の鹿島神社を見ると、たとえば和歌山県日高郡南部町にある鹿島神社は、鹿島神宮の勧請社であるが、古来よりこの辺りに生ずる地震・津波の被害をくい止める霊験があらたかであった。宝永四年（一七〇七）紀州一帯に大地震があり、海辺に大津波が起こったが、押し寄せてくる津波を、鹿島社から出た白い光が二つに分けてしまった。これぞ神霊の守りだとして人々が崇めたという[10]。鹿島を祀っているのが、海岸に突き出た岩山であり、打ち寄せる浪を妨げてしまうわけである。明治に入ってからの記録にも、「鹿島の為津浪は遮られ浪勢軽く[11]」として、鹿島神の霊験が尊ばれていた。

（1）　島根県教育委員会『島根県口碑伝説集』四〇ページ、昭和二年。

(2) 藤沢衛彦『日本伝説集』阿波の巻、四〇ページ、大正六年。
(3) 同右、北武蔵の巻、五〇ページ。
(4) 小林武雄「石に関する伝承」(『郷土研究』石特集、二九一ページ、昭和七年)。
(5) 田村馨「鹿島御子神社のヒビセ祭」(『民間伝承』一三の一〇、昭和二四年)。
(6) 小山真夫「小県郡石誌」(前掲註4、二四二ページ)。
(7) 同右、二九八ページ。
(8) 菊岡沾涼『諸国里人談』寛保三年。
(9) 青森県文化財保護協会『平山日記』二八六ページ、昭和四二年。
(10) 武者金吉『日本地震史料』二七九ページ。
(11) 同右、二七五ページ。

第六節　鯰絵と世直し観

くり返して言うように、鹿島信仰には、変革・変災などを予知する予兆性が内在している。そして、その変革とか変災からくる災難を鎮める力が、民衆によって期待されていた。要石の信仰も、そうした鹿島神の一つの機能を表わしているといえる。したがって、鯰・地震・世直しを鹿島神・要石が鎮圧するという論理も成立する。これがはたして民衆の求めていたものかどうかは大いに問題となるだろう。

近世の都市を中心に、日本の出版はきわめて発展していた。とくにマス・コミを形成する「かわら版」はユニークなもので、一枚刷の絵と仮名文字で、都市及びその周辺の住民たちに、世の中の出来事を速やかに報道している。とくに災害のニュースは、事の次第を要領よく一枚の木版におさめ、辻売によって一般大衆が安価に（三文〜五文）購入できるようになっていた。現在まで、それは数多く保存されており、小野秀雄が蒐集した一部を公刊している。(1) またオランダの Dr. C. Ouwehand は、日本の各地に残っていた、とくに安政二年の大地震についてのかわら版である鯰絵を蒐集し、鯰絵を生み出した日本の民間信仰を分析するというきわめて野心的な研究を行なっている。(2) かわら版の需要と供給が、江戸・大阪・京都の三大都市に限られていることは、おのずと資料としての制約が与えられたことにもなる。しかし当時の民衆意識の一表現と見なすことには差支えない。また地震を扱う鯰絵などは、鹿島信仰との関連、または伝統的世直し観の表出といった意味で、優れた民俗史料と認定できるであろう。

安政二年（一八八五）一〇月二日の江戸大地震の災害かわら版には多様なものがある。「地震くどき」の一節に、

> されどとふときわがしんこくの神のたすけがいちにちましに四海なみかぜおとなくなりて、諸人あんどのおもひをなせば、おおみさまよりおめぐみあつく、やけてつぶれた身がるきものへ　はかりしられぬおすくひ米のかずはおくまん　まだそのほかにしょしょへお小家をくみたてられて、たみをにぎわすおんこくおんのかかるなさけを　せうぐんさまのおひざもととなる　そのありがたさ、これもたとへの大あめふりて地かたまりたるまんざいらくは　からき世なおし　またとしどしにみのるほうさく　ごこくのたねも　しげるできあきせんしうらくの(3)（下略）（傍点筆者）

とある。大地震の災害の復興に幕府からお救い米が出ることを善政と讃え、これによって世直しがなされ、さら

に次年の五穀豊年を祝うという趣意のものである。下層の都市住民たちにとって、日々の生活は決して豊かなものではない。むしろ、災害時のお救い米で、米食にありつけることがしばしばであった。

いだすおすくい数万の俵、御用のぼりの空ふく風に、いさみよろこぶ万の人が、上の御おんをわすれぬならば、日々のつとめをしゅっせいすれば、神と上との心にかなひ、五こくみのりて年ごとに、せかいゆたかはめのまいなれば、ここをよくわきまいたまい[4]（下略）

というように、神＝上の恩を有難く心得、日々の出精に心を致すという庶民道徳を強調している。年ごとに世界を豊かにするという伝統的な「世直し」観に幕藩体制の基調たる封建道徳が覆っているといえる。したがって、災害時に遭遇する苦しみも、「さてもとしとしなんぎなことを、今とし水にて流した上は　せかい一とうらいねんよりは、ごこくじょうじゅをたのしみくらす[5]」といった「世直し」に転化させている。

安政二年一〇月の大地震があって、一カ月後に、江戸市中に、鹿島明神・鯰・要石を素材とするかわら版（鯰絵）が出まわった。その種類は四〇〇種に及び、版を重ねたという。

もっともよく売れた構図は、「かしまの神像をあまたの人が拝する画と、くさぐさの人ども大なまずをせめなやます」ものであった[6]。Dr. C. Ouwehand は鯰絵の分析を通じ、鯰の出現に二類型があることを指摘している。すなわち、破壊者・憎まれる存在としての鯰と、救済者（利益を与える者）・崇拝される存在としての鯰である[7]。たしかにその通りである。鯰男が「豊年万作五穀成就、さりとやめでたい　こんホウライ」という「ちょぼくれ」を唱える図とか、鯰が金持長者の背を叩き、金を吐き出させ、これを下層町人たちが一生懸命拾う、そこで鯰が云う文句は、

もしだんな　あなたふだんあんまり下方の者を泣せてなんぎをさせるから　このようなくるしいおもひをなさるのだ　これからはをなおして　ぜひぜんこんをなさるがよし

と書かれている。(8)上層町人から救済のための御用金を出させることを鯰に託して表現する。これはきわめて階級性を明確にした表現である。鯰が民衆の代表として、持丸長者のような上層の金持商人を責め立て、金を出させ、それを人々に分ち与えることは、打ちこわしの思想に通ずるものである。「これで本望とげました、と皆々得心せしは、げに世直し世直し」と鯰が唱えるのだから、鯰は正に「世直し」の立役者といえる。(9)筆者は、このように表現された鯰絵を直接見ていないが、この例は数多い種類の中でも「世直し」を平等世界の実現、貧富の差解消に結びつけた稀な例といえる。ただ多くの場合は鯰を責め立てるだけのものであったことは前述の通りである。

その構図は、鹿島大神・要石が中央にあり、鯰を押さえつけるか、鯰が恐れおののいてひれ伏すというもので、その脇に「世直り細見」「安政天下太平」といった文字が見られる。地震を大きな災難と思い、早く鹿島の要石の霊験で、世の静謐を望むのはごく自然な民衆の意識である。しかし、これを「世直し」と見て、さらによりよき世の到来を望んだことも確かなことである。観念的には五穀豊作の世であろうが、実質的には、一時的にもせよ救い米を得たり、米価下落によって一時的に得る生活の安定ということである。江戸の貧民が救米の配給を受け、「各白米人数に応じて頒与へられ、米苞を背負て家々へ帰る。其途中の話に云、先頃は地震にてめらきめりは再びかかる難儀にも遇ける事よといへり」(10)というのは、白米を貰えるような地震の難儀ならば何度でもあいたいという意味なのである。おそらく、日常の貧困生活が、地震＝世直しによって一時的にも回復することが、一般的な都市下層民の意識の実態であったろう。

ところでいっぽうでは鹿島神・要石による地震・世直しの鎮圧を望み、他方では地震鯰による世直しを求めるという鯰絵に表現された二律背反性をいかに解釈すべきであろうか。一つの見方は、社会変動に対応すべき民衆意識の脆弱性によるという理解である。地震をとおしての「世直し」のイメージには当然ながら一定のプログラムにもとづく変革はあり得ない。せいぜい鯰の戯画による下層町人の富裕町人階層への叛逆しかないのである。いったい、地震といった破局に際し、伝統的なミロク信仰による「世直し」はいかに発現するのであろうか。

昭和四〇年以降、長野県松代市にいわゆる松代地震という群発性の地震が起こり、四三年ごろまでもなお続いていたことはよく知られる。この松代からやや離れた長野県下高井郡湯田中町に、この地震に伴なってミロク信仰がはやり出した。ミロクは半身地中に埋まった弥勒像で、等身大以上の巨大な姿をしている。後背に「大治五年四月十九日供養、願主安応聖人　大和末光」とあり、一二世紀末、平安末期の造像である。場所は部落の後の小高い山の中腹にあり、当時の弥勒下生の地に想定された所なのであろう。この弥勒仏が地震の神として広く信仰を集めているのである。言い伝えでは、かつて弘化四年(一八四七)の善光寺平大地震の際、この一帯は、弥勒のお蔭で被害がなかったので、たちまち流行神となったという。それで松代地震の折もその霊験を願って、信仰を集めている。実際このあたりの震度は、震源地にくらべると、二度も低いという。さらに興味深いことは、土地の古老の話に、この弥勒は毎年少しずつ伸びて行く、やがてはるかな未来には、全身が姿を現わす、この時は、この世の中がけろくう(回禄)になる、すなわち終末とともに新しい世になるという。したがって、地震が起こって、この世の破滅が来るというのは、ミロクの世直しとは違うものであるから、地震のときは、それを押さえるという霊験を示すことになる。[11]つまりミロク出世を理想とする限り、地震という突発的で衝撃的な世直しは否定されることになる。

この思想は、先の安政大地震の際にも示されている。やはり大地震後に市中に出まわった風怪状なるパンフレットによると、大鯰にあてた文章で、

其方儀往古より於大海横行候に付、蒲焼にも被二仰付一筈之処、以二御憐愍一鹿島常陸神配下に申付、地震蟄居可二罷在一処、其後も古歌の定も不二相守一刻限の無二差別一、種々の病等流行為レ致諸人難儀に為レ及候段、不レ軽儀に付、先年水府卿より要人江糺候砌、尚又重儀被二仰付一候処、格別の趣を以、其儘に被二成置一候得ば、猶又相慎可二罷在一処近比相乱、越後国井洛中等及二乱妨一、地中より泥砂吹出し候儀全く弥勒出世の年限も不二相待一泥溜にも可レ致心底相聞、旁不埒の至に候、改て鹿島常陸神江御預け奈落江蟄居被二仰付一者也(12)(傍点筆者)

とあるのは、戯文化した文章ではあるが、本来ならミロク出世を待つものなのに、地震鯰による泥海化は許し難いと、地震鯰を批難していることがわかる。この風怪状は、鯰絵などのかわら版と同様、地震後に印刷されたもので、別の文面でも、やはり鯰を批難し、「御改革之御趣意全忘却候哉」「全く泥海に可レ致心底重々不届に付向後改而常陸神御預、奈落へ蟄居申付候(13)」という表現をとっている。「御改革之趣意」とはミロク出世による漸進的な改革であろう。こうしてみると、昭和四〇年の松代地震に出たミロク信仰も、同じ心意によることが明らかである。民衆の潜在的意識裡には、毎年毎年少しずつ改革されるような形で、やがていつの時か訪れるミロク出現の「世直し」が待望されていたと明言できる。

(1) 小野秀雄『かわら版物語』昭和三五年。

(2) C. Ouwehand, *Namazu-e and Their Themes*, Leiden. 昭和三九年。
(3) 三田村鳶魚『瓦版のはやり唄』昭和元年。
(4) 同右、八七ページ。
(5) 同右。
(6) 武者金吉『日本地震史料』五三四ページ。
(7) 前掲註2、七九ページ。
(8) 前掲註1、一九七ページ。
(9) 前掲註2、一五ページ。
(10) 前掲註6、五八三ページ。
(11) 金井喜久一郎氏報、ならびに筆者調査、昭和四二年。
(12) 山田桂翁『宝暦現来集』巻一九。
(13) 『天言筆記』四巻。

第六章　大本教とミロク

第一節　辰の年の意味

第一章第三節と第五節ですでに論証したように、日本には、潜在的に伝承された変革の年があり、これを表現するのに、ミロクの年（世）の名称を用いていたことである。あらためてこれを概括しておこう。

すでに指摘したように、弥勒元年、弥勒二年、弥勒三年と称する私年号が、甲斐・常陸・会津・武蔵の諸国で戦国期に刻まれた金石文の中に瞥見できることは早くから気づかれていた。この私年号に該当する公年号は、永正三年・四年・五年の前後だとする通説もある。(1) このうち永正四年丁卯（一五〇七）に該当する場合のもっとも多いことも知られている。干支でいえば弥勒二年卯の年となる。一方これを弥勒元年卯の年とする資料もあって、そうなると弥勒二年辰の年という算定もできるだろうが、まだ判然としてはいない。

近世に入って、「弥勒十年辰の年」という唱句があった。大田南畝は「三河万才の唱歌に、弥勒十年辰のとし、諸神のたてたる御やかた」という文句が、私年号と関連することを指摘し、これが陰陽師の説ではないかといっている。三河万才が年頭に来たって、各家で、家ぼめをする際の唱え言であるが、『後見草』には、「宝暦九年の夏のころより誰いひ出せるといふことなく来る年は十年の辰の年なり、三河万才の歌へるみろく十年の辰の年に当れり、此の年は災難多かるべし、此の難をのがれんには正月のことぶきをなすにしくことなしと申し触らしたり」とのべ、弥勒十年辰の年が、実際に宝暦一〇年（一七六〇）に該当し、かつ災難の多い年だろうと予知している。この点は万才の方で「弥勒十年辰の年」が讃えられているのとは反する意となっている。

ところがもう一つミロクの年があった。すでに指摘されたことだが、それは六月に三度巳の日があった年をいう。宮城県女川町の「万ふしきの事扣覚帳」の中に表現されている。文化一一年（一八一四）にあたって、六月に巳の日が三度あり、「当年は巳六の事なり」として「わつらひ有れは逃れなき年なりと言ふ」という叙述である。(2) これは先の弥勒十年辰の年に災難多しとする心意と共通する。ただ六月巳の日が三度という特徴がある。天明二年にも六月に三度あった。山形県村山地方で、「当六月ミの日三日有之ニ付、三ろくの年相当り、此後世柄も立直り可申、依テ上郷より申上、村々ニ而餅つき心悦致候」(3) と記されている。ミロクの年は不安が大きいはずだが逆に世柄も良かったのでそれを祝ったのである。

周知のように続く天明三年（一七八三）卯の年から相次ぐ飢饉が起こっており、東北地方にその被害は甚だしいものがあった。天明四年辰の年には、飢饉の悲惨な情況をみて、「寔に五十六億七千万歳此時成歟」に嘆じた記事もある。(4) 東北地方には、巳の年は飢饉の年という俗信があり、『永禄日記』などには、延宝五年（一六七七）を嚆矢として、元禄一四年（一七〇一）、正徳三年（一七一三）、享保一〇年（一七二五）、元文二年（一七三七）、寛延二年（一七四九）、天明五年（一七八五）、天保四年（一八三三）までを挙げている。いずれも当時の飢饉の年として知られ、そしていずれも巳の年である。明治二年巳の年がやはり飢饉の年であったことは、古老たちの記憶にも鮮明であった。(5)

辰の年と巳の年とは連続するから、巳の年に飢饉変災が訪れてくるという不安がある。とすれば、辰の年のとらえ方にも一つの意味が出てくるだろう。これに六月に巳の日が三度というミロクの年が加わり、これも災難多き年だとする。一方には仏教上の五十六億七千万年後の弥勒の年があるから、連続する危機感が終末意識を形成していることになるだろう。

奇妙な一致であるが、私年号の源流たる弥勒二年は卯の年であり、卯の年、辰の年、巳の年は連続している。この現象は表面的なことだけでは済まされないかに思える。あるいは伝統的な日本人の潜在意識の中に、予知されるべき終末の年があって、それはミロクの年と表現され、一般民衆の間に伝承されているのではないかとさえ考えられる。

本章では今まで述べてきた民俗的事実を前提として、近代における日本の宗教運動の中で、もっとも注目され得る大本教を取り上げてみたい。それはしばしば指摘されるように、大本教が、教理の中軸にいわゆるミロク信仰を据えているからであり、大本教におけるミロクの性格を検討することによって、また逆に日本のミロク信仰の特徴を究明することが可能かも知れないからである。(6) そのための前段階として、ここでミロクの年についての伝承内容を概括したのは、大本教が民俗信仰の一部分として、預言信仰を内包し、大雑把にいうとメシアニズムにからまる問題を提示しているからである。そしてこのことは必然的に民俗信仰としてのミロク信仰との関連を示すものであったからである。

第二節　辰の年と預言性

大本教の研究史は、近年著しく進展している。とりわけ近代の民衆思想史の立場からの分析がきわ立っている。[7] ここではそれらを一々紹介する余裕はない。本書の立場は前述したごときもので、民間信仰史あるいは宗教民俗学的観点から、ミロク信仰に焦点を絞った論の展開であることはあらかじめご了解いただきたい。

大本教の開祖出口ナオのライフヒストリイはほぼ明らかにされている。天理教の中山みきと同様に、ある時点でトランス状態となり、いわゆる神がかりがあって、守護霊による託宣があり、第三者からみれば神の啓示があった。艮の金神と称する神霊が憑依する現象は、客観的にいって、そう珍しいものではない。にもかかわらず、大本教が他の新宗教よりも卓越した民衆宗教と成り得た理由の一つは、託宣の質によった。たとえば次のような託宣のお筆先がある。[8]

世の替り目に神が憑りて、世界の事を知らねば成らぬから、出口ナオは因縁ある霊魂であるから、憑いて何事も知らせるぞよ（明治三八年旧四月一六日）。

世の替り目に世界のことを預言する。出口直を通して神霊の託宣が伝える内容に、立替え立直しという世直しの理念が盛られていることが、大きな注目を浴びているのである。

明治二五年辰の年旧正月に、ナオの神がかりが集中的に表われ、「三千世界一度に開く梅の花、艮の金神の世に成りたぞよ。梅で開けて松で治める神国の世に成りたぞよ」という有名な文言ではじまるお筆先が示された。花が咲き艮の金神の世になるについては、日本が獣の世になっており、このままでは「是では国を立てては行かんから、神が表に現はれて三千世界の立直しを致すぞよ」という現実世の獣の世から脱却すべき宗教的世界観が内包されている点が注目される。さらに、お筆先は戦争の預言を行なった。すなわち、

からと日本の戦ひがあるぞよ。此いくさは勝ち軍、神が蔭から、仕組が致してあるぞよ。神が表に現れて、日本へ手柄致さすぞよ。露国から始まりて、モウ一と戦があるぞよ。あとは世界の大たゝかひで、是から段々判りて来るぞよ。日本は神国、世界を一つに丸めて、一つの王で治めるぞよ。そこへ成る迄には、中々骨が折れるなれど、三千世界余りての仕組であるから、日本の上に立ちて居れる守護神に、チット判りかけたら、神が力を附けるから、大丈夫であるぞよ。(9)

結果的には、日清、日露、第一次大戦の順序で戦争が起こった。これら大戦争が終って、一人の王により世界中がまとめられるというのだ。ナオのお筆先は、後に漢字まじり文に整えられ、「大本神諭」としてまとめられ、教典の軸となったことは知られている。もちろんとりまとめた王仁三郎の意向の反映もあるかもしれないが、初発の神諭には、ナオのお筆先の趣旨がよく表われているとされている。(10)

「むかしから、このよの九るのわ、しれてをる。ぜったいぜつめいのよに、なりたぞよ。よがかわるぞよ」(11)という預言が、お筆先のたえざる主張だった。「三千世界の立替え立直し」が「艮の金神の世」として発現するということが初期の段階では強調されている。現実にそういう世界となったというのではなく、もう直ぐ世替りがあるという預言である。立替えというのは、明治二五年辰の年の預言でいうと、明治三〇年ごろからだという。

「明治三〇年には立替を致すと申して筆先に出してあるが、明治二五年からの事を書留ておいて下されよ。是が金輪際の世の終で世の立替の本の初りじゃぞよ」（明治三五年旧七月一六日）という表示もある。

ただこの預言は明確なものではなく、明治三〇年には、四月四日に裏町の梅原伊助宅の倉にナオが艮の金神を単独で鎮祭したという事実が知られるだけである。(12)

「艮の金神の世」は、この段階では水晶の世とも、松の世とも、神世とも表現されているが、ミロクの世とは表わされていない点も特徴的である。明治三二年の神諭には、

（前略）今度は北から艮の金神が現れて、世界を水晶の世にいたして、善と悪とを立別けて、善悪の懲戒を明白にいたして、世界の人民を改心させて（中略）是迄の世とは打て変りての善の世といたして、神も仏も人民も、勇んで暮す松世の、神世といたして、天の大神様へ御目に掛るのであるぞよ。

ミロクの世という表現をとるのが、いつの時点かはっきりしないが、たぶん明治三〇年を過ぎてのことだろう。初発の神諭にはそのイメージはあっても、言葉の上での表現にはなっていない。

教団史をみると、出口ナオはすでに六、七歳のころに、「みろくの世」がくると予言したといわれ、(13)また明治二五年神がかりした後、見舞いにきた三女ひさに土産物として、土のかたまりを渡し、「お土があるからみんなが生きておられるのじゃ。何万円の金よりも一にぎりのお土のほうが、どれほど大切か分からぬ。お金は世のほろびるもとじゃぞよ。世界中の人にこれが分かってきたら、この世がみろくの世になるのじゃ(14)」と語ったというエピソードがある。つまりナオの思考にはミロクの世に対する潜在的意識がすでに培養されていたことがうかがえるだろう。

明治二七年には預言通り、日清戦争が起こり、明治三七年には日露戦争となった。明治三七年は辰の年であり、この年の預言はやはり注目されよう。

> （前略）斯世が末に成りて、一寸(ちよつと)も前へ行けんやうになりて、変生男子と女子とが現れて、二度目の天の岩戸を開く折は、男子と女子との戦ひで、世界に在る事を大本の中で実地を為て見せてあるぞよ。変生女子には此中で世界の実地を仕て見せたなり、男子には世の立直しは元の神世へ戻して、至仁至愛(みろく)の世の政治で行かねば到底末代続かんから、其持方を知らせる大望な御役であるぞよ（明治三七年旧正月一〇日）。

この段階には、すでに王仁三郎も加わり、ナオは変生男子、王仁三郎は変生女子と位置づけられている。両者の靈的な角逐もうかがわれるが、このうち変生男子の役割は、世の立直しをして、ミロクの政治をやらせよということである。概念上は不明確だが、ミロクの出現を次第に予感しつつある。続いて同年に、次のようなはっきりした預言があった。

> （前略）明治五十五年の三月三日、五月五日は誠に結構な日であるから、それ迄はこの大本の中は辛いぞよ。明治四十二年になりたら、変生女子がボツ／＼と因縁の身魂を大本へ引寄して、神の仕組を始めるから、気の小さい役員は吃驚(びつくり)いたして、逃出すものが出来て来るぞよ（明治三七年旧七月一二日）。

第三節　大正五年と「明治五五年」

大正五年（一九一六）辰の年は、大本教にとって「神島開き」という重要な儀礼のあった年である。神島は兵庫県高砂市の南西沖合に浮かぶ無人島で、一般に上島とかほうらく島、牛島（いずれも島の形から）とよばれていた。この無人島がお筆先によって一躍聖地と化したのである。大正五年旧九月九日の託宣に、「みろく様の霊はみな神島へ落ちられて、艮の金神どの、素盞嗚尊（すさのおのみこと）と小松林の霊がみろくの神の御霊で、結構なご用がさしてありたぞよ。みろくさまが根本の天のご先祖さまであるぞよ。国常立尊は地の先祖であるぞよ」、続けて九月一一日には、「人民は実地をしてみせても、見ただけではよう分けんから、神島のおんご用はなかなか大もうなご用でありたぞよ。神島へ落ちておれたのは、みろく様霊であるから、人民にはなかなか分からんなれど、わかるようにお筆でこのさき書かせるぞよ」（大正五年旧九月一一日）とある。

神島参りの儀礼は、六月二五日、九月八日、一〇月四日の計三回あった。女神に変身した王仁三郎のあり方をはじめこれら一連の儀礼は興味深いがここでは省略する。(15) 注目されることは先のお筆先でも明らかなように、神島に、ミロクの神霊が降臨したことが明示されていることだった。

それまでのお筆先には、ミロクの表現はあってもまだ定着した表現ではなかった。立替え立直しといっても、艮の金神という神格であってかならずしも強固なイメージとしては説かれていない。

明治四二年ごろから、ミロクの意味があらわになってきているが、とりわけ大正三、四年段階になると、しきりとミロク出現のことが述べられだした。たとえば、大正四年旧正月三日に「みろくさまのお出ましにおなりなさると、世界には何か変わりたことが出来てくるぞよ」とか、同年旧四月二日の「天のご先祖さまはみろくであるぞよ。地の世界の先祖がみろくさまのおちすじであるぞよ。変性男子の身魂がちすじであるぞよ。変性女子の身魂もちすじであるぞよ。ちすじがみろくさまのおちすじでないと、こんどの二どめの世の立替えの直のご用はでけんぞよ」の文言からも察せられる。とくに後者の文には、ミロクの血筋を引いた存在として、ナオと王仁三郎が位置づけられることも注目されよう。

このことは、大正三年旧七月一一日付の「世の変り目には、変な処へ変な人が現れて、変な手柄をいたすぞよと、明治三十一年の七月に筆先に書いて知らしてありたぞよ。もう現れる時節が近寄りたぞよ」という預言と軌を一にしてくるのではないか。世の変り目に変な存在が出現する、それは何者であるのか。「みろく様のお出ましになる時節が参り来て、天と地との先祖が表になりて、三千世界の世の立直しをいたすぞよ(16)」という言からすれば、いわゆる神島におけるミロク下生が具体的にイメージ化したものと理解されるだろう。しかしミロク下生といっても、それは民衆の目にはっきりと映らないわけであり、いわば神霊の降臨という形で、ミロクの霊を受け継ぐ、王仁三郎とナオを介在として現れてくるというのであった。

出口ナオは、大正七年一一月六日に昇天した。そして大正七年以後、大本教の全国的な宣教活動が強力に展開した。王仁三郎を中心とした体制が確立していたのである。機関誌『神霊界』は、大正六年に発刊されたが、大正七年には、毎月二回となっている。王仁三郎の思想は、『神霊界』を通して次々と公表されていったのである。

大正九年九月に発表された「弥勒の世について」という論文なども後述するが、ナオのお筆先にもとづき、ミロクの世の具体的な実現のプロセスを王仁三郎なりに論理づけたものだった。

大正七年の王仁三郎の歌に、「三千歳の世の立替えも迫りけり後の三年に心ゆるすな[17]」というのがある。大正七年から後の三年は大正一〇年である。この年こそ、かつて明治三七年辰の年の予言にあった明治五五年にあたる。この年は干支で辛酉の年である。明治二五年辰の年から数えて三〇年後であり、そこで立替えが行なわれるというのである。

辛酉の年は、中国の革命思想によっており、かならずしも日本の伝統的思考の産物とは言い難い。「大正十年は辛酉で、即ち神武天皇様の紀元節第四十四回にあたりますから、皇運御発展の時期が到来しておると思ふておるのであります。それ迄には思想の統一が出来て尊皇、愛国、敬神の精神が勃興することと確認して、それまで私は一生懸命努力する考へでおります[18]」と王仁三郎は、第一次弾圧を受けた裁判で陳述している。辛酉革命は、公的にも年号改元の根拠となっていたことは知られているが、はたして民衆意識の基盤にこれが浸透していたのかどうかは不明である。

しかし明治五五年に大変革が起こるという信念は開祖の預言を前提に、次第に真実味を帯びてきたのであり、大正七年以来の多方面における教団活動によってそれは明らかであった。

第一次大本事件は、大正一〇年二月一二日に起こった。その間の経緯は、出口栄二の研究がくわしい[19]。預言にあたる三月三日や五月五日の時、王仁三郎は捕われの身であり、宗教活動はなかった。そして大正一〇年立替え説は消滅したが、王仁三郎は新たな教団改革に向かう。教団史の説明では、大正一〇年の立替えは現実の世界ではなく、大本においてまずはじまったものであり、第一次大本事件の弾圧は、大本の立替えを促進したと理解されている。[20]

それにしても明治五五年、つまり大正一〇年辛酉の年の立替え説は、大正七年段階から熾烈をきわめていた。『神霊界』の編集者だった友清天行の「一葉落ちて知る天下の秋」という一文には、「(前略) 所謂建設の前の破壊で、此の現状世界が木っ葉に打ち破かれる時期が眼前に迫りました。それはこの欧州戦争に引続いで起る日本対世界の戦争を機会として、所謂天災地変も同時に起り、世界の大洗濯が行はれるので……一人のまぐれ死にも、一人のまぐれ助かりも無いのであります」、「そしていよいよと云ふ時に、……霊活偉大壮厳を極めたる神力の大発現がありまして、大地震、大海嘯、大暴風、火の雨等によって解決されるのですが、其時死滅すべき因縁の者は皆死滅して了ひます。繰返して申します。……時期は日に日に刻々と切迫して参りました」[21]とある。この文は大正七年八月に書かれ、『神と人との世界改造運動』という書物として、同年一二月に出版されるや、翌四月までに七版を重ねたというから[22]、その影響力の強さがわかる。浅野和三郎も、「大正九年となれば、愈々益々立替の神業は露骨になっていく。此節分を境界として、宇宙は再び一大廻転を行ふに違ひない。審判の火の手は近づいた。一切の邪悪は大正十年を期して滅されて了ふのだ」[23]と述べている。こうした激しい終末観が、この時点王仁三郎以外の幹部からしきりと発せられていたことは注目される。

第四節　昭和三年辰の年

ナオのお筆先は暗示に富むが、論理的な構想力に乏しい。王仁三郎は、その中から、ミロクの世に関する思想を凝集させることを意図したようだ。先の大正五年辰の年に、神霊としてのミロクが神島に下生して以後、その点は明確化していった。

大正一〇年辛酉革命の中国的思考を適応させた立替えは、厳しい終末観を駆り立てながら、結局政治権力の介入により雲散霧消したのだが、王仁三郎のミロク信仰はまた一歩前進したのである。

ミロクの世は三段階を経て実現するはずだが、それをさらに人類普遍の原理とすべく論を展開した。第一次の弾圧で入獄し、釈放された後発表した『霊界物語』がそれである。この稀有な大著は、その冒頭にミロク信仰の大要に触れた。すなわち「天地剖判の始めより五十六億七千万年の星霜を経て、いよいよみろく出現のあかつきとなり、みろくの神下生して三界の大革正を成就し、松の世を顕現するため、ここに神柱を建て、苦集滅道を説き、道法礼節を開示し、善をすすめ、悪をこらしめ、至仁至愛の教えをしき、至治太平の天則を啓示し、天意のままの善政を天地に拡充したもう時期に近づいて来たのである」と記している。弥勒経にある五十六億七千万年後の観念がここに謳われ、その時期が近いとする。ミロクの世、松の世の時節がもう近いという言い方は、ナオのお筆先にしばしばみられた。その時期は、五十六億七千万年後の時期と一致するのだという考えは、王仁三郎によって明確に打ち出されたのだった。

それはいつの時点であるのか、ここでふたたび辰の年がクローズアップされる。大正五年の次の辰の年は、昭和三年である。しかも、この年は王仁三郎が五六歳になる。大正七年の神諭に「五六七の世が参りたぞよ。釈迦が五十六億七千万年の後に、至仁至愛様が来ると預言したのは五六七と申す事であるぞよ」とある。この五六七をミロクとよませたのは、大石凝素美の「弥勒出現成就経」[24]において説くところによった。すなわち五六億七千万年は、三千年の意であり、弥勒は五六年七カ月以上を経た大真人で、日本に下生、応身の弥勒如来と称するというのである。[25]

五六七は、一種の語呂合わせであるが、世の中の変り目に変なものが出て変なことをするというお筆先がかつてあり、それが五六歳七カ月の時期に応身ミロクとして具体性を帯びるというのが、主張である。昭和三年辰の年が、弥勒下生の五六億七千万年後にあたるという考え方もはっきりしているようである。[26] 王仁三郎の五六歳七カ月目は、昭和三年三月三日に該当していた。この日にミロクが下生するわけで、大正五年辰の年の神島参りに連なるものといえよう。神島にはミロクの神霊が下生したのであるが、五六億七千万年後との一致はない。昭和三年辰の年は、五六七の語呂合わせにより、弥勒下生を理屈の上で整合しようとしたのである。

そして弥勒下生の暁に、みろく大祭といわれる象徴的儀礼が施行されたのであった。教団史によると、王仁三郎は、「万代の常夜の暗もあけはなれ、みろく三会の暁きよし」という一首の朗詠をした。続いて神饌物を捧げたが、その内容が、考えようによっては暗示に富むものだった。まず、王仁三郎はりんご三個、二代教主には大根と頭薯、日出麿・寿賀麿・宇知麿にも大根と頭薯、一四人の総務には、他人に食べさせないようにといって頭薯を一つずつ。大根と芋は、神供として祭事に欠かせぬ野菜類である。三つのりんごは上等な果実として、供えられたものなのだろう。これらを祭の後分配したのは、伝統的な祭祀方式の定石を踏んだもので、つまり直会に相当しているのである。

第二次大本教弾圧の際、治安維持法を適用しようとした内務省は、右の神供の分配を結社組織による証拠としようとしたが、およそこっけいなことだった。その日神前で王仁三郎以下全役員が教務を返上した。そして翌四日に、王仁三郎は大本総裁となり、新人事が発表された。当局側は、「其の神前に於て一同に対し王仁三郎以下全役員が其の役職を返上すること、信者も亦この日一日丈無信者となること即ち、大本教団を根本的に立直し一致団結以て真のみろく神政の成就を期して新発足する旨を提唱し、一同之に和して身命を抛つ旨を誓約した。かくて、団体の変革を目的とする不逞結社大本の組織が、再び王仁三郎を中心として結成せられた[27]」と報告している。

教団側では、「みろく三会の暁」という仏教的弥勒信仰を、大本教なりに論理づけ、法身・応身・報身のミロクが一度に出現することだとした。このミロクが正式に下生した時をもって、世界を救済する活動がはじまるのであった。「一切の教務を神に奉還し、役員十八赤児とぞある」という「歌日記」三月三日の条の言[28]は、教団が生まれ変ることを意味し、教団自体が下生したミロクを中心に活動を開始することを明らかにしたといえるだろう。

昭和三年辰の年は、さまざまな意味で、画期的な時だったといえる。「今年は明治維新より六十一年目、丁度戊辰の年……非常な変動のある年[29]」という王仁三郎の言にも明らかである。

さて、明治二五年辰の年、明治三七年辰の年、大正五年辰の年、昭和三年辰の年と、これらの年はいずれも大本教にとって重要な折り目を刻する年であった。そしてこのほか大正一〇年辛酉の年がある。それぞれの年が一連の預言にもとづいて意義づけられており、立替え立直し、別言すれば世直しの意識を顕わにさせる年であった。とくに重要なことは、明治二五年辰の年において、やや不鮮明であったミロクの思想が、大正五年辰の年では統合された形となり、昭和三年辰の年には大本教独自の理念で固められたことである。

だがこれら辰の年周期は、大本教で意図的に当初より計画された結果とは判断できない。しかし、前節で簡単に指摘したように弥勒十年辰の年という潜在化した民衆意識と不可分に結びついていると予想され得るのである。

第五節　大本教の「ミロクの世」

さて大本教において、くり返しくり返し望まれ、とりわけ辰の年ごとに、その出現を明確化させてきた、ミロクの世は、どのようなイメージのものなのか考えておく必要がある。

「艮の金神の世」という明治二五年の神諭にあるように、一つの理想的世界が予想されていたことはたしかであるが、大正五年前後から急速に言語化した「ミロクの世」は、それ以前は、「水晶の世」、「松の世」という表現で示されていたようである。たとえば次の文章などが一つの例となる。

此方よく看破て居れとも世界を水晶に致さねばこのなりておいたなれは国が潰れるから元の神が表面に表は

れて此世の守ご致さねば此結構な日本の国を寄りて集りて闇雲にして足踏ンこむ所もないようになつて居るぞよ此闇雲の世を水晶の世に致して神界に御目にかけねはならんから此方の心も少とは推量してくたされ（明治三三年旧一二月一三日）。

ここで「闇雲の世」が「水晶の世」となるわけであり、ここに闇と光の対立する思考がある。水晶の世というのは、したがって光がみちたすべてに見とおせるような世界なのだろう。「玆まで悪神の覇張た暗黒の世を生粋の水晶の如うな、明らかな何時までも変らぬ神世に致さねばならぬ」（大正七年旧正月一二日）という言葉にもその点は明らかだ。

一方「松の世」のイメージ化については、「昔から待焦がれた松の世が参りて変生男子の苦労のかたまりの花が開く世に成りたから今が天地が覆る堺となって、上へ上って居る人民が困しみが一旦は出来るから（下略）」（明治三一年旧一一月三〇日）とか、「来いで〳〵と松の世を待ちて居りたら、松の世の初まりの時節が参りて来たなれど」（大正七年旧正月一二日）と記されている。待ちこがれて、しきりに実現されることを望む、待つという素朴な表現が、松にこめられているようだ。

此世を此儘に為て置いたなれば、日本は外国に略取れて了ふて、世界は泥海に化るから、末法の世を縮めて松の世に致して、日本神国の行状を世界の手本に至して、外国人を従はして、万古末代動かぬ神の世で三千世界の陸地の上を守護致して、神、仏事、人民を安心させてやるぞよ（明治三五年旧三月一日）。

右の史料でもわかるように、待っている世界は泥海に化する末法の世の後にやってくる。末法の世を縮めて松の世にしたいとしている。

艮の金神の世、水晶の世、松の世は、それぞれ共通の意識下に結ばれているとみてよいが、いずれも明確な構想で把握されているとは言い難い。

しかしこれがミロクの世という形で表現された時には、少なくとも時間性との関連で位置づけられる要素が見出される。それは「昔の元のミロク様」、「昔の根本の初りのミロク様」、「善一筋のミロク様の根本の良い世に戻るのであるから」、「昔の弥勒様の世にねぢ直すのであるから」、「世の立替は、新つの洗ひ替であるから、みろくの神の世に立返りて」という表現で明らかなように、それは一定の時間的枠にあてはめられた世界である。それは現実に対して昔の世界であり、それは根元にあたる世界、いわば始源の時に出来上った世界なのである。

昔のミロク様の純粋（きっすい）の、何時になりても変らぬ其儘の秘密の経綸の凝結で末代動かん巖に松の仕細、何神にも解らぬ様に為てある善一つの誠の道であるから、途中に精神（こころ）の変るやうな身魂でも出来も致さず、判りも為ぬぞよ（大正七年旧正月一二日）。

始源の世であるミロクの世は、絶対不動の固定化した世界であり破壊されることはない。「末代動かん巖に松の仕組」というのが、そのことを示している。

ミロクの世は、ミロクによって作られ、ミロクによって支配されている世界である。「天の大神さまがみろくさまであるぞよ。みろくさまはどんな仕組もご存じでおいでなさるぞよ」、「根本の世をおこしらえになりたみろくさまが、つきの大神であるぞよ。みろくさまがご艱難（かんなん）をなされてこの世をこしらえなされて、みろくの世はおだやかな良い世でありたぞよ」（明治四四年旧九月一五日）と記されており、ミロクは天の大神でつきの大神だという。つきの大神は月神となるのかは判断しがたい。

「世のはじまりの、お水のご守護あそばしなされたみろくさま」であり、「世の元のはじまりのみろくさまのおつくりになりた元のいろは四十八字で、世界中を通用させる世にかかわる時節がまわりてくるぞよ」という。つまり始源の世にあって、大切な水を守護する神であり、そして文字を発明したのだと、その機能を説明している。

大昔の最初の世界は、どのように描かれているのかというと、次のようである。

昔の初りと申すものは、誠に難渋な世で有りたぞよ。木の葉を衣類に致し草や笹の草を食物に致して、切物（きれもの）一つ在るでなし、土に穴を掘って住居を致したもので有りたが、天地の神々の御恵で、段々と住家も立派になり、衣類も食物も結構に授けて戴く様になりたのは、皆此世を創造（こしらえ）た、元の活神の守護で人民が結構になりたのであるぞよ（明治二九年旧一二月二日）。

木の葉を着物とし、笹の葉を食べて暮す、そして穴居生活だったというのである。そしてこの世を創造した元の活き神がミロクなのである。

ところがだんだん歴史が発展していくと、人民が結構な生活を送るようになり、元のミロクの世が忘れさられていき、結局は泥海に化していく。終末の泥海になる以前は、ふたたびミロクの世に戻すべきだという観念が成立している。ミロクの世がよみがえると、どういう生活となるのか、次のようにのべている。

元のミロク様の世と成りて、人民の寿命も長くなり、神は烈敷なるなれど、人民は穏かに暮らす如（や）うに成るぞよ、人民が歓べば上は大神の御歓となるぞよ（大正六年旧九月三〇日）。

それは長寿で穏やかに暮すことのできる世だという。「みろくの世と申すのは結構な世であるぞよ。作りはよく出来るし、人民の気質がよくなりて、人民の寿命はながくなり仕事もこれまでのように無理もいたさいでもよいようになりて（下略）」（大正三年旧九月一五日）ともいわれている。

みろくさまの世になると、世界には口舌がないように、人の心がおだやかな良い心になりて、悪い事もせんようになりて、これまでのようなぜいたくな事はいたされん（下略）（大正四年旧五月二四日）。

みろくさまの世になると、国の奪いあいというような見苦しいことをいたさいでも、天からと地の世界からとして、みろくさまの天と地との大神が、世界中をかまわなならん世がまわりてきたぞよ（大正五年旧九月一一日）。

口論、喧嘩そして戦争のない穏かな世界が理想的世であることに間違いはない。しかし延命長寿で戦争がない、つまり悪のまったくない世界だと説くだけでは、あまりにも抽象的すぎるようだ。これらの語は大正四、五年に語られた神諭として知られているものだが、ミロクの世についてではないけれど、初期の明治年代のものは、より具体的な表現となっている。

艮の金神が表になると、一番に芸妓娼妓（げいしゃしょうぎ）を平らげるぞよ。賭博（ばくち）も打たさんぞよ。家の戸締りも為いでもよき様に致して、人民を穏かに致さして、喧嘩も無き結構な神世に致して、天地の神々様へ御目に掛けて、末代続かす松の世と致すぞよ（明治三一年旧七月一日）。

とあるように、芸妓娼妓、賭博をなくすことが、日常生活の不安解消になるというはなはだ実感のこもった表現となっている。いいかえれば新しい世界が来るためには、人民の日常生活の禁欲を必要とすることを説いているといえる。そしてこのことは、明治三六年の神諭にも、ことこまかに記されている。すなわち、神政成就（みろく）の世の教を致すには、婦女子の頭の道具から清らかにして、変へて了ふぞよ。衣類は平人には絹布を着せんなり。履物も婦人にあれば木綿の花緒なり。男子であれば竹の皮の捻花緒（ねじはなお）でよし。旅行する時には萁蓙笠で出れば、雑用も要らず便利も好し、婚礼をするにも祝事を致すにも、一菜一汁の規定になる也。初幟祭初雛祭いたすにも、何事を致すにも、余分の馳走を為る事は成らんなり。土産物も身分不相応の事は禁止て了うて、神政成就の世に立替る（下略）（明治三六年旧一一月九日）。

と記されている。日常生活の衣食住から、冠婚葬祭にいたるあり様を、質素倹約の精神によって守らせることを、ミロクの世実現の条件として説いているのである。つまり道徳律の根幹としてミロクの世を設定することが、ミロクの世の性格を特徴づけることにもなっている。

ミロクの世は、世界のはじまりに創造されたユートピアである。始源の世の秩序が破壊されるのは、時間的継起の上で必然的な現象といえる。邪悪で闇黒の世が来て、終末の泥海の世界が予見されるが、そうなる直前に、ミロクの世に回帰することが一つの救済思想として成立している。

水晶の世や松の世は、ミロクの世の属性として基礎的な部分を形成したものだが、ミロクの世がいちおう確定する段階では、そこに吸収されるべき表現形態だったといえる。こういう理想世がどういう形で現出するかが教団にとっての大きな課題なのであった。

王仁三郎の解釈では、前述したごとく弥勒には、法身・応身・報身の三段階がある(30)。明治二五年正月に、やがてくるミロクの世に対する預言があり、明治三〇年以後、立替えの時期が来てミロクの世が現実化するとされた最初の段階では、法身ミロクの世であり、これは出口ナオであって、「明治三十年からの事で、法身弥勒は至善、している。」という表現にあるように、神霊の形で、この世に出現至美、善一筋の遣り方をなされる所の神様であります[31]」という表現にあるように、神霊の形で、この世に出現している。次が応身ミロクの段階となる。応身は、文字通りさまざまに変身してこの世に表われることだ。「弥勒分身一千億」を反映した姿であろうか。王仁三郎は、「応身の弥勒は非常な悪にも見える事がある。正邪善悪を超越して、社会の毀誉褒貶抔は眼中に置かないで、天下国家の為に一身を捧げる、是が応身弥勒である[32]」と述べ、自らがそれを体現することを表示している。そして最終段階が報身ミロクの世であり、天下泰平・至善・至美の世界というユートピアに達するわけだ。そこに至るまで、応身ミロクは、すべての悪魔と戦う必然性がある。王仁三郎は、ミロクに相対置する大自在天を想定している。大自在天は九十九の力を持ち、ミロクは百の力を持つ。したがって百から一つでも欠けると、大自在天の悪魔が勝ってしまうという。ここには、悪と対立するミロクを意識している。「大自在天には財力がある。そうして今日は筆の力、口の力で攻めてくる。或は法律権力で攻めて来る、或は軍隊の力を以て攻めて来るというように、どんな権力でも持って居る[33]」。明らかに俗的な権力が想定されており、ミロクは誠の力でそれに抗するのだと論ずる。誠の力で善人になるという抽象的な精神力の優位を説くのである。

応身ミロクの働きとして、王仁三郎が印象深く述べていることは、稲作との関連であった。「例えて言いますと、応身弥勒は米の種のようなものであります。此籾を苗代に蒔いて、そうして草を取る。それから田に植えつけてまた草をとり、水を注ぎ、稔った後は、稲刈り、稲木にかけ、臼で引く。そうして俵に詰める。此処迄にするのが応身の働らきであります[34]」。

ここで言う「弥勒は米の種」という発想は、農民たちの伝統的思考と密着していよう。稲が稔るまでを応身ミロクの働らきとして理解させることにより、ミロクの存在が、農民の日常性の投映であることを明らかにしているといってよい。そして報身ミロクの世になる。それは苦悩の後にくる歓喜の世界と表現されている。「之を天国とも謂えるでありましょう。あるいは極楽の世とも謂えるでありましょう。実に鼓腹撃壌の世の中となって来るでありましょうけれども、それまでになるには一つの大峠があります」[35]。

報身の弥勒の世に到るまでに大峠がある。この大峠は、終末観の比喩的表現であって、大難と小難とがあり、大難を防いで小難に切り替えようとする救済を予想している。大難とは風水火の大災で、「若しこの風水火が起ったならばノアの洪水以上のものになる」と自然界の破局を意味する。小難の方は、飢饉・病気・戦争であり、これは「総べて人間の力によって幾分でも防ぎ得ることが出来る」と王仁三郎は言っている。大難が起これば世界は全滅してしまう。小難ならば破滅から脱し得るかも知れない。したがって大本の方で、大難を小難にまつり代えて、終末をのりきるのだという意味のことがのべられている。

王仁三郎の言はちょうど大正一〇年の大変革の預言が近づいた時のものだけに、終末のとらえ方に現実性を帯び、一般世論への鎮静策を含ませているかにみえる。とりわけ信者にむかっては、立替えが来たら自分だけ助かり、大本を讒謗罵詈した者は滅びるという考えを禁ずるよう呼びかけてもいる。「弥勒の世に住む人は、総て報身の働きをしなければならぬ。報身の働きとなって、国家天下の為に尽す。そうせぬことには報身の世は現れて来ない。報身の世になると、すべての人は聖人君子計りになる。此世を指して神世と謂い、弥勒の世と謂い、或は天国浄土と謂うのでありります」[36]と結んでいる。

このように王仁三郎は、ミロクの世を三段階に分け、報身ミロクに到るために終末を設定したが、世界の破滅をかならずしも前提とはしなかった。むしろ極端な破局を忌避する姿勢が明らかであった。終末をさけるようつとめるには、応身ミロクの自在な活力にすがる人々の生き方が重要であり、ここに道徳律としての弥勒の世が設定されねばならなくなる。王仁三郎自身、この段階では、教団の教理として、ミロクの世を確定することに迫られていたことが明らかであろう。

ナオのお筆先に表われたミロクの世は、日常の生活体験に根ざした素朴実感的なユートピアであったが、それが実現するための論理性に欠けていた。しかし王仁三郎は、これの教理上での実現の必然性を具体的に説く立場にあった。しかも応身ミロクを自己に体現させることを表明した点、宗教者としての自覚は強烈であったといえる。大本教のプログラムの上では、昭和三年三月三日が、ミロク下生の時に相当した。理屈の上ではミロクの世が現出したのであるが、これは教団内部の論理であった。実際に現実世界がミロクの世と成るためには、宗教運動の形で、広範囲な活動を必要とする。しかし第二次弾圧が昭和一〇年に起こり、これによって、社会性を帯びるべき大本教のミロクの世は、正当性を得る以前に立消えの悲運にあったのである。

(1) 久保常晴『日本私年号の研究』(吉川弘文館、昭和四三年)三四四—三五五ページ。
(2) 宮城県史編纂委員会編『石浜の勇蔵日記』。
(3) 内藤正敏「修行」(『日本人の宗教』佼成出版社、昭和四七年)一六〇ページ。
(4) 松橋治三郎『天明卯辰簗』。
(5) 能田多代子「巳の年の飢饉と稗草」(『能田多代子著作集』津軽書房、昭和四二年)。
(6) この点については第八章で触れる予定である。

（7）村上重良「大本教の成立と展開」（同『近代民衆宗教史の研究』法蔵館、昭和四七年）。鹿野政直「創唱宗教の思想」（同『大正デモクラシーの底流』日本放送出版協会、昭和四八年）。出口栄二『大本教事件』（三一書房、昭和四五年）。その他基本文献として、『出口王仁三郎著作集』全五巻（読売新聞社、昭和四三―四八年）。『大本七十年史』上・下（大本七十年史編纂会、昭和四〇年）。『大本神諭』第一〜五集（大本祭教院、昭和四二―四六年）。『立替え立直し』（大本本部、昭和四六年）。安丸良夫「大本教と立替え立直し」（朝日新聞社編『思想史を歩く』下、所収）など多数ある。

（8）お筆先は「大本神諭」として公表されたが、小論では大本祭教院版のほかに『大本神諭』天之巻（大日本修斎会、大正八年）、『大本神諭』火之巻（大正九年、『日本庶民生活史料集成』第一八巻、三一書房、昭和四六年）を用いている。

（9）明治二五年旧正月のものといわれている。

（10）前掲『大本七十年史』上巻、九三ページ。

（11）同右、九二ページ。

（12）「大本年表」㈠―㈤による。

（13）『大本七十年史』上、四〇ページ。

（14）同右、八四ページ。

（15）『大本七十年史』上、三四四―三五〇ページ。

（16）同右、三四八ページ。

（17）同右、四〇一ページ。

（18）同右、五二九ページ。

（19）前掲註11、また出口栄二『大本教事件』参照。

（20）『大本七十年史』六二二ページ。

（21）同右、三九七―三九八ページ。

(22) 同右、三九九ページ。
(23) 同右、五四五ページ。
(24) 『神霊界』大正八年四月一五日号―九月一五日号。
(25) 『大本七十年史』下巻、四―五ページ。
(26) 同右、六ページ。
(27) 社会問題資料研究会編『最近に於ける類似宗教運動に就て』昭和一六年度(「社会問題資料叢書」第一輯、東洋文化社、昭和四九年)五四ページ。
(28) 『大本七十年史』下巻、八ページ。
(29) 同右、九ページ。
(30) 前掲註11、『出口王仁三郎著作集』第一巻、三〇〇―三一二ページ。
(31) 同右、三〇二ページ。
(32) 同右、三〇四ページ。
(33) 同右、三〇五ページ。
(34)(35) 同右、三〇九ページ。
(36) 同右、三一二ページ。

第七章　沖縄のミロク信仰

第一節　柳田民俗学と沖縄

さて今まで、日本の歴史と民俗の中に展開してきたミロク信仰についての考察をすすめたが、本章では、とくに沖縄県におけるミロク信仰の実態について論及しておきたい。従来沖縄の文化体系は、かならずしも日本史の中で十分な位置づけはなされてこなかった。日本宗教史における沖縄の位置づけも、従前かならずしも明らかではなかったといえる。政治史や社会経済史の中での沖縄はしばしば大きな課題になったが、宗教史の従来の概念枠組からすると、沖縄に関してははなはだ貧弱な問題設定しかできなくなる傾向があった。たとえば宗教史といっても仏教史の、それも宗派ごとの教団史の研究が盛んであり、そうなると沖縄はほとんど対象となってこない。沖縄仏教史を、仏教の伝播過程でとらえると、真言宗・禅宗・浄土宗・真宗といった順序で、一四世紀後半からはじまるが、表面的にみた限りでは、首里周辺に寺院を集中させる程度にとどまり、強大な教団組織に組みこまれて勢力ある位置を主張するほどではない。だから従前の研究史上では、重要な意味を持つことはなかったといえる。

宗教史のなかで、民衆の次元に視点を据える立論は戦後活発であるが、いわゆる沖縄の創唱宗教というかたちでとらえられる現象は、なかなか見あたらないわけで、やはりこうした視点においても等閑視される傾向があった。

さて宗教の問題を含めて沖縄研究が開始されて以来、周知のように日琉同祖論を前提とする研究姿勢が主導権を握っていた。世間の常識からいって、沖縄を異民族視する傾向は、大正の中期ごろまで強いものがあった。これを打破するための確実な学問研究が押し進められる必要があった。とりわけ柳田国男による沖縄研究は、その中心にあるゆえに、画期的な評価がなされるのである。大正九年（一九二〇）から翌年にかけて、柳田は九州〜沖縄の旅に出る。その紀行を収めたのが『海南小記』で、これは大正一四年に刊行された。その序文の中で、

> 海南小記の如きは、至つて小さな詠歎の記録に過ぎない。もし其中に少しの学問があるとすれば、それは幸ひにして、世を同じうする島々の篤学者の、暗示と感化とに出でたものばかりである。南島研究の新しい機運が、一箇旅人の筆を投して表現したものといふ迄である。唯自分は旅人であつた故に、常に一箇の島の立場からは、この群島の生活を観なかつた。僅かの世紀の間に作り上げた歴史的差別を標準とはすること無く南日本の大小遠近の島々に、普遍して居る生活の理法を尋ね見ようとした。さうして又将来の優れた学者たちが、必ずこの心持を以て、やがて人間の無明なる闘諍を悔い歎き、必ずこの道を歩んで、次第に人種平等の光明世界に入らんとするだらうと信じて居る（下略）。

と記している。「南日本の大小遠近の島々に、普遍して居る生活の理法」を尋ねみんとする態度は、その後の民俗学の基本的態度として固定するものであった。日琉同祖論が前提としてあっても、それはアプリオリなものではなく、あくまで具体的なデータの収集とそれによる立論を展開させようとしていたのである。『海南小記』に

収載された「炭焼小五郎が事」と「阿遅摩佐の島」の二論文をみると、前者は、全国に広がる炭焼長者伝説の一環の中で、沖縄本島と宮古島に伝えられる同類のモチーフを検討している。そこで冬といっても暖房などほとんど必要としない沖縄に、なぜ炭を焼いて長者となろうとする話が伝えられたのかを問題としている。これは結局鍛冶職の徒が伝播させたもので、炭焼きの炭が金属陶冶のために使われたことを類推する。かくて鍛冶と炭焼きとを同系譜とする文化圏の中に、沖縄と日本を含ませる論拠をのべるのである。後者の論文では、クバの葉を扇として用いる慣習が、信仰的要素を伴って、沖縄と日本に共通していることをのべ、むしろこの習俗の南方的要素をもって、クバを伴う文化をもった民族が、南方から伝播してきたのではないかという、いわゆる柳田学の特徴たる南方民族伝播論の根拠を展開させている。日琉同祖論を正面からいわずとも、具体的な文化要素を比較しつつ、遠近の島々に普遍する生活の理法を指摘することが、その特徴となっているのである。

柳田は昭和二八年に東京都立大学が南島総合調査に着手するにあたって、次のような調査の指針を示したという。

(1)　先島を重視すること。先島には沖縄の古史料が残っている。

(2)　オモロが採録されたのは、最古のものでも、近世の段階であることに注意すること。

(3)　沖縄の信仰は、記録に残されているものは、その信仰が複雑化・衰退化した後の現象であり、たとえ天地開闢から書いてあっても、古い考え方とはいわれないこと。

(4)　離島の交通・往来・移住を内から考えること。漂流者の記録、舟を失った者の努力など。

(5)　暦に注意、公暦と作物暦との比較、稲作の歴史の特色、気象記事に注意。

(6) 南島だけで、いったんの仮定を立てること。日本側の資料はいわば暗示であり、古書もまたこれに近い。近くの島々との比較、たとえば台湾東海岸の紅頭嶼など。

(7) 民俗学検索は一つの準備、壱岐、対馬、甑島、佐渡、八丈島などとの比較、単なる島なるが故の特徴や類似もあると思われる。あまり民族の親近性に引きつけるのは用心しなければならない(1)。

この中で(6)と(7)に示された内容は含蓄の深いものがある。つまり沖縄研究は、それなりに独自の仮説をまず立てることが必要であり、日本側（本土）のデータはあくまで二義的な意味しか持たぬという指摘、また民族の親近性ということにあまり引きつけられることを避けねばならない、という警告。これは、おそらく沖縄と日本本土の文化を容易に一体化して、文化要素の類似性の指摘にのみ汲々としがちな研究者の姿勢に対するものであったろう。この点、柳田が安易な日琉同祖論者ではなかったことを、はっきり物語っているのである。

第二節　宗教史と沖縄

以上いささか柳田民俗学における沖縄研究の一般論について言及しすぎたが、従来それほどに民俗学的研究の占める位置が大きかったわけでもある。さて一応宗教史という枠の中で沖縄研究を考えた場合、いわゆる沖縄の固有宗教とよばれる存在がクローズ・アップされる。首里王朝が、聞得大君を中心とした宗教組織の統一をはかる以前に、本島・先島を問わず、島々の間に信仰の一致があったと、柳田は指摘する。そして次のようにいう。

同時に又ヤマトの我々との間にも、何人にも気の付くほど顕著なるものがあった。例へば神が一定の期日を以て、海と天との堺から一定の土地に御降りなされたことである。祭祀は必ず其地方に於ける一門の長者に属し、其家に在つて必ず女性の専業であつたことである。神と其家々との関係は、外部の何人も争ひ得ない程度に深いもので、其優越は同時に俗界に於ける彼等の力であつたことである。女性は神と人との間に立つて神意を伝へ、殊に其指導を以て彼等が肉身の兄弟、父又は夫を援けたことである。此等は何れも皆、兼て我々が日本の固有宗教の元の様式として、それぞれ論証して置いたところのものと、要点に於ては殆ど同一であつた（「南島研究の現状」）。

こうしたきわめて古風な信仰様式が沖縄に残存し、かつてこれは、日本の古代の信仰様式とほとんど同一であるという指摘は、日本の古神道・原始宗教を探る上で、現段階においてそれほど修正されているとは思われない。この観点は、折口信夫における沖縄研究の中心でもあった。折口の方が、柳田よりはるかにストレートな形で、沖縄の宗教を把握しているといえるだろう。折口は「元々、我々『本土日本人』と毫も異なる所なき、血の同種を、沖縄びとの上に明らかにすることなく、我々は、今まで経過して来た。今になっても、まだしみじみと血を分けた島の兄弟の上を思ひ得ぬのは、誰よりも、歴史民族の学徒が負はねばならぬ咎である（折口信夫「沖縄を憶ふ」）と、第二次大戦敗戦の翌九月にのべている。さらに、

沖縄本島を中心とした沖縄県の島々及び、其北に散在する若干の他府県の島々は、日本民族の曽て持ってゐた、最古い生活様式を、最古い姿において伝へる血の濃い兄弟の現に居る土地である。此だけは、永遠に我々の記憶に印象しておかねばならぬ事実である（前掲論文）。

といっている。明らかに現代にみる沖縄の民俗と日本の古代をストレートに接合させる直観的思考を汲みとることができよう。

「沖縄に存する我が古代信仰の残孽」といった主題の選択は、折口にとっては好個のものであった。沖縄の古風な信仰を琉球神道と一括できるだけの素材は、折口の手によって、大正一〇年ごろから盛んに公表されだした。「沖縄探訪記」や「沖縄採訪手帖」などの、詳細なモノグラフを交えた内容のもので現在でも高く評価されている。

この観点は、たしかに、日本の神道史の重要部分をおさえるのに有効であった。だが一方、それでは何故、沖縄の現代が、日本の古代的なものに接合しうるのかといった疑問に対しては不十分といわねばならない。元来折口の古代研究は、クロノジカルな意味での古代ではない。現代の民俗を古代的なものとして見ることは、そこに原初的な型を見出すということであって、古代社会の要素を摘出するわけではなく、したがって単純に文化の進歩の遅速の尺度をあてはめることにもならない。沖縄の神道に日本神道の古型を見るという姿勢は、かつて同時性をもって営まれていた神道の宗教形態が、歴史的条件の度合いによって、片や脱落したのに対し、片や命脈を保ちつつ、現代に機能しているということである。

民俗学的研究の欠点は、古代と現代をストレートに癒着させるのに急であることであった。たとえば原初的な型の変化・脱落があるとすれば、そのプロセスの諸条件について検討せねばならないのが、当然であるが、従来その配慮が欠けていたことが反省されている。

沖縄の神道が、社会制度と密着し、やがて首里王朝の政治的支配のもとで、聞得大君を頂点とする巫女の宗教を確立させたことは、体系的にまとめられた鳥越憲三郎の大著『琉球宗教史の研究』にくわしいが、それと対蹠的に、仏教のあり方についての宗教史研究は意外と弱い。これは多くの先学の指摘することであって、先に指摘したように、沖縄には仏教の浸透が薄く、あまり問題とならなかったという結論にもつながってくる。沖縄には、本土と同様に仏教の伝来があった。日本本土と同様に沖縄にもたしかに仏教伝来のコースがあり、文化変化の段階があったのだが、表面的には一応仏教の浸透は弱かったという結論になっている。つまり仏教に依存せずとも、別の宗教体系が、十分それにかわりえたということであれば、それを明らかにせねばならぬし、また仏教を拒否したものがあれば、その理由を確かめねばならない。

名幸芳章の『沖縄仏教史』は、沖縄仏教に関する数少ない成果の一つである。通史の体裁をとり、一三世紀後半の禅鑑による仏教伝来にはじまり、真言宗・禅宗・浄土宗・真宗・日蓮宗の各派の伝来の経緯をたどる。それから首里を中心とした仏教興隆をのべ、近世・近代・現代にわたる仏教史の概略を記している。記述の仕方は、もっぱら高僧と寺院を中心としたもので、仏教史年表を付してそれなりに意義ある書物といえよう。だがいわば従来の日本仏教史研究の行き方を踏襲したものであって、民衆とのかかわり合いといった視点は用意されていない。「沖縄の権現信仰」の項が、全体の構成からはみ出した部分に置かれていることが、何よりもそれをものがたっている。権現信仰とは、真言宗と沖縄神道の習合から生じた形態であるが、いわば民間宗教としては、現在も大きな力を持つものである。洞窟と霊石を核とする聖地が信仰の対象として、本島の中部・島尻に琉球八社と称する権現社がある。縁起は熊野系であり、権現社成立に際しての真言宗系の行者の関連を示唆している。琉球八社は、首里王朝と貴族たちの祈禱寺的性格を一方に持つが、民衆の現世利益に対応して、民間信仰の次元に大きな位置を占めている。たとえば、ユタはこれを拝所として、本尊の神仏を授かったりする。ユタの本尊に観音が多いことは、権現を契機として、観音信仰が民間に浸透したことを示している。

またこの聖地が権現として祀られる以前には、テラとよばれていた。テラといえば、すぐ寺の文字をあてはめるべきであろうが、沖縄ではそう簡単に行かぬところに問題がある。仲松弥秀の「テラとミャー」が、その点をはっきり述べている。(2) テラと寺とは別物だというのである。テラは洞穴の墓で、神の鎮座する所というのが、仲松説の骨子である。その根拠は、権現のテラ以外に、沖縄本島北部や瀬底・伊是名・粟国・久米島の離島など、仏教が浸透しなかったと推定される地域にテラと称する洞穴や聖地があることで、そこにはかならず人骨が隠されているというのである。

仲松説がもし認められると、仏教渡来以前にテラの地名を持つ御嶽の如き聖地があり、それは墓所であったということになる。日本仏教史の中でも、寺の原義は明確ではない。その解答がすっきりと沖縄の中に得られたことになる。しかし筆者が若干疑問に感ずることは、権現が寺とよばれるのは、明らかなことだが、他の地域のテラが、仏教的色彩と全く無関係であったのかどうかということである。真言宗は日秀上人という漂着の聖の渡来を端緒として広まったが、しだいに勢力を増し、真言宗系行者が本島を中心に周辺の離島を歩きまわった形跡がある。仲松氏がテラ地名の残る所としてあげた地域には、真言僧が入らなかったかというと、そうとはいいきれない。たとえば孤島の一つ粟国島のテラは、本島から流れついた坊主が籠って死んだ所といわれ、たしかに人骨がある。その僧が上陸した地点を坊主浜と称し、洞窟の中には観音（種子）が祀られていた。

こうした点は今後の検討をまたねばならぬが、少なくとも琉球八社縁起の記録だけでは追跡できぬことは明らかであろう。また仏教と民衆生活との接触を考えるなら、袋中和尚による浄土宗の伝来にはじまる念仏信仰が問題となろう。現在も念仏踊の要素をこめたエイサーは、民俗芸能として知られるし、エイサーや葬式に関与したニンブジャー（念仏者）の活躍は、本島の中部から南部にかけて濃厚であった。(3) 沖縄における仏教史研究の空白部は、今後埋められていかねばならない。

第三節　新宗教の形成

沖縄宗教史の中で、とりわけ民間信仰の次元におけるユタの信仰体系は、きわめて重要である。しかし従前かならずしも十分に研究が行なわれていなかった。それは研究対象としてユタを取り上げることをことさら軽視する風があったこと、またユタ自身も官憲からしばしば弾圧を受けたため、被調査者となることを忌避していたこと、などが大きな理由となっている。しかしいわゆる沖縄研究が進んだ段階でも、なおかつユタの体系的研究は等閑視されがちであった。民族学・民俗学からのアプローチも、奄美群島のもののモノグラフはかなり明らかにされていたが、沖縄のユタに関するものは、ほとんど皆無に近かった。つい最近までは鎌田久子「日本巫女史の一節」（『成城大学創立一〇周年記念論文集』一九六〇年）、饒平名健爾「マブイの多様性」（『民族学研究』三五の三）などの研究報告を除いて取り上げるべきものはなかった。しかしユタの基本的要素である神がかりは、極東地域に濃厚に分布するシャーマニズムの比較研究に重要な素材を提供するものであることは自明の理であった。この二、三年来、桜井徳太郎は、東北地方のイタコを筆頭とする民間巫女にはじまり、トカラ列島・奄美群島にいたるまでのそれぞれの実態と比較するという前提で、ユタの世界に深く入りこんだ上で調査を実施してその大部の報告をまとめ上げ、注目されている。(4) ユタの存在意義は、柳田国男の次の言葉、すなわち、

物知りは沖縄の方では、ユタと呼ぶのが普通である。大島佳計呂麻などでは、正神またホンゾンガナシとも謂つて居た。本尊と頼む神仏の力に由つて、只の人の目には見えぬ者を見る。故に其謂ふことが信ぜられた。今まで不明であつた高祖の名でも事業でも、之に聴けば忽ち闇の園の燈火であつた（『海南小記』）。

といった内容に尽きる。弾圧され続けていた間でも、潜伏中のユタに救いを求める民衆が多く、民衆生活との交わりの中で、強固な伝承性を持ってきたのであった。

そこで問題となるのは、現世利益に覆われたユタの霊験にかならずしも満足しきれない要素が、沖縄民間信仰の中に内包されていることである。神がかりは、啓示と予言を伴うものだが、これは宗教の、ある意味では、もっとも基本的現象である。神がかりによる啓示と予言が、ユタの持つ信仰体系を打ち破る方向にはたらくことがあるとすれば、それは明らかに新宗教運動の端緒となろう。

桜井徳太郎によって紹介された沖縄本島与那城村屋慶名の生天光宮などは、その代表的な事例である。ユタの中から巫女教が創始される過程が、如実に分かる。とくに教義と組織的集団が作り上げられている点は注目に値しよう。(5)

さて次に紹介するのも、そうした事例の一つである。

それは、宮古島にある万古山御嶽のことである。昭和五年に平良市に住む婦人（当時四五歳）に、ある種の啓

示があり、新たに御嶽が開かれたのである。筆者は直接この御嶽を観察したわけではないが、地元の研究者である岡本恵昭より、「万古山御嶽親天太母天太大神様の通明伝説記」なる縁起文書のコピーを提供されたので、簡単にその要点を紹介しておきたい。これは宮古島の島立ての話があり、これが枕となっている。大昔天の大主親天加那志親神が長男にあたるウプズ主、ウプパーウマの二神を天下らせた。二神の天下る場所は万古山と定められ、万古山の山奥に下って居を構えた。二神は当然夫婦神で、当時はくらやみの世の中で、そこに島を作り立てようとしたが、なかなか出来上がらない。ついに天の大主に相談すると、天の大主は、孫にあたる親天太、母天太神を天降らせ、父母の神を助けるように指示した。かくて二組の夫婦神が協力して、次々と、今日の宮古島の礎をつくっていったのである。親天太、母天太神は万古山に住みつき、最初の村建てを行ない平井村と名づけた……云々、というものである。さて四五歳であったM・Y女が、親天太母天太神の啓示を受けたのが、昭和五年旧三月一六日の夜で、みの笠をつけた老爺の姿の神使が、暴風雨の夜、宿を貸してくれ、と訪ねてくる。求めに応じてM・Y女は、宿を貸し、老爺は自分が神の使いで、おばあさんに帳簿を渡し、道を明ける仕事に携わるように伝える。これをきっかけとして、毎夜午前二時頃になると神の使いが二人現われて、M・Y女を泊浜へ連れて行き、神々に合わせて、親天太母天太神の道明け修業訓練にはげむことになったという。M・Y女が万古山の神座を眼前に見たときのことを、次のように記している。

アダンの木にすわるのが約四時間と思います。そすと天の座からカミナリの如くツガミイナラシテ聞こえると思うと、子方向きてすわって居ると、最初池間島浜より大波が空高く寄せて来ました。そすと狩俣方面、大浦方面、伊良部島方面、漲水からも、北海岸方面、南海岸方面、東海岸方面、宮古一周十二方の海面から大波が空高くおし寄せて来ました。不思議な事には、その大波は泊浜と万古山におし寄せて十二方の海面からの波は一ケ所に集り空高く、天のナカビマデウズラマイテ居りました。……そして大波と白い雲は一体となって上ったり下ったりして、次には天のナカビまで上って次第に下がりまして、大波と白い雲は別々になって雲は天に上り、波は又十二方の海面めざして仲良くひいて行きました。それで神様は大波と白い雲と一体となり中心になって上に登ったり又下に降ったりしたその中心が、親天太母天太大神様の神座でありますから良く見て居りなさいと、あそこですからと、御ばあさんに、目標を知らせました。……神様の座敷にはクロ木が二マタガラにて三つの葉ごと植えてありますから、そこをみとめなさい（下略）。

M・Y女が神の啓示として、道明けを行なう使命を受け止めた際の、強烈な印象が世界の始源を再現する情況を認識することに裏打ちされていることを知る。

当時四五歳の女性は、現在九〇歳になる。谷川健一はその女性に面接し、興味深い報告を記している(6)。谷川はこの老婆を太陽の洞窟を主宰する者としてとらえている。太陽の洞窟は万古山御嶽の拝所のすぐ後にあり、老婆だけが、一年に一度七日七夜の間、海水で禊ぎをしつつ、一人籠り、他人を近づけない。そして八日目に新たな太陽を誕生させるという。太陽を沖縄語ではティダという。前出の文書中では天太と漢字で記している。洞窟の中で、ティダの親神と神女である老婆との儀礼的な交媾が行なわれたのではないかと、谷川は推察している。

現在ある万古山の御嶽は、太陽を拝む中通しの機能を持っている。かの老婆をはじめ神女が若干名奉仕しており、信者も多い。この御嶽信仰についての intensive な調査はまだなされてはいないが、少なくとも、神がかりをした女性が、自ら創始した御嶽の信仰が中心であって、彼女が霊感のおもむくまま創世神話を作り上げ、かつ太陽神の命ずる道明けに従ったのである。この道明けについての分析が不十分ではあるが、仮に宗教的意義を予想すれば、それは世直し的要素の存在であろう。M・Y女自身には、早くからユタ的な信仰体系を脱却した節があり、カリスマ的な要素を備えつつあるといえるだろう。

右の事例にとどまらず、民間次元の段階から民衆宗教として成長しうる可能性をもつ信仰形態がいくつか現出しつつある。これらが真に民衆にとっての救済を果たし得る宗教に展開するかは、きわめて注目すべきことだろう。本書の主題でもあるミロク信仰が、この段階で、いかなる役割をになっているかを、以下言及してみたい。

そこで今までの叙述と若干重複する箇所もあるが、沖縄全般にわたって展開してきたミロク信仰について概略してみよう。

第四節　八重山のミロク

沖縄のミロク信仰は、さまざまの変差に富むが、とりわけ八重山に濃厚に分布する豊年祭、節祭、結願において、先頭に立つミロクの練りと踊りの形態から推察して、沖縄に伝統的な来訪神の一形式であるという説明づけが妥当とされている。南端の与那国島にはじまり、鳩間、西表、波照間、新城、黒島、小浜、竹富、石垣の諸島のすべてにミロクは出現しているが、島内の部落ごとに見て行くとかならずしもミロクが現われない所もある。たとえば西表の古見、大原、石垣の宮良、新川などには、ミロクは出ない。そのかわり古見、大原、宮良はいずれも赤マタ・黒マタの出現する部落として知られている。酒井卯作も指摘するように[7]、より古風な伝統的信仰と目される赤マタ・黒マタの出現する地域には、ミロク信仰の影響は少ないといえるのである。石垣の川平には、旧八月八日の結願の際にミロクが出るが、一方節の際（旧八月戌戊の日）には、マユンガナシが出る。マユンガナシは赤マタ・黒マタに似た姿であるが、赤マタ・黒マタなどの秘事は伴っていない。マユンガナシは来訪神を示す典型的な仮装神人で、各戸を巡り豊作の祝詞を唱えるが、ミロクの方は決してそうした形式をとっていない。むしろ公的な祭場の拝所に、部落の区長と同席して出現するのである。一般にミロクは、公民館前の広場とか、オオセ（番所）跡とか、中央部にある御嶽の前に行列とともに現われる。石垣の白保では、豊年祭は旧六月中の三日間が選ばれ、第一日を願解といい、昨年の願ほどき、第二日目が豊年祝い、第三日目が来年の豊作を祈る世願い、といった段取りで行なわれる。そして第三日目の夕方、ツカサと部落の区長はじめ役員たちが、中央にある嘉手苅御嶽に集合して、豊年祭の行列を待つ。その順序は、本田安次の報告にくわしいが[8]、行列の最後にミロクが出るのである。このミロクは沖縄でよく見かけるもので、眼鼻立ちの巨大なミロク面をかぶり、腹を大きくふくらませ、黄色の着物をつけ、右手に軍配、左手に杖と瓢を持ち、太緒の下駄をはく。その後に振袖姿の女の子たちをつれて歩いている。一二、三歳の女子で、二人ずつ組となり、最初の二人はミロクの長い袖をとり、次のは団扇であおいでいる。次のは綾を両手に持ち、次の二人が籠に粟穂と稲穂など五穀の種子を入れて持っている。この行列が、部落中央にある嘉手苅御嶽に向かって、東方から姿を現わすと、待ちかまえていた女たちがいっせいにミロク節をうたい、かつ踊り、にぎやかな光景を呈することになる。このミロクの行列を見ると、まるで古くから部落に持ち伝えられたかのように思ってしまうが、実は戦後はじめて取り入れたもので、それも豊年祭のアトラクションとしての意味からであったという。ミロク面を保持しているのは、部落の古老の米盛太郎氏であるが、戦後にミロク踊を祭の順序の一部にすることにしたのは、他部落で盛んにやっているので、ショウとしてそれをもっと高めたいとの気持で、石垣でもっとも古いといわれる登野城のものを真似ることにしたのだという。面もはじめ登野城から借りていたが、そのうち、白保から小浜島へ嫁に行った者の婚家先きの聟さんがわざわざ上手に作ってくれたのを貰ってきて使用している。その面が何故米盛氏の家にあるかというと、この家に三夫婦そろっていたから（現在は祖父母が亡くなり二夫婦のみ）、その長寿を尊ばれ、部落から依頼されて預かっているのだという。ミロクにつきしたがった女の子たちは、いずれも当家の孫たちであった。

石垣でもっとも古いといわれるミロクは、登野城のもので、その伝来過程については、喜舎場永珣が明らかにしている。(9) 喜舎場の説によると、寛政三年（一七九一）、黒島首里大屋子職の大浜用倫が、公用を帯びて首里王庁へ上国した。その折平民から選抜されて、随行したのが登野城村の新城筑登之であった。やがて公務を完了して帰省の途中、暴風雨に襲われ安南に漂着してしまったが、折しも安南では豊年祭の最中で、ミロクの祭が行なわれていたのである。大浜用倫は、その祭を見学し、豊年をもたらすミロクの由来など聞いて感激し、このミロクを八重山に勧請すれば、不作を免れ孤島苦を免れることを思い、安南の官憲に請願して、ミロク面と衣裳を譲り受け、やがて琉球に戻った。ところが用倫は首里滞在を命ぜられたため、やむなく新城筑登之に託して、ミロク祭の由緒を八重山に伝えさせたのである。そしてミロク面と衣裳も、家判を附した半櫃に入れて、新城家に代々保管するように命じた。これが現在登野城に残されているミロクの面だという。そして有名な「大国ヌミルク、八重山ニイモチ、オカキブセ、ミショリ、島ヌ主」にはじまるミルク節は、用倫が、ミロク面を手中にした時から作りはじめ、琉球に帰着して完成したもので、この歌詞を新城筑登之に教えたものであり、それがそのまま八重山に持ち伝えられたのだという。

登野城のミロクの由来をみると、われわれが現在民俗芸能としてみる豊年祭のミロクは、決して古風なものとはいえない。むしろ赤マタ・黒マタとかマユンガナシなどと比較して、沖縄の来訪神の一連の中でとらえても、なにか異質の感じがする。豊年祭にしろ結願や節の祭典行事の中でもミロクの出現は、部落ごとで若干ニュアンスの差はあるが、副次的な位置ないしは余興のような雰囲気がある。にもかかわらず熱狂的な祭の中で、ミロクの出現の一瞬、参加している群衆の中に、ほっとして安堵感がただようのは何故だろう。巨大な耳、眼、鼻をつけた面とユーモラスな巨腹をゆすり、ゆったりと歩く姿に何ともいえぬ期待が寄せられているのだろうか。

ところで、鳩間島のミロクは面をかぶらない。ここのミロクは、くばの皮を頭からかぶり、頬かぶりで、以前は素裸かであったという。今は青い着物を着ている。さらにカムラマと称する歌と踊がある。これは一〇名ぐらいの子供たちが輪になって踊るもので、歌の終わりで子供が転ぶと、輪の中にくばの皮をかぶり黄色い着物を着た者がいて、子供たちを起こしてまわる。この男についての名称はないようである。鳩間の面をかぶらぬ裸形のミロクは、登野城に近世に伝来した仮面のミロク以前の姿を示すのかどうか、鳩間の住民は、赤マタ・黒マタの発祥地と目される西表の古見からの移住者が多いだけに、今後検討する余地があるだろう。

八重山における年中儀礼に附随した芸能としてのミロクは急速に伝播定着したらしい。南は与那国島から北上して、本島島尻の島主として海に面する村々に伝えられたらしい。現在は知念村知名と安座真に八重山と類似のミロク踊が伝承されている。

八重山に濃厚な分布を示すミロク踊は、豊年祭のメインエベントであり、人口に膾炙されていることは周知の通りである。ここで歌われる歌詞の内容は、大雑把に二大別され得る。一つは漠然と弥勒世を憧憬し、その実現を確認し合うもので、たとえば西表の祖納の節祭で盛んに歌われる弥勒節をあげてみよう。(10)

一　大国ヌ弥勒(ミルク)
バガ島ニイモチ
今年カラバガ島
世果報デムヌ

二　米作(マイ)ラバン　（米作をしても）
稔(ナオ)ラシ　（神の恵みで豊作となり）
ウム作ラバン　（甘藷を作っても）
実ラシ　（豊作である）
ヤイヌ世ヤメヘン　（来年の世はなおさらに）
マサラシタボリ　（勝らせて下さるように）

三　弥勒世ヌ
アタラドゥ　（あったので）
世果報世ヌ
アタラドゥ

臼カジヌ米ヤ　　（各家の臼毎の米は）
タントゥチィカシ　　（たんと搗いている）

四　今年世ヤ弥勒
ヤイヌ世ヤ世果報　　（来年の世は果報の世）
ミイテヌ世ヤメヘン　（三年後の世はなおさらで）
マサラシタボリ　　（豊作を恵み給うように）（下略）

大国はヴェトナムを指すそうであるが、そこの弥勒がどういう形で訪れてくるのかは漠然とした表現をとっている。稔り豊かな豊年の世がミロク世であることを八重山の人々は誰でも認識しているのだが、それがどうやってこの島にもたらされてくるのか、これをはっきり歌いこめた内容のものは、新川、大浜、白保、竹富などのユンタの中にある。それぞれ歌詞に若干の変差があるが、新川のトゥンギャーラユンタを次に挙げてみよう。(11)

一　東(アーリ)アラチユル　　（東方の大海原から来る）
大船(ウフフニ)ヤ
　　バガ上ヌトゥンギャーラ
チヤミユシヤハデイィ
ヒ、ユーバナブレ（囃）

二　ナユシチュル　　（なんという異形な）
大船ヤ

三　福ヌ世ドゥ　（裕福な世を）
　ヌセオウル　（満載してくる船のようである）
四　ミルク世ドゥ
　ヌセオウル　（満載してくる神の船のようだ）
五　ジィマドゥジマ　（何処が）
　船着キ
六　蔵ヌ前ドゥ
　船着キ
七　美崎ヌ前ドゥ
　船着キ

東方海上の彼方から、裕福な世、豊作の世であるミロク世を満載した異形の大船が島にたどり着くことを歓喜をこめて歌い踊る。大浜のスンキャラユンタは、喜舎場永珣の解説では、八重山でもより古風な型だとされる。別名「東カラ（アーリィ）」といわれ、[12]

一　東カラチユウル　（東方海上からくる）
　エーミタリョー（囃）
　御船
　バガ上ヌ　（八重山全体への）

リウホーミャユ〳〵
世バナウレ（囃下略）
スンキャラ　（五穀の種子を積んだ神の船である）
二　ウハラカラチュル　（遙か東方海上からくる）
御船
バガ上ヌ
スンキャラ
三　ナユシャル船ヌ　（どんな船であろう）
バガ上ヌ
スンキャラ
四　イカシャル御船ヌ　（如何なる御船であろうか）
バガ上ヌ
スンキャラ
五　主ヤネン　（船主や船員がいない）
船ヌドゥ
バガ上ヌ
スンキャラ

六　勢頭ヤネン　　　　　（船頭や船員のいない）
　船ヌドゥ
　バガ上ヌ
　スンキャラ
七　粟俵ドゥ　　　　　（粟俵を一杯積んで）
　廻ショウル
　バガ上ヌ
　スンキャラ
八　米俵ドゥ　　　　　（米俵を一杯積んで）
　廻ショウル
　バガ上ヌ
　スンキャラ
九　大浜村上ナガ　　　（大浜村中へ与えられた）
　バガ上ヌ
　スンキャラ
一〇　グルシ村上ナガ　（黒石村〔大浜と同義語〕へ下ろされた）
　バガ上ヌ

スンキャラ

一一　弥勒世給ボラレ

バガ上ヌ

スンキャラ

一二　ウヤキ世バ給ボラレ

バガ上ヌ

スンキャラ

煩雑であるが、比較のため全文のせた。よく見ると、大浜のこの古風なユンタでは、他の歌詞にあるように、ミロク世を正面に出し熱狂的に憧憬している表現は稀薄であることが注意される。むしろ前半で東方海上から、人間の乗らぬ神船が、五穀の種子を積んでこの島にたどり着くことが述べられ（一―六）、後半で米、粟の俵を満載した船が廻船されてきて、ミロク世だと歌われているのである（七―一二）。

八重山の稲の伝来に関する神話は、大川村の大石垣御嶽のタルファイ神と、登野城村のインナシ御嶽のマルファイ神とが、安南国、アレシン国、カンボジア国から、稲の種子をもって移住したというもので、観念的に東方海上と指している方向には、明らかにヴェトナム、カンボジアあたりが目指されているのである。その点を、大川村の「世乞チィジィ」ははっきり歌っている。石垣島の若人たちが、船を作って神の島に出掛ける。神の島は行き着くところ、南支のアレ島（米産地として知られる安南アレシィン国）で、そこに到着してから「稔ル世、弥勒世」をのせて、ふたたび石垣島に向かい、船着場へ弥勒世を下ろしたという趣意のものである。(13)

こうして八重山のミロクに関する古謡をみてくると、稲の種子をもたらす神の船が、まずヴェトナムの方（東方海上）から漂着し、稲作の開展に伴ない米俵満載のいわばミロク世をのせた船がやってくるという二段構えの唱句を看取できるのではないだろうか。一八世紀末に首里の大浜用倫が、上国の途中台風にあって、安南に漂着し、そこで豊年祭にミロクを祀る行事を知って、八重山に招来したのが、ミロク踊の起源と伝えられているが、おそらく布袋面を使用し、現在見るように整然とした形を持つようになったのは、その頃のことであったろう。しかしミロクの世を満載した大船が来るという思想はそれ以前に存在していたことは明言できるであろう。

第五節　八重山ミロクと鹿島

柳田国男が晩年に描いた『海上の道』の構想は、黒潮の流れと季節風の風向きを軸とした文化伝播論、さらには民族移動論に及び、行きつくところは日本民族の起源論にあったといえる。この構想の一環をなす「みろくの船」の論考は、かならずしも民族起源論と直接結びつけるものではなく、弥勒信仰のいわば日本的展開、とりわけ弥勒下生信仰の日本史上の中・近世の変化の過程を問題としている。その特徴とするところは、鹿島地方を中心に展開した弥勒下生信仰にあり、それは五穀を満載した「みろくの船」が鹿島浦に到来することを歌った唱句で表現されている。柳田はこれを「墓とも寺とも縁の無い一種の東方仏教」の表われと見て論旨を展開させる。根拠となったのは『鹿島志』や『利根川図志』に収録された弥勒謡の唱句であった。

すでに何度も記したように、この唱句は、鹿島に住む老婆たちが、祝事や祈事のたびごとに、円陣をつくって歌いかつ踊るものだという。さらに柳田は、鹿島の周辺の地域に、今も残っている鹿島踊の歌い文句の中に、やはり同様な意味を見つけ、かつて日本の民衆が稲作の豊熟をもって、弥勒出世の奇瑞となし、米を祭場にまきちらすことで歓喜を表現したことを想像するのである。そして、鹿島浦に東方海上の彼方から訪れる「みろくの船」によってもたらされることを予測し鹿島と弥勒下生信仰との結びつきを示唆するのである。だから著名な関東の私年号弥勒二年の淵源も鹿島にあるのではないかと想像され、弥勒下生を歌いこめる鹿島踊を含めて鹿島信仰の伝播に重要な役割を持ったと思われる鹿島神人＝鹿島事触れに注目している。鹿島事触れの活動範囲が日本のどの地域にまで及んだか思いを致しながら、柳田論文の際立った独創性は、はるか沖縄八重山に今も盛んに行なわれている弥勒踊と鹿島のそれとの奇しき一致を指摘しつつ、これが海上の道の壮大に描く文化伝播論に還元され得ることを暗示したことにあった。

嘉永年間に『近世風俗志』を書いた喜田川守貞は、その著書の中で鹿島神人にふれ「守貞幼年の頃大阪に来る、従来毎時来れり」と記しているので、近世中期ごろまでには、西日本に鹿島事触れは足を伸ばし、おそらくは鹿島踊の弘布につとめていたことである。淡路島の三原町社家八幡に、今はすっかりなくなってしまったが、天保年間の記録では、(14)

シウソク姫（先の十三姫と同義か）が米を蒔く
米蒔けば又も蒔いて
弥勒告て米蒔、我は遠き鄙の順礼じや

とあり、これを神踊の歌詞としている。鹿島神人の遠い痕跡をしのぶことができるのである。

ところが驚いたことに、先年本田安次が奄美の与論島で採録した風流踊歌の一つに天竺歌なるものがあって、それは次のような歌詞なのである。(15)

一　けんやう　天ちご(竺)のな　雲のあいより
　けんやう　十三ひめが米蒔とな
　けんやうけんやう　米まかばな　あたた(徒)にまくな
　けんやう　ミろく(弥勒)ちときてまごな
　けんやうけんやうちんていんていとうていちとふでちとふ

一　きんやう　御城にな　赤佐浦にも
　きんやう　みるく(弥勒)船がちく(着)となな
　けんやう　ゆミつんていでっとう　でっとう
　けんやう　ちとふてつとふ　つとふてちとふ　ちとふ
　きんやう　おきなわあたちんた　ちんた

一　山ちを行ば
　なと心とてハちとん〳〵よハもめ〳〵　はかつにつれがあろ〳〵
　やりつりつりかのあるうてんそ〳〵とうしれとてハ　つとうかんてハちと
　よん(与論)のている嶋やよ　いねこさあしが　けんやるやるやあう

けくしおかし目かとの川御座有〳〵

広たのあミがさモちゃきですゃく〳〵

あそよんしちょ心しょへくの〳〵

なべ(鍋)のそく(底)中に　ごゝのたまて　ちゃん〳〵や

方言の意味が不分明で、とくに三節の内容がよく判らないが、前二節は明らかに、前出した鹿島神人の唱導した鹿島踊の歌詞に他ならない。「けんやう」は囃し言葉であるが、他は鹿島踊の流行現象にのって流伝した唱句であることが分かる。与論島の赤佐浦にみろくの船が着くと歌わせたのは、果たして、遠く東国から訪れた鹿島神人であったのか、沖縄の真近かで歌われているだけに興味深い問題である。

鹿島と沖縄八重山のミロク信仰の関連について、酒井卯作が注目すべき論を発表している。(16) 論旨の要点は、(1)ミロク信仰は大陸より沖縄に伝播した、その際沖縄には祖霊信仰に基づく来訪神の行事が濃厚にあり、その受容は容易であった。(2)沖縄のミロク信仰は、潮流にのって鹿島岬に伝播した。したがって鹿島踊の原形は沖縄にあるといえる。伝播に際しては、鹿島に寄り神の信仰が多く、その受容を容易にした。(3)沖縄の米の豊作をもたらすミロク信仰が、本土のミロク下生と米との関係を密接にしたといえる。(4)鹿島に受容されたミロク下生信仰は、再び沖縄に逆輸入された。酒井の主張の(1)はおそらく大方の認めるところであろう。しかし(2)と(4)はかなり大胆な主張であり、大いに検討さるべきと思われる。筆者が若干疑問を感ずるのは三点ある。

第一は、沖縄→鹿島、鹿島→沖縄の時代的差異の問題である。酒井説では一五世紀の段階に首里赤田の弥勒堂で黄金仮面をかぶった行列があったらしいこと、そしてこの黄金仮面がミロクの面ではないかと示唆しているが、根拠とされる朝鮮人漂流記の記事だけでは、黄金仮面＝ミロクの面の説はいささか首肯できにくく思われる。また赤田の弥勒踊と関係するという長寿寺の性格があいまいであり、弥勒信仰と関連する要因が見当らないので、一五世紀段階に沖縄にミロク信仰が、少なくも本土に影響を与えるほどの盛行を見たとは容易にいえないのではないだろうか。八重山に見るような布袋ミロクの仮面の輸入は一八世紀だとされているから、現在きわめてユニークに展開しているミロク踊の形式は比較的新らしいのであって、すでに中世末に澎湃としていた本土の鹿島のミロク信仰に直接影響を与えるほどの力は沖縄のミロク信仰の中に当時成長していなかったのではないだろうか。だから再輸入の時期ということは、ほとんど考えられないのではないかと思われるがいかがだろう。

第二に、酒井説では鹿島のミロク信仰が沖縄に影響を与えたとみる理由の一つに、「五尺手拭、ヨホンナ　仲染めて、ヨンナ　弓矢八幡仲染めて」という唱句が、近世初期以来関東にあり、鹿島踊の中に歌い込まれ、かつ八重山のミロク踊にもあるということを指摘している。たしかに西表島祖納には、古風なアンガマ踊で（ただしミロク踊ではない）、五尺手巾（テサジ）の文句があり、本土の影響を受けたことも明らかである。八重山の郷土史家である喜舎場永珣は、西表島の古謡に、かなり日本の古語が混入されているのは、島津氏が寛永一八年（一六四一）から大和在番制度を設置し、異国船の監視のため、大和在番の役人が、西表に出張した時に大和語が伝播したためではないかと説明している。五尺手巾もそうしたルートによる伝播とすれば、この語句自身は、鹿島信仰と余り関係していないことからみて、たんに流行現象として沖縄で受容され、一方鹿島でも踊りの唱句に付随したとすれば、一連の流行語としてとりこまれたに過ぎないのではないだろうか。だから五尺手巾がかならずしも鹿島に端を発して、沖縄に流伝さるべき性格の語義とは考えられないように思えるのである。

第三にミロク信仰が黒潮にのって漂着神として鹿島にたどりつくという論理が果たして成立するものかという点である。最近の佐藤次男の茨城県下における詳細な漂着神の研究によっても明らかなように、[17]実に豊富な漂着神の材料の中に、弥勒踊の発生に結びつけ得るような内容のものはほとんどない。わずかにうつぼ舟漂着の伝承が数例あり、これは大洗の磯前神社や、息栖の蚕霊神社の縁起にもなって有名なものであるが、かならずしも「みろくの船」の原形となるべき性格のものではないことは明らかである。『鹿島宮社例伝記』には、神宮寺に中世末頃にあった本尊脇立の一つに弥勒仏があり、『新編常陸国誌』によると、これはかつて開祖満願上人が鹿島浦に漂着した椎木で彫ったという伝承を持っていたらしいが、判然とはしていない。こうしたデータの不足を考えると、鹿島と沖縄のミロク下生信仰の一致を一本の線で結びつけ相関づける思考とは別に、さらに多角的な観点を用意すべきではないかと考える。

奄美の与論島にまで南下した鹿島のミロク踊と八重山のミロクとの関連を考えるならば、現象面に限っていうなら、やはり両者は別系統と考えるべきではないだろうか。

沖縄のそれがヴェトナム方面を指向するのと対照して、鹿島のそれは中世末の真言宗の展開から来る弥勒下生信仰の影響を多分に受けているといえる。それは満願という神宮寺の伝説的開祖の存在からもうかがえることであるが、他に比して、鹿島のミロク信仰がとりわけ抜きん出たのは、やはり鹿島の地が古代からのさいはての地であり、しかも豊饒な地としてのイメージが強く認識されていたことによろう。関東の弥勒私年号が、鹿島と深い関連のあることや、吉兆を預言する鹿島事触れが、鹿島の地を発祥とすることも、民衆にとって鹿島からの幸運が期待されたからなのであった。

鹿島浦にみろくの船が到来するという考えは、一連の近世的流行現象とはいえないだろうか。巨視的に見れば、環太平洋沿岸の黒潮が寄せる町や村に、海上の彼方から漂着する霊威があり、それは漂着神のさまざまな形態を表出させたが、とりわけ神の乗物である船は重んじられた。近世の福神思想はこれを、宝船に表現して、海の彼方からその宝船を招来させようとする流行歌を簇出させたのである。鹿島信仰の及ぶ範囲では、これをミロク下生に体し、宝船をみろくの船と改称することによって、その独自性を主張したものと思われる。

稲作文化を基調とするいわば黒潮文化圏の存在を想定するならば、沖縄八重山と鹿島はその両端に位置している。両者の一致ということは、稲作文化の同質性の上に成立するものであり、形態上の差異、発現の仕方の差異ということは、その地域の時代的変化の影響の及ぼすところだと考えられるのである。

第六節　宮古・本島のミロク

宮古では、旧八月一五日ごろに豊年祭が集中している。豊年のことをミルク世ということは、八重山と変らない。豊年祭（ミヤークズス）はミルクユガフーともいっている。この際やはり激しい巻踊とか歌を交互に交し合いつつ円陣で踊るクイッチーなどがある。歌われるものに「今年世、ミルク世」をあこがれる文句が織りこまれており、三日三晩も踊りかつ歌いつづけるのだが、八重山のように仮面の布袋ミロクの出現はない。宮古の人々の間には、来訪神形式の儀礼が少ないこと、そしていわゆるニライカナイが、八重山においてはもっぱら南支那から、安南方面に意識されるのに対し、はっきり西方を指示していることが指摘される。稲作の豊年を体現する仮面の布袋ミロクがないということは、宮古が以前粟作を中心としていたことによるのだろうか。今後の検討をまちたい。

宮古のミロクはさらに別の形態を示している。宮古の平良市では、ミロクのことを仁王仏といい、実際は布袋の座像のような恰好をしている。典型的な福神の形態をとり、縁起物として珍重されていたらしい。ただその因由についてははっきりしない。次のような話もある。大昔宮古にミルク様が生まれた。不美人で耳が垂れ下がった姿をしていたが、心は美しく、豊かな物を人々に分かち与えていた。子供がない人には子供を与えたりしたのであった。ある時サカボトケ（釈迦仏）とミルクボトケ（弥勒仏）が大喧嘩をしたあげく、決着を両者が牡丹の花を咲かせることで決めることにした。もし勝てば島に残って宮古の守護神になり、負けたならば宮古を去って、支那の守護神になることにした。ところがミルクボトケはうっかり居眠りしてしまい、サカボトケの方の牡丹の花が咲き、負けてしまった。いたし方なくミロクは宮古を去って支那へ行ったが、その時宮古に稔る美味しい果実など皆持っていってしまったという。この何気ない伝説の中にもミロク世憧憬の潜在意識をくみとることができよう。そして豊かな富が、西方の中国の方にあるのだという認識の根強かったこともいえるだろう。

さて本島に眼を転じると、前述したように、八重山のミロク踊の形式は、知念村安座真と知名に残っている。ともに盆の一六日にこの行列は出る。知名は長者の面でミロクとはいっていない。一二〇歳の長者だという。お伴に子や孫を引き連れて練って行くのである。安座真の方は布袋ミロクの面で形式は同様である。その他赤田のミロク踊と、二〇日正月に行なわれている那覇辻町のミロクがある。本島のミロク踊を八重山のものと比較しつつ、どう位置づけるかは一つの問題であろう。

それよりも本島のミロクとして注目されるのは国頭村に点在するミルク田である。国頭村比地ミルク田は、部落を流れる比地川の上流にそった一坪ほどの田であった。ミルク田は部落開発伝説と関係がある。大昔比地部落東南方の山麓にアマンチュが天下り、稲の稲子をわかち与え、はじめて種子をまいた。その田がすなわちミルク田であると。現在豊年祭でうたわれる歌の中にも、アマンチュが長者の大主に稲の作り方を教えたミルク田のことが伝えられている。比地の老人がある日孫を連れて、ハル（畠）まわりをしているとアマンチュ（天人）が現われ、老人に年齢をたずねる。老人は一二〇歳になると答えると、今度は子孫が繁栄しているかどうかとたずね、その後稲の作り方を教え、その老人は村の長者であるから、村人たちにも稲の作り方を教えるようにといって、姿を消してしまう。老人は喜んで教えられた通りに稲作をはじめ、以後米が主食になったという。現在ミルク田の跡があり、この土地を山城門中のもとじめである泉川家が管理している。豊年祭の際、まずこの田を拝んでからはじめるという。豊年口説の一説に「さてもさてさて、今度ゆがふや、みるく年さみ、ゆがふ年さみ、米種ぬむいたち、みみそり人のちゃあ（下略）」とある。[18] ミルク田の伝承は、国頭に他に二カ所あったといわれているが、その跡はまだはっきりしていない。沖縄の稲作の発生を説く御穂田の伝承と軌を一にするものだが、これとミロクを結びつけている点が示唆的である。

本島の西北五七キロメートル離れた粟国島に、拝所の一つとしてミルクガマがある。山路勝彦の調査によると、ミルクガマは農耕儀礼の対象の一つとなっている。[19] 正月の予祝儀礼のうち、一月一日に、ノロは皮をむいてつぶした芋を煮て団子にしたものをミルクガマに供える。各家では芋をつるした鍬を臼に供えるという。麦の収穫儀礼である三月の穂祭には、区長は麦の穂の伸び具合をみて刈取りの日を決定する。各家では刈り取った穂のうち、三本の麦穂を火の神に供える一方、ノロたちは他に三本をミルクガマに供え、豊作を感謝するという。六月二九日をミルク祭というが、これは役場の東側に祀られているミルク像の祭である。昔ミルク像が割れた時、そのままにしておいたため村に祟りがあって、パイラス(い縮病)が流行した。そこで像を建て直して、改めて祀るようになったという伝承がある。ミルクは農作物の守護神で、農作物を供え、豊作を祈るという。[20] 粟国の農業は、稲作はなく、粟・麦が主体である。ここのミルクは稲とは無関係のように思えるが、伝説的な田としてヌル田の地名が残っており、この近くにミルクタキがあって、ユーヌカミを祀り、ノロたちが拝んでいたというから、[21] まったく稲作と無関係であったのかは断言できない。

なお注意しておきたいことは、宮古でしばしば見られたことだが、村の神役の名称にミルクウマがあることである。かならずしも主要な神役ではないが、他の名称と比較して、ユニークである。ミルクウマを名のる因由については、わかっていない。もう一つ「おもろさうし」に一カ所のみミロクの記事がある。「みろく、みちへ、やはる、このうまれと、みろく、此みしやこ、ぬきあけわちへ、世はちょわれ」(巻七)というので、その意は弥勒像を見て和やかになる。そうした気持の良さを弥勒がもたらしてくれる。酒を奉って、この国が千代に栄えるようにとの趣意であり、祝いのおもろに数えられている。

さて大雑把にあげただけでも、八重山、宮古、本島に分布するミロク信仰は変化に富んでいる。ただそれらの基底には、潜在的な豊熟の世、理想世界への憧れ、それの実現を期待する思考を看取することができるだろう。

第七節　ミルク神の出現

以上のような沖縄のミロク信仰一般の中で、第二次大戦後、新らたに創出されたミルク神の信仰について報告しておきたい。

みずからミルク神ないしミルク神の使者を名のるのは、H・H（女性、五六歳）で、ゴザ市八重島に在住する。ご主人は鉄工場を経営する実業家でお子さんも健在でそれぞれ家業に従事するほどに成長しており、今では裕福な家庭を営んでいる。H女にミルク神が、カムガカリしたのは、昭和二四年五月のことであった。それより前年の暮から正月にかけて、神がキラキラ光る玉のようになって視野の中に現われていたが、五月二八日朝四時半ごろから、その光を中心に、八つの星がとりまき、その後光が虹になった。その状態が一週間続き、やがて身体が真黒になった（神がかりの状況をいう）。そして突然ミルク神の託言を口走りだした。その内容はさまざまであったが、ご主人がそれを書き取ってメモしたところによると、日本と台湾の橋立てとして、沖縄にミルク世を作れよ、そして全世界の人類を守り、平和と繁栄をもたらせよといった趣旨であったという。続いて、ミルク節をはじめいろいろな流行歌など口から次々と出て、かつ踊り出した。隣り近所の人々も、ミルク神が現われたといって集まり出した。ミルク神はまた、コガネの森を掘れと命じた。コガネの森はH家の裏手にある小高い丘で、岩山でもある。このコガネの森のてっぺんからは、北東は読谷から国頭一帯が、南西の方は嘉手納、東南の方向にワイドビーチが広がっており、ちょうどこの地は沖縄のヘソの部分にあたるのだという。コガネの森の下三尺三寸掘ると、この世を救うミルク神のヒナ型が現われる。その時はミルク世に立て直しすることが可能となり、食べる物から煮る物全てが救われるようになる。そこで霊感に導かれて掘るべき地点が定められ、四方に白紙を貼り、次のような供物を用意した。ミカンとリンゴ一箱、サンジョの団子（キビ団子）、供え餅九コ、四角の餅一コ、タマゴ一箱、白い豆、黒豆、小豆、青い豆、作物の種子物、白胡麻、黒胡麻、お金の代わりに赤紙、白紙、青紙を一しめずつ、塩と米、白地の反物二反、シーツ二枚、折詰めまんじゅう一二〇コ、以上である。H女は白装束の姿で掘りはじめ、二〜三〇〇人の群衆が集まったという。掘るうちに、赤土で固められた陰陽形のヒナ型が現われたという。男根と女陰の組み合わせが、すなわちミルク神の出世のモデルである。これをコガネの森の上に祠を作って祀った（現在、コガネの森の頂きに十字架を立てた神殿が作られている）。これがミルク神の最初の岩戸ビラキであったという。続いて、お告げがあり第二の岩戸ビラキを一一月一五日にせよということで、これはコガネの森の中にある洞窟（ガマ）を開くことであった。洞窟（ガマ）はミルク神にとっていろいろな意味で世界観の根源である。洞窟ビラキを世ビラキというが、沖縄に限りなくある洞窟の中でいままで人眼に触れられていない洞窟を開くことに特別な宗教的意義を見出している。

第二のイワトビラキが終わってから、ミルク神は沖縄本島から先島にかけての洞窟ビラキを開始した。とりわけさんご礁地帯だけに、海際に面してガマが多数ある。海に面した岩戸を開くとき、これをリュウモンビラキという。世ビラキを行なう時は、いつもはっきり定まっていない。突然ミルク神の託宣があるのである。ただちに信者たちに連絡がある。また組織だってはいないが、十二支の神が、ミルク神の周囲にはいる。彼らはワケミタマをもらっているという。世ビラキに出かける人数は二〜三〇人の場合も多く、タクシーなどに分乗して出発する。目的地にくると、まず海に向かって拝む。次に洞窟に眠る戦死者の霊が成仏するように祈る。その後H女が白衣姿で、海中に飛びこむ。海中でまずクルクルまわって、海を浄め、海の彼方に向って手招きする。後方には、かならず洞窟があり、男たちはその近くに降り立ってヤーイヤーイと大声をあげる。それから二人が海中にとびこみH女を迎えに行く。ニライカナイの方から、神様を洞窟の方に迎えるのだともいう。その間、陸上では、残った者たちがミルク世の歌をうたい、かつ踊っている。それから洞窟内の隅々を探険するのだが、洞窟内にはかならず陽陰形の石がある。つまりミルク神のヒナ型である。洞窟内には、戦没者の怨霊がまだ残っているので、これを鎮め祀らなくてはならないという。洞窟内には資源が内蔵されている。地下資源は貴重なもので、これを戦争材料に使わせてはならない。ミロク世のために使わなくてはならないという。また洞窟内でハダカ世をサトル（掘るの意）という。ハダカ世は西方から渡ってきた大昔からの土民が住んでいた時代で、その頃の物をサトルという。そして沖縄の歴史をサトルともいう。ハダカ世にはじまり、チュウカ世またはオウシン世（中山王の時代）、ヤマト世、アメリカ世と現在に至っているが、これからの未来はミルク世で日本と手をとって行くのだともいう。洞窟は世界の変動と関係があるので、ニライカナイの神を洞窟に招いてまず地震や津波、台風など自然界の変動を鎮めるように祈るのだ。また、国際変動が起こらないように祈るのだともいう。そしてニライカナイとは、大昔富士山が立ち上があった時、海の底に沈んだ国なのだと説明されている。

海に面した洞窟は、比較的眼にふれやすいのだが、陸上のしかも山中のガマになると、全く誰も知らない所にあって、ミルク神によってはじめて発見された洞窟などがしばしばある。未発見の洞窟は、その奥からミルク神の知らせがあるという。誰も聞くことはできないのだが、H女は霊感で知る（その際ヒキツケた状態になるという）。そして例の如く、世ビラキのために隠されたガマのある村へ出掛ける。しかしすぐその場は分らない。そこで洞窟の奥からミルク神がのり移ってきてヒキツケてくる。激しく身震いし立っていられなくて、寝かされる。その間、男たちが必死になって洞窟を探しまわる。時には、出掛けて行った村人の内から、神ガカリする者が出てくる。その者に神がのりうつって、誰も知らぬガマの在り所を告げる場合がある。洞窟が発見されると、ヒキツケがパッタリと止むという。

ミルク神が村を訪れ、ガマをサトルときに、それに応じてカムガカリする者は、その後ミルク神の信者になる。一例をあげよう。大宜味村のM女は、幼少より身体が弱く、三度も生死をさまよったという。中年期に入っても中耳炎やら顔面神経痛やらで病に悩まされていた。医者はもちろん、ノロやユタに相談しても効き目はない。ある日うつらうつらしていると、男の神が現われて、先祖の道をサトリなさいといった。しばらくして頭痛が続き首が動かない状態となっていたが、また突然姿は見えぬけれど、大声があって、汝裸で生まれたならば、裸のままで死ねといった。黙っていると返事しろという。返事をすると、我が教えのままにいくならば、命を救うと告げた。そこで生かすも生かさぬも神の意志なのだと思って、このまま納めて下さいと言った。その時はじめて大自然が人間の生命を支配するのであり、自然と神と一体化することが望ましいと覚ったという。そうすると何とも気が楽になり、社会のために働く気持になったのだという。その時大声でいろいろ告げてくれた声の主の姿はその後の記憶では、ミルク神であったらしいという。昭和二九年二月二四日、ミルク神は、霊感によって大宜味村を訪れ、岩戸ビラキ、世ビラキのためガマを探していたが、その時、今まで何の交渉もなかったM女に神がかりがあり、村の山奥にあった誰も知らぬ洞窟をサトッタのであった。これをきっかけにM女はミルク神のもとに入信し、現在は十二支の神の一人として活躍している。十二支の神は、子の神、丑の神、寅の神などそれぞれ名のり、ミルク神からワケミタマを貰った人たちで、ミルク神の霊感を受け、すべてに働く人である。この人々が組織の中心メンバーになっているが、他の信者はたぶんに恣意的で、かならずしも固定化していないようである。定期的には毎月第一土曜日に各地から信者の集まる会がある程度で、後はミルク神の感応を待って、世ビラキを行なうが、その時期はきわめて不定期である。

いわゆる「ユタ」とは区別されている。ミルク神はユタではないと本人ははっきり否定している。しかし入信者の方からすると、まず病気治しが求められる。この点については、救い道だから、病状を教えてやる。これは手をその人の身体にかざすとわかるのだという。そして医者や薬局に行くように指示するのだという。ユタは悪霊を持っている。ユタやムノシリ（物知り）に何度も通ってうまく治らなかった者がよくやってくる。そういう人たちは、自分の魂をたずねに来るわけで、ミルク神は、その中から、世ビラキのサトリの生マレの人、つまりミロク世実現に役立つ人間を受けつけて信者にしていくのだという。ミルク神の世ビラキ以外の呪法については、くわしく調査できなかったが、竹村卓二が国頭村辺土名でわずか垣間見ることができたという。一三〜四名で辺土名を訪れたミルク神の一団が、宿の部屋にとじこもり何やら行をして、それが夜半まで続いた。そのうち突然ミルク神が、庭へとび出し内臓から何か吐き出す所作をしたという。後で聞くと、世の中の悪しき行ないを吸いこんで、全部吐き出すための行為なのであった。ふつう遠隔地で世ビラキをした夜、部落内に宿をとるが、その晩はミルク神を囲んで円座をなし、中央でミルク神が激しく舞い踊り、参加者はそれに唱和する。その間しばしば神がかるのであった。そういう時ミルク神を訪ねて相談する人が多い。辺土名で、日頃よくユタ買いをする女性であったが、足の具合が悪くミルク神に会ったところ、お前は先祖を十分祀っていないといわれ、またトランチュ(寅年の人)は人を一人殺したぞと怒鳴られ、おどろいたという。実際、以前にオートバイに振り落され流産したことがあって、それをミルク神が見抜いたらしいという。会うとすぐ「お前は線香の匂いがする」といわれたほどであった。その女性の実感では、ユタとはちがうということである。

H女がミルク神によって、ミロク世実現のために使いとなれという告知を受けるまで、ずいぶんと苦労していたらしい。久志村の出身であり、子供の頃から異常体質で、幻聴やら幻覚があった。戦前に本土に渡り、兵庫県に住んでいた。その間二度ほど入院している。戦後夫とともに久志村へ戻ってきて、米の配給所や製材所をはじめた。その当時の話に次のようなことがあった。終戦後、部落では従来の伝統的諸行事を廃止することに決め、さしずめ豊年祭も中止にした。しかしH女は一人それに反対して、自分の家の田だけは、豊年祭をすることを主張した。それは風や波も静かになり、豊年を迎えねばならないからで、村でしないなら一所だけでやる、それは一坪万倍の祈りに通じるというので、全部自分の費用で豊年祭をやったらば、その田だけ豊作になったという。当時も神がかりにしばしばなったが、村の人には理解してもらえなかったと語っている。久志村には短期間しかいず、昭和二二年ごろに現在のコザ市に移住したのであった。

ミルク神の信仰が沖縄における創唱的新宗教に展開するかは今後問題であろうが、一つは伝統的なミロク信仰に基盤を置いた世界観を形成させつつある点、二つは在来のユタの信仰体系を否定しつつ、教祖信仰を形成させつつある点の二点をもって、今後に可能性を残したユニークな民間信仰といえるだろう。

在来の諸信仰との接合に焦点を絞った場合、(1)稲作の豊熟な世、理想世の延長線上にユートピアを設定していること。(2)洞窟から世直しが生まれるという思考、これは赤マタ・黒マタなど来訪神が、洞窟の奥底から出現してくるという思考と共通基盤を持っていること。(3)洞窟内の陰陽石に対する信仰は、やはり洞窟内の霊石信仰と共通していること。(4)ユタの信仰体系を全面否定はしているが、なお日常の宗教行動の中ではこれと接触する呪法を保持していること、などが指摘できる。本節では沖縄全般をおおっているミロク信仰の流れをながめつつ、戦後成立したミルク神の信仰を位置づけるべき資料を提示し、今後の問題とすることにとどめた。(22)

(1)　大藤時彦「日本民俗学における沖縄研究史」（東京都立大学『沖縄の社会と宗教』所収）昭和四〇年。
(2)　仲松弥秀「テラとミヤー」（『沖縄文化』二二号）。
(3)　新城敏男「沖縄仏教史における念仏者の位置」（『日本仏教』三三号）。
(4)　桜井徳太郎『沖縄のシャマニズム』昭和四八年。
(5)　同右、三二三―四一六ページ。
(6)　谷川健一「太陽の洞窟」（『展望』一四六号）。
(7)　酒井卯作「ミロク信仰の流布と機能」（『南島研究』一一号、六九―九三頁）昭和四五年。
(8)　本田安次『南島採訪記』昭和三七年、三二―五六ページ。
(9)　喜舎場永珣『八重山民謡誌』昭和四二年、九三―九五ページ。
(10)　喜舎場永珣『八重山古謡誌』下巻、昭和四五年、五二一ページ。
(11)　同右上巻、三三六ページ。
(12)　同右、四三七ページ。
(13)　同右、二八一ページ。
(14)　渡辺月石『竪磐草』下巻。

(15) 本田安次『奄美の旅』昭和三九年、二三五―二三六ページ。
(16) 前掲註7。
(17) 佐藤次男「漂着神の研究」(『茨城の民俗』八、九号)昭和四四、四五年。
(18) 仲程正吉編『国頭村の今昔』昭和四五年、一四〇―一四一ページ。
(19) 山路勝彦「沖縄・粟国島の農耕儀礼」(『社会人類学研究会報』二)昭和四三年。
(20) 琉球大民俗研究クラブ『沖縄民俗』一五号、四三ページ。
(21) 同右、四六ページ。
(22) 沖縄のミルク神については、本章と関連する論文がある(拙稿「沖縄のミロク教」『現代宗教』三号、昭和五〇年)。

第八章　「ミロクの世」の構造

第一節　比較民俗学の基準

柳田民俗学における一国民俗学と比較民俗学の関係は、元来表裏一体をなすものだった。あるいは一国民俗学は、比較民俗学の基礎にあるものであり、世界各国における一国民俗学の連合が世界民俗学という大樹に統合されるというような志向が存在した。

だが柳田の志向とは逆に、日本には二つのミンゾク学が別物の学問系統であるかの如き展開を示してきた。民俗学と民族学とは、親近性を持ちつつ疎遠になりがちな面があった。民俗学は一国内の民俗に固執しがちであり、多くの問題をかかえて、他民族に眼を及ぼす余裕のなかったことは、その学史的展開からも明らかである。一方民族学は日本以外の民族の研究に傾斜する方向が強くあったから、柳田の意図からすれば、両者は分業しあったままの状態が続いていることになる。この場合、柳田は一国民俗学を日本民俗学とし、比較民俗学を民族学と総括する意志が明らかだった。

しかし現実の状況にはそうした方向が定まっていないことを考えれば、改めて修正することも必要であろう。一般の評価からすれば、柳田民俗学は一国民俗学のことであり、日本民俗学はその面を強く継承する傾きがある。

だが柳田民俗学の原点にかえって、その文脈をたどれば、一国民俗学は、柳田民俗学の志向する比較民俗学に接続する宿命をになったものである。このことは自明の理とは言いながら、かならずしも論理的に整理された形で、民俗学者の共通理解とはなっていないといえよう。

柳田民俗学の方法は、周知のように、民俗事象を民俗語彙で表記し、それを整理、分類することによって資料化する、次の段階で共通項でくくって類型化をはかり、類型間相互の変遷をたどることによって、歴史を復原するところに大きな特徴があった。民俗の自律的な歴史的変遷は、ある種の条件によって、日本史上の時代性と不可分に結びつく点を配慮すべきことがしばしば言われてきた。とくに一国民俗学を標榜する限り、この点は看過できぬことであって、柳田民俗学に発する日本民俗学は、日本史研究の中に大きく位置づけられることも明らかである。

柳田国男は、次のようにのべている。

「個々の民族が各々自分の民俗学をもち、それを持寄つて全世界の比較をする時が、いつかは到来すべきことを私などは夢想して居ますが、それは手を空しうして待つて居てもよいほどの、近い未来のこととも思はれません(1)」。

彼の言は、昭和一五年のことであったが、今もなお光彩を放ち生きていよう。すなわち柳田民俗学の文脈から言えば、一国民俗学が確立され、その延長線に比較民俗学が展開し、それらが統合されて行く。世界民俗学あるいは広い意味での人類学との融合化の意図がそこにある訳で、この点は昭和九年に書かれた『民間伝承論』に提示された構想を受け継ぐものだろう。

だが一方には民族学の展開があり、柳田はフォクロアとエスノグラフィとの提携を主張しながら、それは現実としては不調のまま今日に至っていることも事実である。民族学的立場による比較民俗（族）学の領域は当然存在するものであって、その立場は否定されるべきではない。ただ柳田民俗学の志向するところとは、若干の差異があることは否めなかった。

柳田は「比較民俗学の問題」という一文の中で、民族学からの観点では、人類の生活は一般に類似性に富むのだという前提があって民族間相互の比較を行ない、何かはなはだ異なっている点があると、それに注意して、その理由を追究してきたと指摘している。そして、柳田自身の比較民俗学論から言えば、

「我々の方は近い三百年五百年の間の、隔絶孤立の発達を考へる故に、始めから似て居る筈が無いと思ひ、たまたま争へない一致が見付かると、非常に驚歎して不審を晴さずには居られぬのである(2)」。

と述べている。つまり柳田民俗学は、一国民俗学を前提としており、それぞれ民族自体のもつ歴史的変遷を配慮するから、生活ぶりも大きく祖型が変化している。だから民俗文化の伝承態は、そう各民族ごとに類似しているはずはないということになる。ところが、どうしても相互が一致する場合があった場合、それは実に重要な問題が含まれていることになる。

柳田国男の比較民俗学の構想実現は、彼岸の彼方にあるといってよかった。しかしそうかといって、すべてに不可能という具合でもなかった。雑誌『朝鮮民俗』が刊行されている段階で、つまり戦前の柳田には、その第一歩が朝鮮民俗との比較において、果たされるべきだと考えたようだ。

「今まで我々はあまりにも内地の問題に没頭して居りました。又それ程にも新たに心付くやうな珍らしい事実

が次々に現れて来るのであります。しかしそろ〳〵外部との比較といふことが、考へられなければならぬ時代になりました。それには隣を接して学問をして居る二つの民族、互ひに心置き無く理解し合ふ状態に置かれて居る者が、先づ提携するのが順序であり、又大いなる強味であらうと思ひます。さう言つた条件に置かれて居る国は、幾らも有りそうに見えて実はまだ少ないのであります[3]」。

古代史上には、日本と朝鮮との交流は著しかったが、それが途絶えて千年以上経過する段階では、民俗文化はそれぞれ異なった変遷をたどってきていることは明らかであるが、万一共通する要素が摘出されたとするならばその理由はいかなるものなのか。

こうした前提に立つとき、日本と朝鮮民族の間の生活ぶりの類似性があまりに顕著であることも明らかなのである。そこでそうした類似性にこだわって、単純に両者の同質性を導き出すのは正しくない。昭和一五年段階でかなり進捗してきた日朝民俗の比較という観点に対しては、柳田はすこぶる消極的だった。

何故なら一国民俗学としてのフォクロアが懸命になって、民俗語彙にそうた形で民俗資料の収集と分類を進めてきているが、まだ一定の基準には達していない。かりに朝鮮民俗が表面的に日本のものと類似しているにしても、もしそれを民俗語彙としてとらえ、その由来を探って行くと、単純に形とか眼に見える面で類似するからといって、その命名や名称を支持する精神構造が同質だとは言えなくなるかも知れない。

要するに、朝鮮民族と日本民族とは、千数百年の長きにわたって、別々の国家を形成して住んでいたことは、歴史的事実であり、民俗文化は別個の異質な存在として展開しているはずなのだ。朝鮮半島南部とは、距離的に近接しており、古代文化の交流があったことも歴史的事実だが、それが果たして民俗文化のあり様に大きく影響を与えたものかは、にわかに判断しがたい。

そこで柳田の次の発言は、日朝の比較民俗学上に重味を与えている。

「それが何人にも成程といへるような著しい一致を、示すことが稀にも有るとすれば、是には何か又積極的なる理由、即ち歴史から新たに生れ出たか、もしくは天性に具はつて動かぬものがあつたかを想定しなければならぬ。我々の発見を必要とするものは此部面にあると思ふ(4)」。

「天性に具わって動かぬもの」とは、たぶん日朝民俗を貫流する精神核というべきだろう。つまり共通する民族性を想定しての表現なのである。

ここで柳田民俗学は、民俗語彙の分類を行なうことによって、比較の基準を設定した。民俗語彙は、日本全国にわたって伝承される民俗的事実を順序だてて分類する際の指標として有効なものだ。仮に朝鮮民俗語彙が作成されればはじめて柳田民俗学による比較民俗学の方向が明らかにされ得る。

柳田は当時、『朝鮮民俗』を主宰した今村鞆らの仕事にそれを期待したようだ。「今村先生の旧友たちは、何か斯ういふやゝ機械的な、しかも人を研究に誘ふに都合のよいものを、残して置くことに協力して下さることはできまいか」と呼びかけている。

一国民俗学としての柳田民俗学は、民俗語彙を比較の基準としつつ、朝鮮民俗との比較へと歩を進めようとしたのであった。

朝鮮半島の韓国における民俗学は、一国民俗学としての成立は古く、すでに多くの先覚者のもとに、体系だてられた成果が発表されてきている。そうした意味では、比較民俗学成立の適う条件下にあるといえるだろう。しかし韓国民俗学は、かならずしも民俗語彙による分類という形で民俗文化を把握するという方向をとっていないことも明らかであった。

近年柳田民俗学を継承する方向を持つ日本民俗学にあっても、民俗語彙を基礎とする民俗研究に対する疑念が生じている。その内容についてはここでは触れないが、要するに民俗語彙の示す資料としての限界が言及されたのである。民俗語彙がそれを支持する村落、すなわち伝承母胎から切り離されるという分類のされ方に対しての批判がもっとも強い。そこでその対応策として考えられるのは、民俗誌作成の方法論整備である。民俗語彙を他の文化要素と密着させてとらえ直すことによって、比較の基準として客観化でき得るような方策が早急に勘案されねばならない。

一方韓国民俗学にあっては、戦後研究体制がいっそう進捗したが、信仰伝承以外の部門ではまだ十分な分類化がなされてはいない。しかし、エクステンシヴな形での総合調査が、実施され、その結果は公刊されてきている。たぶん次の段階は、民俗誌への方向が深まることが予想されている。厳密に言えば、その段階で比較民俗学の具体的方法が論議されるべきであろう。日本民俗学は日本語で語彙を抽出するし、韓国民俗学はハングルで表記するわけだから、そうした言語の障碍を超える力は、当然比較民俗学の立場に立つ者の前提であることはいうまでもない。

「比較民俗学の前途は遙かである。我々は是を人類自省の究竟地とすらも考へて、その成熟の日を待ち焦れて居るのであるが、しかも基礎工事の十二分の安全を期するが為には、なほ折々は一旦積み上げかかつたものを崩し、又は既に踏み出した数十歩を、後返りすることをも覚悟しなければならぬのである」。

と語った柳田国男の言は、今も万金の重味を持つものである。

現時点での日本と韓国の民俗文化の比較においてすら難問が山積しているわけだから、台湾を含めた中国民俗学との関わりもさらに難しいはずである。だが一国民俗学を前提とした比較民俗学を押し進めるためには、安易な妥協は許されないだろう。たぶん不可知論といってしまえばそれまでであるが、学問には継続するという利点がある。そしてこれはいかなる場合も中絶することはない。柳田の夢想がいつの世代に開花するかは、継続中のわれわれの世代の志向するところも大きいことを認識する必要があるだろう。

さて今までわれわれは日本のミロク信仰を民間信仰の次元でとらえる作業を行なってきたのであるが、明らかに日本の場合、未来仏出現の具体性に乏しく、当然千年王国論運動に欠けることに気づいた。それは何故なのか問わねばならぬことは明らかだが、この課題は比較宗教史、あるいは比較民俗学の俎上にのすべきものと考えられる。本章ではそうした観点から、てはじめにとりわけ朝鮮民俗の事例と対比させることによって、日本のミロク信仰の型について論じていきたいと思う。

今まで論述してきた日本のミロク信仰を資料的に整理してみると、ほぼ次の如くである。(1)関東の鹿島地方から南側の海岸にそって、ミロクの舟が米俵を満載してたどりつくという信仰があること。(2)具体的には、鹿島踊（厄難除け）と弥勒踊（弥勒出生を讃仰）の中でうたい込まれ、この歌と踊は近世中期に流行していたこと。(3)これは中世末、いわゆる戦国時代に関東、中部、東北の一部にかけて流行した私年号（弥勒、命禄、福徳など）の集中的流行とつながりがあること。(4)弥勒私年号の系譜を引いてミロクの年が期待されていたこと。近世には干支の巳の年がこれにあてはめられていたこと。(5)この年は一二年に一度訪れるものであること。(5)ミロクの年は豊年満作の世の中で、それは農民にとっての理想世と意識されていたこと。(6)東北・関東地方の一部で小正月のきらびやかな飾りつけを、まるでミロクの年（世）が来たようだという地方のあること。(7)竹の実がなる、または竹の花が咲くとミロクが出現するという口碑があること。(8)ミロクの年は、大変な飢饉の年であり、災難が連続する世の中になると考えていること。(9)東北地方ではミロクの年になると、飢饉にそなえてミロク団子を作って、枝にさしておくといい、また流行正月をして、年を改め直すという風習があったこと。(10)真言系行者、山伏の中で、ミロクの世を願って入定自殺を遂げる者が中世末より増加したこと。(11)近世江戸を中心に発展した富士講の指導者は、みずから弥勒（身禄）を名のったこと。身禄行者は飢饉と打ちこわしの高まった享保一八年に富士山頂で入定したこと。(12)大本教の立替え立直しは、ミロクの世の出現を基盤とすることが推察されること。また出口ナオ、王仁三郎の思想の中にミロク信仰の存在がかなり明確化していること。大本教以外の新宗教の中にミロク信仰を受けとめているのは、戦後の霊友会のほかいつくかの小教団に認められているが、それ自身は明確な思想や行動としては把握され得ていないこと。概略は以上に尽きると思われる。明らかに(1)〜(12)は日本の歴史的民俗的な広がりの中で通時的な性格をもって表出してきたものといえるだろう。

ここで時間的差異、地域的差異をあえて超越した上で、モデルを仮に設定するとどうなるだろうか。(1)〜(12)の事例を貫流する観念として、筆者は「ミロクの世」を想定したい。きわめて特徴的な点は、「ミロクの世」が(5)に示されるように豊年の世であるのに対し、(8)に示されるような飢饉の世であるという矛盾した観念を共時的に発現させていることである。そこで、ミロクの世が豊作の世であり、飢饉の世であるという二律背反的な構造を持つタイプであると仮定した場合、それはいったいいかなる意味を持っているのかを考えてみる必要があるだろう。

第二節　ミロクとムーダン

ここで眼を転じて朝鮮民俗におけるミロク信仰の実態を整理しておきたい。もちろんこの作業は、歴史的民俗的に奥行の深さをもつ朝鮮民族においてその文化の型が仮に抽出されるとしたならば、先に示した日本型ともいえるものとの対比が可能となり、小論の目的にそうのではないかという予測のもとになされるものである。以下概略的に指摘していこう。

第一に古代新羅の花郎との関係である。これについては三品彰英の古典的研究がある。(5) これによると花郎は成年式を経た青年集団であり、野山で神霊と交わり呪的儀礼を行ない、国家有事に際して国難に赴く青年戦士団であるという特徴があった。(6) この花郎の中に弥勒仏の生まれ代わりを称する存在があったことが注目される。花郎未尸郎が弥勒の化身であり、花郎竹旨郎が弥勒尊の再来だとする伝説は『三国遺事』に記されている。

未尸郎の話は、興輪寺の僧真慈が弥勒仏の前で「願我大聖化作花郎、出現於世」と祈ったところ、夢に託言あり、それによって探し求められた。「有一小郎子、断紅斎具、眉彩秀麗霊妙寺之東北路傍樹下、婆娑而遊、慈迓之驚曰、此弥勒仙花也(下略)」の一文で、ここに弥勒が小童となって樹下に現われたことを知る。三品は樹下に

神童が出現するというモチーフがあることを指摘している。(7)

花郎と弥勒との関係は、『三国遺事』巻一金庾信条に「公年十五歳為花郎、時人洽然服従、号竜華香徒」とあるような、弥勒祭祀集団ともいうべき存在であった。三品は、花郎の呪的指導者が山中に入って苦業をなし、のちに神人の啓示を得て怨敵を破る秘法を学ぶ、これをイニシエーションと結びつけて説明する。山野跋渉の最中に交流する神霊が仏教伝来以後弥勒に変ったと考えている。弥勒は花郎の守護霊であり、弥勒を祀りこめる呪歌があり、これを郷歌といっている。『三国遺事』巻五月明師兜率歌条はそれをよく示している。すなわち、

新羅景徳王十九年庚子四月朔、二日並現、挾旬不㆑滅、日官奏請、縁僧作㆓散花功徳㆒則可㆑禳。於㆑是潔㆓壇於朝元殿㆒駕幸㆓青陽楼㆒望㆓縁僧㆒時有㆓月明師㆒行㆓于阡陌寺之南路㆒王使召㆑之。命開㆑壇作㆑啓。明奏云。臣僧但属㆓於国仙之徒㆒只解㆓郷歌㆒不㆑閑㆓声梵㆒王曰、既卜㆓縁僧㆒雖㆑用㆓郷歌㆒可也明乃作㆓兜率歌㆒賦㆑之（下略）。

とある。花郎月明師は二つの日が並現するという異常時に際し、郷歌の兜率歌を作りこれをうたった。散花歌といったから悪霊鎮撫の呪文であったらしい。その結果「日恠即滅」という状況となる。王は喜んで礼物を献上すると一童子が現われ、弥勒仏の前で姿を消したというのである。花郎が呪文をとなえて舞うのが弥勒仏に対してであったことは、注意さるべきものだろう。三品説ではこの問題をシャマニズムと関連させて考えている。花郎がシャーマンであったかどうかは、にわかに判断しにくいが興味ある示唆であろう。(8) 花郎が山野を跋渉し、歌舞する場所が、しばしば断崖絶壁の洞窟であったということ、そこで弥勒を祀ったらしいことは、神霊との交渉をものがたるものではある。きわ立って宗教性を帯びた花郎が、国家多難の折に出陣して敵をたおし、国家を救済する役割を別に持っていたことは、古代新羅に限定された資料ではあるが、ミロク信仰の発現の仕方として一つ

の特徴をもつといえる。

第二に巫女（ムーダン）と弥勒仏との関係である。周知のように朝鮮半島のシャーマンとしてのムーダンの研究は戦後の韓国民俗学、文化人類学の間で急速にすすめられた。研究文献も大量にあり、高水準を示すものが多く日本にもかなり紹介されはじめている。(9)ただしミロク信仰と直接触れ合う論考はほとんど見あたらない。

だがムーダンが祭祀を執行する堂の近くには全てでないにしてもミロクの石像が安置されていることに気づく。何故そこにあるのか因果関係は不明確のままである。ソウル市内にその例が三カ所あったが未調査の段階である。

ただ慶尚北道安東市郊外にあるミロク石仏にまつわる伝説の中で興味深い事例が金泰坤によって分析されている。(10)これはムーダンが巫神の一として祀る城隍神の中心が安東のミロク仏と深く関係するという趣旨のものである。このミロク仏は燕尾院ミロクと俗称されている。この寺院は新羅時代に建立されたと伝えるが現在はない。石像の近くに七星閣というムーダンの堂があるが、今いるムーダンがそこに定着したのは最近のようである。ミロク石仏は高さ一二・七メートル、幅九・七メートル、頭の高さ二・四メートル、肩幅四・九メートルの巨大なもので、肩あたりに松の木が生えているのが特徴である。

このミロク仏に関する伝説はいくつかあってどれが基本型であるかは分らない。しかし処女の生まれ代わりがミロクだというモチーフが語られている点に注目したい。それは次のような話である。昔この辺りに酒屋があった。ある夕方一人の若い美しい女の子が酒屋に入ってきた。主人が何歳かというと五歳だという。そのまま酒屋に住みつき、台所仕事を手伝うようになった。無口で人情があり、旅人をよくもてなし、金のない人には食べさせ、善行を積み、処女のままで四〇歳近くまで過ごしたが、ある年の三月三日に死んだ。そしてその夜真夜中になると、大音響とともに今のミロク仏となって出現したというのである。ミロク仏の現われた場所には良質の水があふれ出て有名であり、国では、処女のままで死んでミロクになったのでは、その処女の怨みが残るだろうとして、その霊を慰めるために寺を作ったのがすなわち燕尾寺であるという。

またこの石仏の右側に一〇尺あまりの曲りくねったみにくい形の松の木が一本立っていた。ある時、王が籠にのってこの松の木の下を通ろうとしたが、曲った枝が何かの拍子にひっかかってしまった。すると松の木は驚いて真直ぐとなり、ミロクの石仏の右肩にとびうつって立つようになった。この松が国中の松の中心であり、その種子が全国中に散らばった。城隍神はムーダンによって松木を通して降臨すると考えられているので、城隍神の本郷は安東のミロク石仏の肩に立つ松木だというのである。城隍神はムーダンが祈禱する家の神（家宅神）であり、松の木は家を作る建材としても重要だから結びつけられているのだともいう(11)。

松の木が降霊の依代の意味を持っていることは十分推察できることである。これがミロク石仏の右肩に生えていることはミロク自身がムーダンに憑依することのあったことを暗示しないだろうか。この点は後考をまちたい。

安東のミロクについてはさらに次のような伝説が伴なっている。先ほどの幼女の名は燕といい、やはり心と顔立ちが美しく、八歳のとき孤児となり、旅館に住みついた。大勢の客を一生懸命もてなし積善を積んだが、隣村の金姓の金持の息子が、燕に横恋慕してしまった。この若者は非人情な男だったが、燕に対してだけは勝手な振舞いができず、とうとう恋焦れて若死してしまった。若者があの世へ行くとエンマ大王が、お前が来るのは早過ぎるので、お前の財産を差し出すならばもう一度生き返らせるのだがと言った。ところが若者は積悪し過ぎたため倉の中に一文もなくなっているのでその旨を答えたところ、エンマ大王は隣村にいる燕は積善の結果、大変な財産があるからそれを借り出して来いと言った。若者は秘かに燕の倉から宝物を借り出して、これをあの世にもってきて、ふたたび生き返ったという。この世に帰った若者は心を改め、残した財産を燕のところへ持って行って返したという。現世では今まで貧しかった燕は一度に大金持になったが、これを自分のために使わず、仏道のために捧げた。やがて燕は三八歳になって、一二月二四日処女のままで死んだ。その夜世界中が崩れ落ちるような大音が起こり、大岩が真二つに割れて、今のミロク仏が出現した。石仏は燕の魂が変身したものである、という内容である。[12]先の話とほぼ同様だが、処女のまま死んだ燕はひたすら仏事作善につとめたことが強調されているにしても、ミロクとなった処女が霊界と交渉できる存在であったことを示唆するように思える。

いずれにせよムーダンの祀る城隍神との関係も加わり、朝鮮半島ではミロクが他の仏教上の仏菩薩より抜きん出て民間信仰の次元で展開したことが予想されよう。

第三節　子授けと再生信仰

そこで第三として、民間におけるミロク石仏に対する信仰が問題となろう。忠清南道論山郡恩津にも巨大なミロク仏がある。高さ五丈五寸、周囲三〇尺。この石仏にもさまざまな伝説がある。昔、この辺に住む一人の婦人が山に登ってわらびをとっていた。その時西北方の方から赤坊の泣声が聞えてきたので不思議に思って行くと、赤坊ではなく大きな石が地表に出ていた。驚いて帰宅して役所に申し出たところ、国では早速石仏を作ることにした。地中から出た石でまず下半身だけを作り、上半身は別な所から大石を持ってきて完成させたが、上半身を下半身につなぐために持ち上げることができない。慧明という僧がどう上げたらよいか悩んでいたが、ある時たまたま小さい子供たちが粘土でミロク像を作り遊んでいるところに出会った。子供たちは像を三つ作り、「弥勒を築こう」と唱えながら、初め一つを据え、砂を集めてきて周囲を埋めて二番目のを上げ、さらにまた砂で埋めて三番目の像を上げた。そして埋めた砂を掘り返すと完全に積み上げられていることが分った。慧明は大きなヒントを得たので、この方法を実行してとうとう上半身を持ち上げることができたという。この方法を示した子供たちは慧明がふり返ったときにはすでにその姿がなかったという。(13) この話は幼童として出現した神霊による奇蹟だと信じられている。

さてこのミロク仏には、「国家太平、則満身光潤。瑞気盤空、凶乱則遍体汗流、手花無色」といわれる。(14) すなわち国家に凶乱のあるときに石仏が汗を流すというのである。別に大乱がおこり国家に危難が訪れると胴体より血が流れるとも言っている。(15)

唐乱の時、敵兵が高麗に攻め寄せ、鴨緑江までやってきた。しかし川は広く深いので、渡る術がない。その時一人の僧が笠に袈裟を着て、あたかも浅い川を渡るように水面を歩いて行った。敵兵たちはそこが浅瀬だと思いこんで跳びこんだがかえって深く、半数が溺死した。この僧は国難を救ったのである。唐の将軍は怒って青竜刀で僧に斬りつけたが、笠の一片が落ちただけで、僧の姿が消えた。ちょうどその時この恩津ミロクは全身が汗でびっしょり濡れ、手に持っていた蓮の葉の色つやが失なわれていたと伝える。つまりその僧はミロクの化現であり、刀で切られた笠は、今ではその一角がなくなったのをつくろった跡をみることができるのだという伝説があ

る。(16)

先の安東ミロクにも同様の話が残されている。壬申の乱の時の征服者明の将軍李如松が、安東ミロクの近くを通りかかった時、馬の足が地面に付着して離れなくなってしまった。まわりをみると、石仏がある。李如松は刀を抜いてこの石仏の首めがけて切りつけた。そうしたらば馬が歩けるようになり、ようやく動くことができたという。今も石仏の首から胸にかけてその時敵将に斬りつけられて血を流したという跡があり、左の肩にはその馬の足跡が刻まれているという伝説である。

国家危難の折に、ミロクが何らかの意思表示をすることが明確にここで意識されている。少なくとも征服者に対する抵抗を表わす民間信仰の形態といえるだろう。

さて民間信仰上のミロクには、もう一つ特徴的な現われ方がある。それは子授けの信仰である。慶尚南道の彦陽では八月一五〜一八日まで女子の休み日である。一六日早朝花蔵山に登る。そこに洞窟があり、奥に霊泉と三尺ほどの石仏がある。女がその頭に石を投げてうまくのせると最初に男子を得るという。一八日には女たちが仏堂に行く。そこにやはりミロク石仏があり、かたわらにある石臼をまわして生児の祈願をこめる。心に念じて石臼をまわしているうちに上部の凹臼が下部の凸臼に密着して動かなくなれば願が叶うというのである。(17)

孫晋泰『朝鮮民譚集』(18)には、北鮮平北定州の超漢俊弥勒の伝説がのせられている。万暦任寅年間超漢俊なる者がいたが、獤川江に橋がなく、ために京城から義州へ通ずる大路の障碍になることを愁え全財産を投じて石橋を架けた。終って余財は七文ばかり、それで一足の草鞋を買い取って旅に出たという。この漢俊は死んで三日目空中より声があって「超漢俊が弥勒となって出世するからよくこれを祀れよ」という。村人が声のする方角に行くと一座の石仏が地中から出現していた。人々はそこに小屋を立ててかぶせたが、弥勒は次第に大きく成長して屋根を突き破ってしまったので大屋をさらに作った。この超漢俊弥勒に祈れば男子を得ると信じられている。この石仏の腹部が異様にふくれているという。このためか超氏一門の女は成長すると腹がふくれ、あたかも妊娠したようになる。誰かが石仏の腹部を突き破ったらば、一門の女たちの腹が痛んだので、元に戻したという。なお明の皇帝が一女をもうけた時、その背中に「朝鮮超漢俊」の五字があった。使を遣わして漢俊の有無を問うたが、時の人後患を恐れてその人のいたことを言わなかったので、明の皇帝は女子を妖物として殺してしまった。もし漢俊が七文で草鞋を買わなかったらば、明の皇太子に生まれ代ったのに、七文を利用したから皇女に生まれ、惨殺されたのだという話である。この超漢俊弥勒は民間によく口碑として残されているものだが、ミロクに子授けの機能があること、ミロクが再生すると期待されていること、そして外敵明の皇帝の意のままにならぬことを表示したことがうかがえる。

子授けを機能とすることは、流行仏の現象の中によくうかがえる。京幾道始興郡新東面新院里にミロク石仏があった。これは声を出して吉凶を占うといわれている。村山智順の報告によると、(19) この石仏は京城茶屋町に住む金東翼なる者が、附近の川原の中でみつけたという。堂を作って安置していたが、のちに金姓の女に守りを託して去った。この女が石仏の掃除をしていたところ、突如石仏より声がした。そこでその石仏に問いかけてみると、石仏は「汝この声を解釈して悩める不幸な人々に幸福を授けよ」との託言があった。そこで金氏はこのことをあちこちに宣伝したので多数の信者が集まってきたという。ある時、子のない夫婦が祈願をしたらたちどころに効験あり男子を得た。これ以後ミロク仏の霊験はいっそう高まったというのである。

この話にもみるようにミロクの子授けが特定の宗教者（ここではムーダンに類した女）によってとりわけ強調された傾きがある。朝鮮には児名があって、これに弥勒童とつける例が多いという。それは弥勒によって授けられた子供の場合と、成長したら弥勒になって欲しいという願望がこめられた場合と二通りあると説かれている。[20]

ムーダンが仮に関与したとしても、神霊が子供に宿る幼童を神聖視する信仰を基本に置いていることは明らかだろう。これが弥勒と深く結びついている点に、朝鮮のミロク信仰の一面がある。子授けが再生信仰と関連しているとすれば、前に指摘した国家危難を救うために絶えず出現が期待される弥勒の変身した具体的存在に対するイメージも成り立つのである。

第四節　ミロクの世とシャカの世

さて第四の問題として巫歌の中に現われたミロク信仰を吟味したい。これに関しては孫晋泰『朝鮮神歌遺篇』[21]に貴重な資料が収められている。ムーダンが唱える巫歌のうちで、とりわけ創世歌と題するものである。この中でミロクの世という世界観に関わる認識がなされている。全文は長すぎるので以下主要点のみ摘出するにとどめたい。

(1)　天と地が生ずるとき
　　弥勒さまが誕生すれば、

天と地が相附いて、離れず、
天は釜蓋の取手の如く突き出で、
地は四耳に銅の柱を立て、
その時は日も二つで月も二つで。
月一つ取りて北斗七星南斗七星に作り、
日一つ取りて大きい星を作り、

（中略）

ここではミロクが天地創造を行なっていることを示す。ミロクが誕生して、ミロクの世界を作って行く過程が以下のべられている。次に衣類作製の方法をミロクが考案している。さらに次の詞章がある。

(2) 弥勒さまが誕生して、
弥勒さまの歳月には、生の物を召し上がり、
火入ずして生の穀を召し上がり、
弥勒さまは石の量にて召し上がり、
斗の量にて召し上がり、これでは仕方がない。
我れ斯く誕生して、水の根本火の根本、
私の外にはない。

（中略）

そこで火と水の作り方を考えるため、まずバッタ(虫)、草蛙、二十日鼠に聞く。二十日鼠が石を打って火を作り、山の湧き水のことを教えてやる。次に人間を創造する段となる。金の虫から男を、銀の虫から女を作り、二つの虫を夫婦にする。これで原初の「ミロクの世」が一応完成したことになる。

(3)　歳月(よのなか)が泰平にして、
然るところを、釈迦さまが生まれ出て、
この歳月(よのなか)を奪い取らんとせば
弥勒さまのお言葉が、
まだまだ私の歳月で、お前の世には成れない。
釈迦さまのお言葉が
弥勒さまの世は過ぎた、
今度は私の世を作ろう。
弥勒さまのお言葉が、
お前(が)私の世を奪おうとするなら、
お前と私と賭け事をしよう。
(中略)

理想世であったミロクの世の後、釈迦の世が出現することを暗示する。ここで弥勒と釈迦の間の争いが生じてくる。第一の賭けは東海中に弥勒が金瓶を金の綱で吊し、釈迦は銀瓶を銀の鋼で吊す。そしてどちらか先に切れた方が敗れることになる。釈迦の綱が切れ釈迦が負けた。釈迦は再度勝負を挑んだ。それは成川江という河に夏に氷を張らすことができるかというもので、弥勒は冬至前に凍らせ、釈迦は立春に凍らせた。ここでも弥勒が早く勝ったのである。なお咸鏡北道の長淵という湖では、この池水が冬至前結氷すると大豊作、冬至後結氷すると凶作だという一種の年占の慣習があるという。(22) 釈迦は三度目の勝負をいどむ。それは両者が寝ている間に膝の上で牡丹の花を咲かせることができるかどうかというもので、その時、弥勒はぐっすり眠ってしまい、狸寝入りをした釈迦は、弥勒の膝の上に咲いた牡丹を持って、自分の膝の上にさした。これで釈迦が賭けに勝ったことを主張するので、弥勒はすっかり嫌気がさし、釈迦に世を譲ろうとする。そして次のように預言した。

(4) 汚く穢らわしい釈迦よ
汝の世になったらば
門毎にソツテー立ち
汝の世になったらば
家門毎に妓生出で
家門毎に寡婦出で
家門毎に巫女出で
家門毎に逆賊出で
家門毎に白丁出で
汝の世になったらば

ハプトリ・チトリ出で
汝の世になったらば
三千の僧に一千の居士出るであろう。
世がそうであれば末世になる。
（中略）

明らかに釈迦の世が汚濁に満ちた世と意識されている。ミロクの世とは対照的な世なのである。さて預言通り三千の僧と一千の居士が現われ、弥勒は姿を消してしまう。それで釈迦はすっかり改心して、僧を連れて弥勒を探し求めようとする。釈迦は山中で鹿を捕え、その肉を三千僧に食べさせようとするが、その中の二人だけが肉を食べなかったので生き残り、後は皆死んでしまった。やがて時が経ち、二人の僧も死んでしまう。

(5)　その僧二人が死んで山毎に岩となり
山毎に松となり
今の人間達が三、四月が近付けば
上饗米（にて）緑陰（の下）で
花煎の遊び、花煎の遊び。

これで全文が終わる。最後の節がいささか意味不明であるが、孫晋泰は三、四月の山遊びを描写しているのだと註を付している。この中で今の人間たちの住む世界は、釈迦の世であると認識されているようである。それは末世であってミロクの世とは程遠いものだ。この創造神話がムーダンの口を通して語られていた点は興味深い。

この神歌は大規模の祭式に限ってうたわれたというから重要な意味のあることは事実だろう。釈迦の世の以前にあった「ミロクの世」への復原が意識されているといってよい。ここにははっきりと理想世と汚濁に満ちた末世との対比を認めることができる。

第五節　先天の世と後天の世

さて最後の問題としてあげたいのは、朝鮮の新宗教とミロク信仰との関連である。とくに韓国に展開した新宗教の研究は近年全北大学の李康五の手によって詳細にまとめられつつあり[23]、最新のデータも提出されている。小論ではそれをくわしく論じる余裕はないので別稿に譲ることにするが、新興宗教の思想的軸としては、後天開闢の観念と新都建設運動が二大支柱として存するものと思われる。後天開闢観は、先天の世をうけて後天の世が実現するという考えであり、その内容は複雑な中国の易姓革命、正像末の末法思想、陰陽五行説などの複合化したものと考えられている。筆者自身は先天の世、後天の世の変革観は朝鮮民族の伝統的思考を基軸としたものと考えるが、そのことは後で触れたい。

現在が先天の世の末であり、やがて後天の世になるという思考の型は、多くの新興宗教が当然教理の上で積極的に取り入れている。朝鮮の新宗教として著名な東学党の後に出た甑山教（別名吽哆教）も教祖姜一淳の考案した天地公事の計画の中で、先天→後天のプログラムが作られている。それによると、現代は先天六万年が終わり、後天六万年に移行する過渡的時点であり、先天の末世にあたる。ちょうどそれは二〇世紀初めであり世界大戦が迫るまでの諸事件を後天の世出現の前提とする。たとえばヨーロッパ人の野心が拡大するのに対し、それを押さえるため役事（役割）を日本に担当させたこと、中国・朝鮮を侵略するロシアを押さえるために日露戦争を起こさせ、甑山が東南風を吹かせてロシアを敗戦させた。朝鮮は悪政の積重ねで能力が弱まっていたから、日本に一時だけ役事をまかせたが、その後何も持たさせずに日本を後退させて、朝鮮を上等国に仕上げてきた。そして末世に至り後天仙界造化政府を組織する予定である。

さて後天世界は次のように約束されている。天下は統一され、衆生は教化される。階級性が消え、官民の二階層となる。百姓は怨恨を失くし、相克闘争もなくなる。貪、淫、瞋、癡がなくなり声音笑貌が満ち溢れ、人は皆不老長生、貧富の差なく、衣食は豊かである。人はまた雲車にのって、飛行できるようになる。人間の知恵が発達し、過去・現在・未来を通達できるようになる。水火風の三つの災いがなく瑞気に満ちる。火を用いず御飯ができ、土に手を触れずして農業ができ、種子を一回蒔けば毎年芽が出る。土が三尺三寸の深さまで焼けて肥田沃土となる。各家ごとに灯台が一つずつ立つことで、全ての村が太陽のように明るくなる。機関車のつかない汽車が遠方まで通行できる。ドアの把手、帽子かけ、靴が全て黄金で作られる。正陰正陽となり、男女同権になる等々があげられている。先天↓後天において、陰が陽に勝り、女が男より優位に立つこともはっきりしている。

後天の世が理想的な世であることは明らかであり、その中味は文明の高度な発達に即応したイメージが描かれていることも事実である。

甑山教の教祖は一八七一〜一九一〇年の在生でしかなかったが、弟子たちへの影響はきわめて強かった。彼は全羅北道井邑郡梨坪面斗地里に生まれ、二一歳の時金堤郡草処面内住坪鄭氏と結婚、儒仏仙の諸家書と医卜、陰陽、術数などを学んで、人々から非凡人と畏怖されていた。その頃、国は外敵の侵入で存亡の時であり民生は塗炭の苦しみの最中であった。ちょうどキリスト教が伝来し思想界に大きな影響を与えた。東学党は当時一大勢力となっており、姜一淳も入信したがあきたらず自ら大道を開くことを決意した。三〇歳の頃より道通工夫という修行にはげんだ。時には虎遁（虎に変身）して、昼夜をわかたず山中を巡歴、大声を発したので狂人と思われた。そうした過程で、後天世界を開闢する権能を得たという。

次のような話がある。修行の最中世界の救い主である九天上帝に会ったところ、たまたまマテオリッチ（フランス人宣教師）が九天に昇ってきた。マテオリッチは世界を救うため中国へ下って宣教したところ意のままにできなかったので、九天上帝に世界の危機を救うように願いに来たのだと述べたという。姜一淳はそこから世界救済のために下界に下降するが、最初にエッフェル塔に下った。そこで見渡すと東洋が危ない、とくに朝鮮が危いと分かったので、ふたたび飛翔してくると、たまたま三三尺に達する弥勒の石像が目についたので、そこへ依りつくことにした。この弥勒の石仏は現在全羅北道金提にある金山寺の弥勒仏である。甑山教がミロク信仰を重んずるのは、教祖がシャーマン性を発揮していることからうかがえる。そのことはみずからの霊をして天空飛翔させたことでも明らかだが、そこで金山寺の弥勒仏と接合した点は興味深い。マテオリッチ云々は彼がキリスト教布教とも関連したことをものがたる証拠でもある。

姜一淳は生前中弟子たちに再生を約束したという。それは金山寺の弥勒仏になるということであった。そして後天世界が竜華世界であるとも言った。竜華世界五万年といい後天世界と観念的には一致するものである。また、竜華世界＝後天世界になる際、全羅北道群山より病気が広まり人類は全滅するが、甑山教徒のみ生き残る。そのための秘薬の作り方などを教えている。これらミロク信仰の中には終末観が明確に看取できるのが特徴といえる。二つの世界の交替が一つの世界の破滅を前提に確立しているのである。

教祖の高弟の一人金亨烈は、金山寺ミロクを中心に一派を開き弥勒仏教を称した。これは姜一淳の言葉に、自分は元来弥勒仏であり、人生に還生して、五万年の竜華世界運度を行なうということに基いて創唱されたものである。一九一八年に創始された。姜一淳をミロク下生の具体的な姿と信ずる者は多く、とくに仏教上の末法の世と現在とが一致するものと思われた。彼の説法により、衆生は済度され後天五万年の竜華世界に入ると信じられた。金亨烈の場合は、金山寺住職をも引きつけ、信者数約五千名に達したが、一九二〇年に弾圧され失墜した。一九三二年に金亨烈は死に教勢が衰えたが、ふたたび鄭寅杓の手によって再興されている。鄭寅杓は一八九七年生れ、全羅北道完州郡所陽の人、金山寺の弥勒仏の霊が自分に憑依したとして信者を集めた。とくに日本を亡ぼすという日亡無地を旗に記し、日本の敗北を預言した。日本が敗れると後天世界が開けるという考えであり、当時の日本警察によってとらえられ、終戦と同時に釈放され全羅北道井邑郡泰仁面に教堂を建てた。とくに預言が的中したというので信者は増加した。一九五五年に死亡したが、それ以後は後継者争いで教団は分裂状態にある。(24)

甑山教系の分派はこれ以外にも多数にわたるが、ここではとりわけミロク信仰を正面に押し出した弥勒仏教にのみとどめた。いずれも明らかなことは、教祖がミロクの再生であり弥勒仏が憑依したもので、地上に再臨したミロクによって後天世界＝ミロクの世が実現されるものだと観念されていることである。

もう一つ見逃がせないことは、右のような世界の変革を意味づける預言が論理だてられた体系の中から説明されていることである。民間に伝承されている預言の秘書として知られる『鄭鑑録』がそれである。戦前村山智順がこの書を収集したことは貴重な成果だった。[25] これは王朝交替をのべたもので、漢陽李氏の滅亡と鄭氏鶏竜に興起することを述べた預言書だといわれる。鶏竜山は忠清南道に聳立する秀麗な山岳であり、その山麓に新都が建設されるといわれる。王朝の交替ごとに王都は移るのが原則であり、次の王は鄭氏だと預言書には説かれている。漢陽の李氏は四百年にして滅び、その時は太陽が赤く、血は宮中を流れ、日と星が戯れ、黒雲天を覆うこと七日、その後真人が南海より来って鶏竜に王業をはじめるというのである。[26] 実際に李氏は一九一〇年日韓合併とともに、二七代一一年にして終わっている。

李氏滅亡後多くの新宗教が『鄭鑑録』の預言に便乗して新王出現を目指して鶴竜山に集結したのである。一九二四年には鶏竜山麓には戸数一五〇〇、人口七〇〇〇に達する集落がなったという。[27] 天道教、甑山教をはじめ多くの信徒が集まったというが、この地をミロク下生の新都として明示しているのは甑山教の分派である竜華教であった。今も本部は鶏竜山にあり、弥勒仏を本尊とする。先天の世は釈迦の世であり、後天の世は弥勒の世だと説く。釈迦仏の滅後はすなわち後天の世に入ったから、弥勒が出現して真の救済が得られるという。[28]

さて以上のようなわずかの事例をみただけでも後天の世開闢新都建設といった新宗教運動の中に、ミロク信仰が深くコミットしていることが明らかである。呪的カリスマと目される甑山教教祖姜一淳が、シャーマンとして機能する際、みずからをミロク仏に擬したことが、以後の分派教団の中にも位置づけられてきたのであるが、この思考が伝統的な朝鮮民族の信仰の中で浮き上った性格でないことはほぼ断定できる。

さて以上のように、朝鮮半島に展開したミロク信仰の性格を知る上で、第一類から第五類まで、おおよその実態を整理してみた。もちろん個々の問題はそれぞれ深く究明しなければならないものであるが、一応本章の目的にかなうよう概括的にまとめた次第である。時間性・空間性を超越した観点から把握した場合、これらの類型を超えてほぼ次のようなことがいえるだろう。朝鮮民族の場合、(1)ミロクは仏教の手を離れシャーマンとしてのムーダン、古代新羅においては花郎の管理下に置かれる面が強かったこと。(2)国家危難あるいは社会不安の高揚した時点に、ミロクは下生して救済する機能が強調されたこと。(3)その際生身の人間に憑依する例が多く、これがミロクの再生信仰として具体性を持つこと。(4)先天の世と後天の世、ミロクの世とシャカの世の対比が鮮明であり、現時点はたえずその過渡期にあたると認識されていること。(5)ミロクの世＝後天の世を目ざして世界が変革する観点は、ミロク下生信仰のイメージを際立せたこと。以上である。

ここで当初に設定した日本型のミロク信仰との比較を試みることが可能であるかが一つの問題である。筆者は先に日本の場合、ミロクの世が豊年の世と飢饉の世の対立概念から成り、共時性をもって認識されているところから、ミロクの世そのものと対決する世界がとりわけ存在せず、そのため終末観の意識も生じていないことを指摘し、そうした構造をもつのが日本型の「ミロクの世」に想定されるのではないかと考えた。

今これと比較すべきモデルを朝鮮民族の事例に求めるならば、朝鮮の場合、ミロクの世は後天の世であるが始源の世であり理想的世である。ところがここに対比すべきシャカの世、先天の世、末世の世、汚濁に満ちた現代という観念が成立している。後者の世界は末世とともに終末があって、ミロクの世に変革するという通時性をもった認識のされ方がある。しかし日本の新宗教で、大本教や天理教、丸山教などにミロクの世がこのように認識されているのではないかという点、思いあたる節がなくはない。たしかに歓類の世、うじむしの世といった現代の末世的なとらえ方は認められるにしても、二つの世界の交替を世界観の構造の中で把握する点においては、日本と朝鮮との間にいちじるしい差があると思う。

さて以上のことを図示化すると次表のようになるだろう。

日本	朝鮮半島
	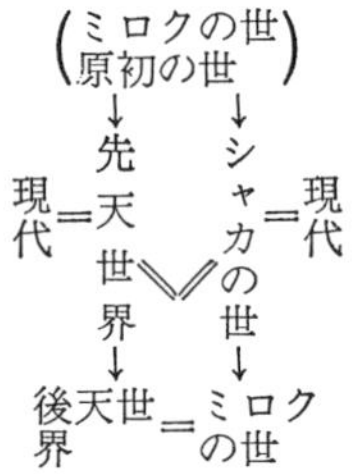
共時性をもって表現	通時性をもって表現
ミロクの世の到来は漠然としか意識されない。	ミロクの世の到来は明確に意識されている。

本章はミロク信仰の日本型の一面を明確にさせるために行なった作業仮説であり、もちろん日本と韓国の比較を行なうのには不十分のままでの資料提示にもとづいたものである。なお本章では「ミロクの世」の観念の仕方においての型の比較にとどめたが、この外に他の信仰要素を有機的に関連づけた上での比較が望ましいことは自明の理であろう。

(1) 柳田国男「学問と民族結合」(『定本柳田国男集』三〇巻)。
(2) 柳田国男「比較民俗学の問題」(同右)。
(3) 前掲註1。
(4) 前掲註2。
(5) 三品彰英「新羅花郎の源流とその発展」『史学雑誌』四五―一〇、昭和一一年。また金庠基「花郎과弥勒信仰에대하여」『李弘植博士回甲紀念、韓国史学論叢』新丘文化社、一九六八年。
(6) 前掲三品論文二三四ページ。
(7) 同右、三五ページ。
(8) 同右、四七―八ページ。
(9) 張籌根、玄容駿、金泰坤、崔吉城の諸氏の多くの業績が目立つ。日本文で発表されているものに、張籌根『韓国の民間信仰』全二巻、金花舎、昭和四八年。金泰坤「韓国巫における降神現象」『春秋』一四一・二号、昭和四七年。玄容駿「済州島の巫俗」『民族学研究』三六―四、昭和四七年。
(10) 金泰坤「성주神의本郷考」『史学研究』二一号、一九六九年。
(11) 同右、四六三ページ。
(12) 柳増善『嶺南의伝説』蛍雪出版社、一九七一年。
(13) 森川清人『朝鮮夜談・随筆・伝説』京城ローカル社、一九四四年。二七六―七ページ。
(14) 村山智順『朝鮮の占卜と予言』朝鮮総督府、昭和八年、五五一ページ。
(15) 筆者調査ノート、昭和四七年。
(16) 前掲註11、二七九ページ。
(17) 秋葉隆『朝鮮の民俗』六三書院、昭和二九年、四六―七ページ。
(18) 孫晋泰『朝鮮民譚集』郷土研究社、昭和五年。
(19) 前掲註12、三五八―九ページ。

(20) 金孝敬「朝鮮民間信仰に於ける弥勒」『東京人類学会・日本民族学会連合大会第三回記事』昭和一三年、五九―六三ページ。
(21) 孫晋泰『朝鮮神歌遺篇』郷土研究社、昭和五年、一―一五ページ、また、任東権「民謡에나타난仏教」『ソラブル文学』二号、一九六六年。
(22) 前掲註12、一七三ページ。
(23) 全北大学副教授李康五氏の著作は、同大学新興宗教問題研究所よりすでに六冊刊行されている。小論の素材はこのうちの『韓国의新興宗教資料第一部』一九六七年によっている。
(24) 韓国文化公報部『韓国民俗総合調査報告書』全羅北道篇、一九七一年、一五三―九ページ。村山智順『朝鮮の類似宗教』朝鮮総督府(国書刊行会)、昭和四七年、三四〇―一ページ。
(25) 前掲註21。
(26) 前掲註12、六〇七―一五ページ。
(27) 同右、六五〇ページ。
(28) 前掲註21。村山著、九四四ページ。
(29) 同右、二一四ページ。

総括

日本の民間信仰の多種多様性については、いまさら申すまでもない、先学の多くが指摘してきたとおりである。それらの現象を皮相的に見るならば、その日常卑近的な事実や、宗教的には低次元性のなにものでもないだろう。人間が創造する価値や、歴史を動かすエネルギーとは何ら関係のないまま、見過ごされても致し方のない態様である。しかし一見さきいな、とるに足らぬと思われる信仰現象の背後に、生まの民衆の基本的意識が隠されていることを、決して忘れてはならない。これは民俗学を学ぶ者のごく基本的態度であって、こうした民間信仰を窓口として、日本の民俗文化の本質を究めようとしたのであった。

東北・中部地方の農家で、小正月にマユダマを作って小枝にさし、ザシキに飾って、まるでミロクの世のようだと素朴に発する心情と、京都太秦広隆寺に安置され、知識人たちがしきりに愛好する弥勒半跏思惟像との間に、いったい思想的にいかなる脈絡があるのかと、はじめの疑問はまことに他愛ないものから出発した。関東・東海地方の沿岸部・内陸部では、夏のはじめにミロク踊＝鹿島踊が踊られミロクの世が望まれる。沖縄八重山では豊年祭にやはりミリ（ロ）ク世の出現を待つ気持でミロク踊が踊られる。柳田国男は実に、八重山と、関東地方の鹿島地方のこの一致を、日本民族起源論にまで展開させたが、むしろ問題となるのは、ミロク踊に見る穀霊信仰的要素であった。そうした眼でミロク伝承を見ると、万才にしろ民謡にしろ、今年こそミロク世となってほしい、その世は豊年満作の世になってほしいのだとうたいこめており、稲作を基調とした農耕社会人の世界観にミロク世が一致することもわかってきた。しかもそれは通時的なもので、くり返しくり返し待ちのぞまれる。逼迫した苦しい時代に、とくに飢饉が連続すると、いよいよミロクの世になってほしいという気持は、切実なもので、とうとうミロクの年は、今年だ来年だと、はっきり預言して農民たちに信じこませる宗教家たちも現われた。戦国時代の私年号や、近世のミロクの年＝巳の年の観念は、そうした心意を儀礼化した取越正月、はやり正月を基底に成立したのである。

いっぽう『弥勒上生・下生経』に説く、まさに仏教思想から出発した弥勒信仰も、大きな力をもって、日本に進出してきた。古代・中世を通じて、貴族・武士たちの上層の人々の、弥勒浄土への憧れは強かった。弥勒仏が現われて、これは五十六億七千万年後だが、その時は、黄金できらきらとしきつめられた国で、平和な王土となるという仏教のユートピア観が、信者の心をひきつけた。金峯山が黄金浄土であるのは、そうした説明からきている。仏教的弥勒信仰は、格別宗派にとらわれなかったというが、法相宗以後、多く真言・天台宗に受け継がれた。この両宗は民間社会との結びつきが濃く、中世来しだいに、民間の農民社会の中に浸透して行った。そこですでに農民が懐いていた豊熟な世への憧れは、仏教上の名称を借用してミロクの世とイコールのものとなった。しかし内容は、五十六億七千万年後の黄金浄土とはいかない。農民は農民なりの感覚で、米が豊かに稔り、のんびりと幸せな世という漠然としたユートピアをミロクの世と書きかえたのである。

ところで、ミロクの世となるには、二つのステップが必要である。つまり仏教でいう弥勒の下生が前提となる。弥勒の世になるには弥勒仏がこの世に出現してはじめて可能なのだ。さらに弥勒仏が出現すると世直しが行なわれなければならない。今までの世界が変革されてはじめて弥勒の世となる。こういう一つの法則が、弥勒信仰に存在する。ベトナムをはじめ東南アジア、中国、朝鮮半島などの諸民族は、歴史的にも、そのようなセオリー通りの弥勒信仰が展開した。仏教上の弥勒は実にメシアである。メシアは終末観に伴ない出現し、世直しを行なうべく運命づけられている。日本では、そのような公式通りに行っていないことが、わかってきた。農民たちは、災害が多いと、ミロクの世になってほしいと念願する。しかしそれを実現するようなメシアは、どうも明確ではない。民間の宗教社会に多くの影響を与えた真言宗系の聖や山伏、行者たちは、弘法大師入定をモデルに、各地で奇蹟を行ないながら、救済を説きつつも、結局は、彼らの呪術的霊能が強調されるだけに止まる。しかしそうした行者たちの多くは、衆生救済を約束しながら、ミロク出世を祈って入定し、その結果、あるものはミイラとなって祀られてはいる。自分がミロク仏である、この世に出現して世を救うのだという意識はない。民衆の方でも、明確なメシア出現を予想することも余りない。ただ鹿島踊では鹿島神人が、ミロク踊では、布袋の姿をした村人が仮面をかぶって米をまきながらミロクの出現を示したが、これはあくまでも儀礼上のことである。

ところが近世の江戸という限定された地域社会の現象であったが、入定行者の系列をひく山岳行者が、富士山頂でミロクの世の到来をつげ、自らミロクの化現だとした。そして、ミロク世実現を中心とした教理を作り、富士講を組織化した。これは今でいう新宗教の元祖の性格がある。しかし、為政者によって弾圧され、しだいに形骸化していった。近代の丸山教、大本教などが、その系譜をひいて、一つの意義をもたらしてはいる。

時間・空間を超越して、ミロク信仰に凝集する意識の軸は、日本人が伝統的にいだいてきたユートピア観、メシア観、世直し観であろう。それらの日本的な特色を示すことになるべく意を注いできたが、なお比較民俗学的見地で主題を展開させぬ限り、十分な説得性がない。ただいえることは、日本においてメシア待望の意識のきわめて稀薄なことだ。ということは、メシアを必要とするほどの変革観が成立していないことでもある。この点をなおはっきりさせるために、ミロク信仰の中枢たるミロク世への世直し観を、伝承意識の中から究明した。日本の民衆のいだく「世直し」観念を検討すると、まず稲作の生産過程に応じて、旧き世と新しい世の交替を意識し、新しき世に、米の豊熟なミロク世を求める型、それはとくに豊年祭のオルギー状態に顕在化するところから、豊年祭型と名付けられる。次に、流行病や飢饉など災難が多い世だと、それをもたらす悪神を追放し、新らたに幸運の満ちたミロクの年（世）を迎えようとする型、とくに鹿島信仰と結びつく神送りのオルギー状態にそれが顕在化するところから、神送り型と名づけられる。

豊年祭型と神送り型に見られる潜在的な「世直し」はくり返し、民衆に待望され、その実現に必要な踊りが行なわれる。それによって理想的なミロク世が実現したのかどうかは判然としていない。民衆のすこぶる静態的な意識の表白といえる。

次にこの伝統的な「世直し」観を、自然界の破局という一種の終末観を伴なう地震・津波などの変災時を通して見たらどのようになるかを問題とした。そこでは地震鯰による瞬時的な破壊の「世直し」があり、民衆は一時的にもせよ、救米の払下げ、御用金分配、米価の下落などの政治的措置で、楽に米を食べる生活を味える。これを素朴にかつ実感的に「世直し」と把えたわけである。しかし元来、このような泥海化して生ずる地震の「世直し」は民衆の求めるところではない。伝統的なミロクは、地震を鎮める神として出現・期待される。ミロクによる改革はじょじょになされ、やがて米の豊かな幸福に満ちたミロク世になっていくという信仰が、たえず再生産されている。これが民衆の持つ「世直し」の一貫した原理といえる。

したがって、明らかに日本の「世直し」において、民衆意識からは強力なカリスマが期待されていない。ミロク世を実現するミロクは、非実在的な存在であり、強力なメシアではもちろんない。

ただ、こうした指摘は、伝承的世界より発現するミロク信仰を通しての「世直し」観でありメシア観なのである。伝承的ミロクが、歴史の dynamism の中で、いかなる影響を受け、いかなる変容を示すかは別問題となろう。社会の変革時に、民衆の社会不安が募り、鬱積した民衆心理が種々の方向に爆発する可能性がある。その場合やはり民衆意識の持つ型に対応して方向が位置づけられてくるであろう。民俗学的アプローチからする「世直し」観・メシア観の分析もそうした問題に一つの提示をなすものと考えられる。

はじめにおことわりしたように、本書はいくつかの欠陥を内包させたまま出発していた。なかんずく通時性を帯びた伝承資料に、一つの時代性を附与して、歴史世界に還元させる際の方法論的弱さは覆うべくもない。ミロク信仰にからまる乏しい史料・資料をメシアニズムの一点に統合させようとする意図は、方法論的脆弱性から、連鎖的に処理しようとした素材の背景にある共通パターン抽出のプロセスにおいて、しばしば恣意的に流れたのではないかと恐れる。また本論の主題をあえて日本に限ったことは、日本独自のとか固有といった観点を強調したわけではない。民俗文化には余りにも汎人類的要素が多過ぎる。従前の日本民俗学が樹立してきたさまざまな仮説は、比較民俗学の立場から再検討すべき時期が到来している。ミロク信仰研究の立場も、当然そうした課題に迫られるのであって、本主題の展開の舞台もそこに定められるべきであろう。

次に本論で論述してきた日本におけるミロク信仰の、歴史的・民俗的展開を図示してみると次の通りである。

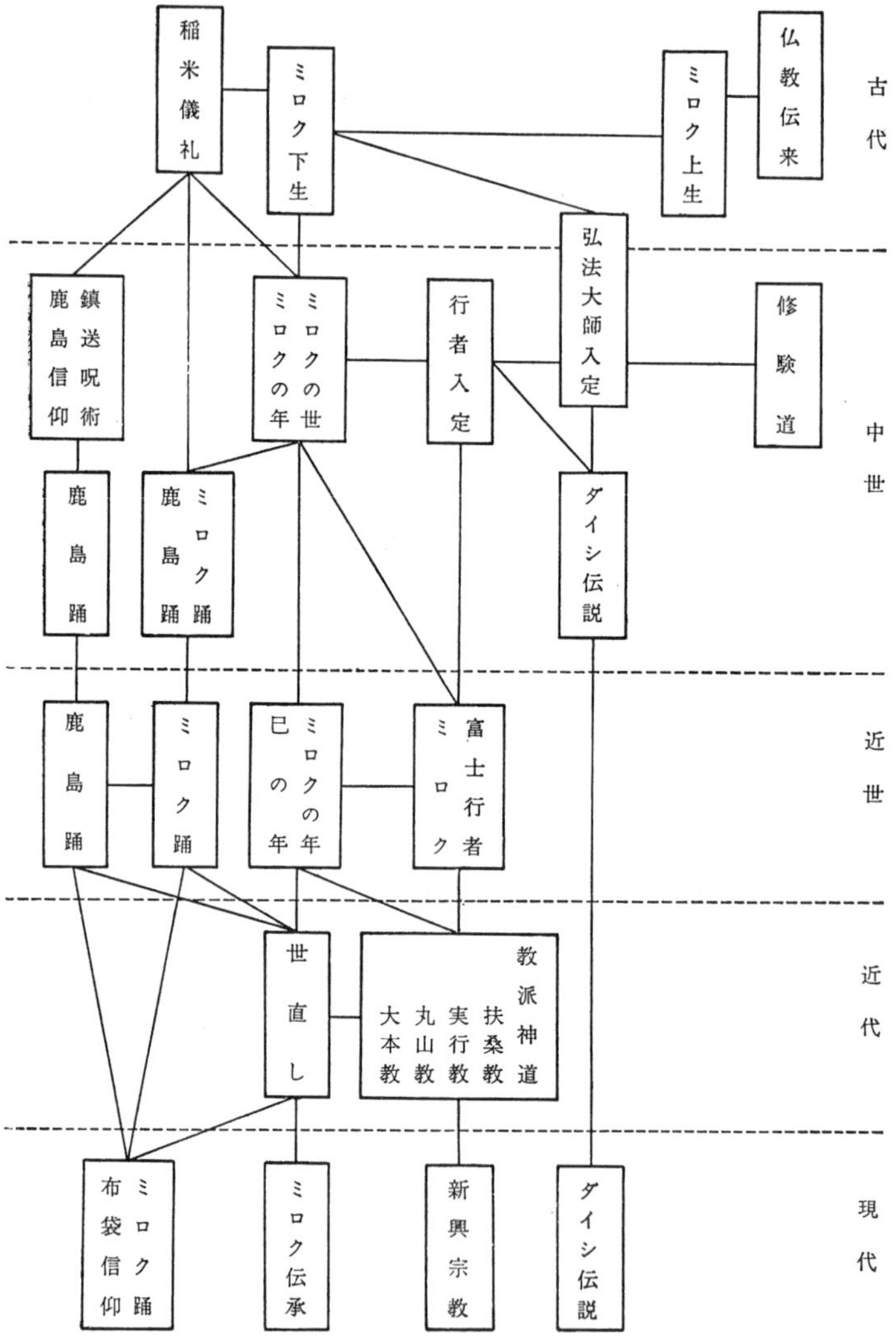

古代
仏教伝来
ミロク上生
ミロク下生
稲米儀礼
中世
修験道
弘法大師入定
行者入定
ミロクの世
ミロクの年
鎮送呪術
鹿島信仰
ダイシ伝説
ミロク踊
鹿島踊
鹿島踊
近世
富士行者
ミロク
ミロクの年
巳の年
ミロク踊
鹿島踊
近代
教派神道
扶桑教
実行教
丸山教
大本教
世直し
現代
ダイシ伝説
新興宗教
ミロク伝承
ミロク踊
布袋信仰

さてこの図表から、ミロク伝承の基本にミロクの世あるいはミロクの年に関する観念の仕方があることに気づく。それで仮に比較民俗学的考察を進める上で、比較のモデルとして右の観念の仕方の型を設定してみる必要があった。そこで日本型として措定したのは、ミロクの世は豊年の年でありまた飢饉の年であるという相矛盾した観念を、日本民族が共時的に発現させていることである。これに対して、朝鮮民族の思考には、前段階にミロクの世があり、これは始源の世であり理想世であり、これはやがて到来する後天の世でもある。これに対してシャカの世が想定されており、これは、末世の世の汚濁に満ちた現代である。両者の間に終末があり、シャカの世はミロクの世に引き渡される手続きが考案されている。ことミロクの世に限定して比較すれば、ミロクの世は共時的な形で、たえずくり返して現出するという型の日本に対し、ミロクの世は、始源の世で未来世、その間に現代の末世があるという思考は、対照的といえた。このことは、命題としてある、何故日本人の伝統的観念の中に、明確なメシアニズムや千年王国論が育ち得ないかの一つの理由にならないだろうかと秘かに考えもする。ミロクの世が漠然としか到来することを予想しないことと、飢饉の世と豊年の世がくり返しやってきていることが、ミロクの世をステロタイプ化させたことにも連なるといえるだろう。農耕的世界観が安定した形をとって、日本型の文化を作り上げているという一般的評価に連なることになろうが、少なくともミロクの世の構造のあり方に、日本型の一つの特徴が見出せたことは、本論文の中間報告のしめくくりとして提示しておきたいのである。

補論　日本民俗学の理論的課題

第一章　学説史的回顧

第一節　歴史科学か現代科学か

昭和二四年四月一日、民間伝承の会は日本民俗学会と改称された。すでに前年四月八日には、民俗学研究所が設置されているので、日本民俗学の学問体系を軸とする学会活動は、制度の上で一応そろったことになる。民俗学研究所は、昭和三二年の閉鎖まで、約一〇年間、名実ともに学会活動の中心に位置した。柳田国男の教唆は大きいものがあったにせよ、研究所には中央における学界指導者たちが集結し、少なくとも柳田個人の天才芸としての柳田学の埒から離脱する方向が、真剣に検討されていた。そこには草創期のダイナミックな議論の積重ねがあった。最近の日本民俗学界の沈滞気味な風潮を思うとき、このことは実に貴重なことである。

この時点での最大の関心は、民俗学の理論的課題に関する検討だった。柳田国男の『郷土生活の研究法』、『民間伝承論』、『国史と民俗学』などは、日本民俗学の理論的支柱となってはいたが、隣接諸科学の進歩にともない、また隣接諸科学との提携も急がれ、いわゆる柳田民俗学の日本民俗学への定着が必要だった。日本民俗学会の学会活動は、プロの民俗学者を養成する民俗学研究所のメムバーたちによって率先してなされる体制が整い、この人々の間でまず理論的な諸問題がとり上げられ、それは『民間伝承』誌上に論戦として華々しく掲載された。それは学問の性格論から方法論に及ぶもので各自忌憚ない意見の交換が自由になされていた。昭和二四年から二七年の間は、日本民俗学の発達史の上で画期的な時点だったのである。

和歌森太郎は、昭和一九年度以来東京文理科大学で行なった講義録を一書にまとめ、二二年八月世に問うた。これが『日本民俗学概説』(東海書房)であった。和歌森は自序の中で、「もともと歴史学専攻を志したものである私は、ただ歴史研究の新分野開拓或は史実了解のたすけにもと民俗学を学び出したものであるにすぎず」とのべているように歴史研究における民俗学的方法の高い役割を認める立場から、民俗学の体系を目指したものであった。

和歌森の主張は、民俗学は民俗を研究対象として、常民の生活史を明らかにする。別な言葉では国民文化史における基層文化史、民俗研究にあるとする。

民俗史、基層文化の歴史、従って基層文化をより重く荷うところの一般常民の生活史にこれを観ようとし、けっきょく日本人に通じての生活方式や性格を究め、以て国民文化を基層から理解しようとすることも私どもは願うのである。そうした民俗史研究を目的として各民俗そのものを研究対象とする。これが民俗学の課題である。

民俗は史料としての遺習であって、これは過去のあるときから、世代的伝承性をもって近代にまで伝わった習俗である。これを方法論の俎上にのせると、「各地の民俗を蒐め比較検討して行けば、おのずからその民俗相が占める時間的位置の前後関係を判断する」ところに学問としての独自性があると説く。

和歌森が民俗を対象とし、比較研究を行なう際の基準としたのは、地縁協同体としての村落であった。この村落が重点的に選択される。それは民俗の主体としての村落であり、この村落にさまざまのタイプがあることが、比較方法を効果的にする。村落における民俗は相互に関連づけられながら、それを村の社会史的段階と併せ考察する。

この時点での和歌森の方法の特徴は、村の社会的経済的条件から、村落の型を把握することによってそこに伝承される民俗がどういう経過でどう変化するか理解できるとする点にあった。そのためにはまた一村落内での各民俗を有機的に全体関連の相において認識することも必要だという。民俗観察の際、民俗事実を正確に認識する手段として、右の観点を定着させていくことは、その後の日本民俗学の方向にとって重要なことだった。

結局、具体的には、民俗内容、民俗事実を民俗に関する地方言・方言（民俗語彙）を指標として類型化し、前後関係を判断し、しかも民俗発生成立の本質的意義を了解するという方向、「一連の民俗類型集が、そのままその民俗の歴史を描く、という風に考えて方法とする。これが最も頼りになることになる。いわば重出実証法である」ということになる。

民俗事実を重出立証法的に歴史化する。これが民俗史を構成するという主張は民俗語彙の地方差が時代差、時代性を示すという、例の柳田国男『蝸牛考』を範にした論の展開であることは明らかである。

和歌森の主張の独自性は、民俗の型が社会史的動きに位置づけられるべきだという点に鋭くあらわれている。「民俗の型を荷う協同体の文化度乃至社会型に照らしてみることが望ましい」、「民俗がどういう社会型のところに行われているか、またどういう文化度のところに保たれているかするどく見ねばならない」とし、とにかくそういう社会史的動きのどこに、一一の民俗が位置づけられ、意味をもたされているかを、たえず資料の上に考慮しておけば、少くも社会的意義の——大きい民俗のそういうものがけっきょく民俗学研究上意義ある問題であるが——歴史を編む上に、よりよい照準を得ることになろう。

民俗学の目標を民俗史の構成に置くことをもって、本書の価値はきわめて高いものがある。しかし和歌森自身は、民俗史の構想をかなり修正する方向をたどった。「民俗学の方法について」の中では、「日本民俗学の研究対象は、日本民俗がもつ歴史的性格、歴史的意味と限定されて来る。それは今求められる（観察と聴取によって）民俗の歴史的性格と意味とであって、民俗の歴史ではない。この学問の末に、結果において民俗の歴史がわかることはあってもよいがそれは決して主たる対象ではない[1]」と言っている。つまり民俗の歴史でなく、民俗の歴史的性格を重んずる点がここでは強調されている。「要するに民俗自体並にそれを指標づける方言の比較研究による重出立証法を以て、各民俗相互間における前後関係がわかり、その結果をさらに、それぞれを支えている社会的・文化的条件に照すならば、今かような民俗がなぜ保たれているのか、その歴史的性格や意味が了解できる[2]」としている。そしてこのことは、究極において日本人一般の原質的なものが何であるかという問いに対する答えを求めることになるという。

和歌森の立場は、従来の日本史学とは基本的な立場を異にする歴史研究においての民俗学の存在理由を説くことにあった。民俗は今現実にある形象物を通して認識できるものであり、それを通して歴史的反省を試みる。従来の歴史学が描くことのできない民間の生活史を、民俗学の立場なら可能だとする気持は強固であったと思われる。「民俗学はその対象から必然的に日本人全般の歴史的流れにおける前代的景観を描き出す結果になる。そこに日本人の生活史を例叙的に描くような効果をもつ」としている。

和歌森の所論に対し、真向から反論したのは関敬吾であった。関は「民俗学方法の問題」を書き、民俗の研究方法には、歴史的方法、社会的方法、地理的方法、心理的方法などが成り立つもので、和歌森の所論の根本となっている民俗史の構成を民俗学の目標とした『日本民俗学概説』の考えと対立することを主張した。関は次のようにのべている。

民俗を、歴史的文化的遺物と見るか、社会的現象と見るかによって、自ら研究目標の中心が変って来る。民俗を過去の遺物と見るか、現実の社会的現象と見るかによって民俗学を過去科学とするか、現実科学とするかの岐路に立つ。前者はより、遡元的であり、過去の究明過去文化の構造が問題となり、文化の起原の追求が興味の中心となりやすい。後者は過去文化の歴史的知識にもとづく現代の究明が中心課題となる。(3)

関が民俗学を過去科学とするか現実科学とするかという点に、立論の根拠を置こうとしたことは右の指摘で明らかである。そこで民俗を遺習として史料解釈をほどこすことは過去科学の範疇に属するということになる。過去科学か現実科学かという割切り方はいささか単純過ぎるきらいがあるだろう。これが歴史科学とするか社会科学とするかという問題にまで発展しなかったことは、その後の経過でも明らかだった。

和歌森は、史学における民俗学の存在理由を提示することを強調した点が明白である。それは村落の型を社会史の通念にあてはめる仮説の提示からも察せられよう。そして和歌森は民俗の歴史的性格とその原質の究明を正面に打ち出している。この点においては、関のいう歴史的方法、地理的方法、社会的方法という分類の中から導き出される考えとは一致するところが多い。

関敬吾の「歴史科学としての民俗学」は、こうした論争からほぼ一〇年経過した後まとめられたものであるが、関の主張が要領よく示されている。この中で関は、民俗学は現在を出発点とするが、歴史的に規定された長い伝統に結びついた伝統的生活から出発するということで、この意味において歴史科学だという。民俗は一つの体系をなし村落社会における組織的生活行動である。そうした民俗の研究は民俗の担い手になる社会の研究から出発しなければならない。「民俗要素をあっちこっちから集めるだけでなく、社会学的に規定された諸集団・諸階層との関連において調査し、さらにこれを分析比較しなければならない」。こうした主張に関の独自性があった。「それぞれの民俗は文化の複合体として、全体の一部を形成するという仮定のもとに研究しなければならない」という観点は、「インテンシーヴな調査によって、有機的にとりあげられた資料を、少なくとも総合的に、主要な民俗要素を複合して比較研究しなければならない」という研究法に連なるもので、民俗学における現在学的・構造分析的方法を立場とする理論的中心に位置するものである。

関は「現在の理解も歴史的形成過程の媒介なしには不可能であり、過去の理解も、またかかる意味の理解なしには不可能である」とも言っているので、民俗の歴史的性格を究明するという和歌森の第二次段階での説明とは相容れぬ考えではない。

われわれはまず有機的にとらえた現在の民俗の出自、系統を歴史的観点から観察し、その時間的深さを獲得し、それが漸次集積された過程を把握し、その歴史的形成過程を観察しなければならない。これが歴史科学としての民俗学における観察方法である。これを民俗学の究極の目的とすることもできようが、まず日本民族文化、民俗の類型構造を明らかにし、その特質、その意義の認識を意図しなければならない。しかし民族文化の多くの部分において、発生当時とこんにちとにおいては、その意義に多くの変化があることはいうまでもない。

少なくとも関の記述の上では、民俗学を歴史科学と規定する論の展開で、和歌森の民俗史構成という表現を除いたほかには、両者の齟齬は際立つものではなかった。ただ関は民俗の現在的類型を抽出する方法に、社会学的方法、機能主義的方法を多分に導入する視点を重んずるところを特徴とするといってよい。民俗を束にしてとらえ、過去の文化を復原することを、関はくり返し論じたのであった。

民俗を単独に比較するのではなく、相互関係において比較し、全体的概観を与えることに努力を払う、その点に歴史学とは異なる民俗学の独自性を主張しようとする関の立場は、民俗を歴史的に研究する一つのあり方をはっきりさせたものとして評価され得る。和歌森との方法上の差異は認められるにしても、こと民俗学観、民俗の把握の仕方においては、彼我の差はきわめて少ないものといえよう。

牧田茂は、平山敏治郎、和歌森太郎、堀一郎（後出）などの歴史学的立場よりの所論の展開に対して、強く批判を加えた(4)。この時点での牧田の民俗学観は、民俗学は現実に得られる民俗資料を重出立証法で操作することによって、日本人が自ら知ることを目標とした学問だという明快な規定にもとづいているといえる。「民俗学が史学の資料を尊重しなければならないという理由は存しない。あくまで独自の立場から資料を求めてよいことである」、「宮廷や将軍家の記録類から民俗学の資料を求めてくることにも反対する理由はないのであるが、しかしそれだからといって、その資料が民俗学上に大きな価値を持つとは絶対に言い得ないのであって、むしろ特別な場合を除いては無視してもよいのである」という極論すら出している。

そして平山、和歌森、堀の立場が民俗の歴史性を重んずる点で共通するといい、これに対する立場は民俗の現代性を重んずるものだとする。

実は、むしろ民俗学の目標を過去に置くか現在に向けるかによって、この「民俗の歴史性」を重んずるか「民俗の現代性」を主要とするか、二つの態度が分れてくるのである。つまり根本の問題は民俗の歴史性、現代性のどちらを無視するかではなくて、民俗学を以て過去を解説する学問とするか、現代について稽える学問であるとするかという相違にかかってくるのである。(5)

牧田の立論が、柳田の主張した現実疑問の解答になるべき学問としての新たなる国学という民俗学観にもとづいたことは、たしかである。ただ民俗の歴史的性格を前提とする考え方が、過去を解説する学問に連なるということを単純明快に割り切った点、反論を篆む結果となった。牧田の主張は、民俗学にとって重要だが、民俗の歴史性と現代性が対立するという観点から成り立つものではないことは自明の理であった。しかしこの時点においては、先の関敬吾の考え方にもある如く、過去科学(過去学)か現在科学(現在学)かという立論をもとに、民俗学の基本的立場をとらえようとすることが目立っているのは特筆すべきである。

牧田の論に対しては、和歌森がただちに反論している。その中で、過去のことを解説するということと、民俗の歴史的性格の究明とは別物である点を明確にしている。「現在の問題について歴史的に調べようとし、現在を構成する日本なり世界なりについて何らかの知見を得んがためにこの学問にたずさわるのである」、「日本民俗のもつ歴史的性格や意味というように限定されたものを通じて、さまざまの民俗におおわれた日本人の生活現実の由ってくるところをたしかめる学問になるというわけである(6)」とし、単純に史学と民俗学が対立するかのように論ずる行き方を批判している。

さて民俗の歴史的性格と意味を探る立場については、地域性の観点から批判した山口麻太郎の論が目立っている。山口は日本人の民俗は、特定の村落をインテンシヴに調査して共通的・特質的なものを抽出してはじめて、得られるものだとして、民俗誌の記録化を提唱している。山口自身が中央の機関に所属せずいわば地方における民俗研究者であっただけにこの発言は注目されよう。「即ち民間伝承は先ず伝承単位体の生活現象として、とり上げられ、社会関係に於て経済関係に於て吟味せられねばならないものである」(7)とし、その目的のために地域の民俗学＝民俗誌学の成長を促した。この観点はある意味では関敬吾の現在学的構造学的な分析を基調とする論にも通じ、牧田茂の考えの具体化に応ずる見方にも連なるものだろう。山口の地域性論はこの時点では余り顧られていないようだが、近年の重出立証法批判の立場の先取りの方向として注目してよい。

第二節　文献か伝承資料か

和歌森と関との間に交された論議は、日本民俗学のその後の方向を暗示するものであった。民俗の歴史的性格を共通の認識として持ちつつも、和歌森は歴史学のとりわけ社会史の流れの介在を意識しつつ、民俗の比較研究の規準となすべき村落の型を設定することを前提とした。関の方は、民俗の有機的関連を民俗の束として総体的に把握する機能主義的立場を強調することとなったのである。

さて続いて焦点は民俗資料のとらえ方に及んだ。これは主として、平山敏治郎、牧田茂の間に行なわれた論争に目立っている。

平山敏治郎の論は明快にその立場を示すものである。「日本民俗学は日本民族の文化に関して国史の立場から考察しようとするものである」、「われわれの課題とするところは日本民族の伝承文化の考察であった」という目標のために、現在の村落生活に焦点を合わせてきたが、「歴史的な考察の立場からすれば、現前の村落にのみ対象とする文化の素材を求めるということ、これに限るというものではなかったはずである」[8]。この主張は、昭和二四年段階に限定した場合、当時の状況から察して大胆なものであった。当時は、歴史学は文献を、民俗学は伝承を史（資）料とする、そうした形態的な差異が、学問を別にする根拠となるという見解をとる者が意外と多かったのである。平山は採集された伝承文化は研究者の手によって記録化されるのみで、それはすでに文献であって、伝承と文献という分け方が理由のないことなのだという。むしろ資料の語る内容において区別されるべきなのだとする。

かくして民俗学の対象は現在の村落において見出される民間伝承としての民俗に限らず、一方には他の社会集団、今は解体した過去の特権階級の間にも求められ、他方には時間的に過去と現在とを問わぬまでに拡大せられなければならなくなった。民俗学が国史研究の一翼となるためにはこのような発展の途に踏み出すことが要請されるのである[9]。

平山の所論の裏付けは、先に「取越正月」に示されていた[10]。これは現行の取越正月、流行正月の衰退しかかっている習俗が、近世の段階で生き生きした民俗相としてとらえられることを示す興味深い論であり、「民俗学の研究に文献を史料とすることは永い間殊更に避けられていた」ことに対する反論の意図もこめたものである。当時の学界内部に通弊としてあった「歴史は文献、民俗学は伝承」という見解は修正すべきだということを明確にさせた点、評価さるべきものだろう。

この主張を、平山はさらに展開させている。[11] 平山は、民俗学が「民族文化の歴史」を明らかにすることだと言い、各地に分布する民俗の諸形態を比較考察することにより、「様式的層位を比定し、歴史的な社会発展の諸条件を組み入れて理解する」立場を重ねて主張している。伝承文化が史料となる前提としては、記録化することによって文献の形態をとるわけで、史料の形態上に文献と伝承の区別を設けることの無意味さは明らかなのであり、かつ歴史研究と民俗学とを分けようとする根拠のない点を自信をもって説いている。要するに問題となるのは、伝承文化つまり民俗の性格づけに関わるところであり、史料が素材の形態上では制約されない。つまり過去の文献であっても伝承文化の性格をになうならばそれでよい。「人文科学の領域においては、その独特の研究素材を囲いこむことは許されない」、「みずから枠をはめてなかに閉じこもることはなかった」ことが強調されている。

文献（史料）と民俗資料の関係については学界内部でずいぶん神経質になっていたことを筆者も記憶している。文献に示された民俗資料の利用についてはその位置づけ方によっては、文献を必要以上に避ける立場もあった。文献史料を用いれば民俗学ではないという性急な議論すら生じた。民俗学の文献と歴史学の文献とはおのずと性格が異なることは明らかであろう。千葉徳爾は、歴史の史料は時代を明らかにし得るのが要件だが民俗学の資料は、その要件は満たさなくてもよい代りに、複数存在可能性をもつことが要求され得ると端的に性格の相違を指摘している。[12] そこで平山が史料として伝承をとらえる点に疑義を出し、これは資料とすべきではないかとのべている。時と場所を限定し、時の動きを明らめる目的に史料が用いられるのであるから民俗学のもつ性格とは異なるわけなのだとしている。

柳田国男はこの問題について、昭和二六年六月一〇日、民俗学研究所で次のような内容の発言をしている。

我々の文献に対する態度は以前からはっきりしている筈である。文献記録をすべて同等に考えるのは誤りであると思う。また採集資料と文献資料とを対立させることは無意味であるが、採集資料にのみたよりすぎてもいけない。文献資料に対する用意は、採集資料の場合とその趣をかえなくてはならない。多くの学問は方法論よりもその目標に重きをおきやすいが、われわれは特に方法論をきめることが大切である。(中略)次に史学という語は従来あまりにせまく使われていた。私は意識して民俗学を史学の一方面であるといっているが、自らを低うして補助科学としていると思われては困る。大体に説明のつかない田舎の風習は、まずかなり古い頃からのものと考えたい。そこで文化の変遷ということはどうしても考えなければならない。また文献をとるに足らぬと思うことは誤りであるから訂正しなければならぬ。然しよほどしっかり判断しないと、基層文化を見ることはむつかしい。今民俗学はまだ形成時代であるから、ただ太平無事を願うのみが能ではない。いうべきことはどしどし言ってもらいたい。これまで史学を過去学としてやってきたのが誤りである。同じく現代学であるという点で、史学と民俗学とは対立するものではない。(13)

右の文は柳田の発言の要約となっているが、後に触れる牧田茂を含めた議論のかしましき折でもあり、かなり重要な影響があったことと推察される。主旨がぼやけてはいるが、柳田はここで文献史料対民俗資料、史学対民俗学といった単純な立論による議論を警告しているといってよい。そこで史学に従属する民俗学は明らかに否定されており、また過去学と現在学といった観念論をも否定している。そして同じく現代学であるという言い方をしているのは注目される。

堀一郎は、文献史料の利用の仕方については、「素材が文献として保存されているか、口頭乃至行為伝承として保存されているかによって資料価値が定まるものではなく、その資料がフォクロアであるかどうか、その文化表象が常民性を担うかどうかにかかわるのである」という考えを明らかにしている。

堀の所論の独自性は、歴史科学を「歴史歴史学」と「文化歴史学」に分け、民俗学は後者にあたるとしたことで、さらに文化表象をたんに変化の相において捉えるだけでなく、残留の研究をも兼ねているとする。これは「文化表象が変化の相の下になお一つのものの『残留』とさとらしめるものの存在、即ち変化を変化たらしめている、変化の底にひそみ流れている不変性なるものの存在を予想することである」という観点を持つ点にある。

極言するならば、中世以後の民間習俗がどの形式からどの形式に移ったかという図式を示すことのみが、民俗学の本領であるならば、民俗学はいかに精緻に資料を集め、分類しようとも、所詮は歴史歴史学の一時代区分における補助学であって、永遠にきびしい科学の舞台に独立科学の名乗りを上げ得ない。（中略）それを慣習体としてだけでなく、底を流れる心理過程として捉えることこそ、この科学が他のいずれの科学からも独立し得る一つの目標があるように思う。(14)

民俗の変化の底にひそむ不変性、底を流れる心理過程の究明は、日本人の原質の究明にも通じ、いわゆる民族性、エトノス論にも発展する。

この段階で民俗学研究のあり方は歴史学的方向と社会学的方向に分れるものであった。この時点で両者は対立するかのような立場の相違を示したが、この二つの立場は日本民俗学のもつ学問的性格が内包するものでもあり、両者は併存さるべきものであった。近年重出立証法の方法論的立場が地域性の概念と相反するように論じられているが、これもこの時点にたたかわされた論議に根を引くものであろう。

(1)(2) 和歌森太郎「民俗学の方法について」(『民間伝承』一三巻四号)。
(3) 関敬吾「民俗学方法の問題」(『民間伝承』一三巻六、七号)。
(4)(5) 牧田茂「民俗の時代性と現代性」(『民間伝承』一五巻六号)。
(6) 和歌森太郎「民俗学の性格について」(『民間伝承』一五巻八号)。
(7) 山口麻太郎「民間伝承の地域性について」(『民間伝承』一三巻一号)。
(8)(9) 平山敏治郎「史料としての伝承」(『民間伝承』一五巻三号)。
(10) 同右「取越正月」(『民間伝承』一三巻一一号)。
(11) 同右「『伝承』について」(岡正雄他編『日本民俗学大系』2 所収)。
(12) 千葉徳爾「史料と資料」(『民間伝承』一五巻五号)。
(13) 『民間伝承』一五巻九号、民俗学研究所報の項。
(14) 堀一郎「民間伝承の概念と民俗学の性格」(『民間伝承』一五巻九号)。

第二章　民俗学の基礎概念

第一節　常民概念の理解

日本民俗学の基礎概念として常民はもっとも重要だと考えられている。しかし一般には、常民概念がはなはだあいまいであるという指摘は多く、その十分な活用が差し控えられたりする場合もある。このことは畢竟、民俗学における理論面での弱点を露呈させることに連なっている。

だがわれわれは、一つの概念が早急に固定させられることから生ずる多くの欠陥についても心を致さなくてはならない。常民論議が華々しく行なわれていることは、少なくとも常民そのものの性格規定についての十分な配慮が加えられていることを示すものであろう。これらの議論は段階ごとに整理され、さらに有意義な論議のために用意しておくことが必要であろう。

周知のように、常民の語は、柳田国男によって強力に提唱されたものである。したがって近年の柳田国男論においては、柳田国男の思想との関わり合いで、改めて常民概念の把握が試みられようとしている。

ここでは柳田国男以外の民俗学者たちが、常民をどう把握してきているのかをまとめておくことにしよう。柳田民俗学と日本民俗学とは不可分の関係にあるとしても、柳田国男の思想が即日本民俗学という関係はただちに成り立つものではない。常民の設定においても、柳田の思考とは別途の意味づけが行なわるべき筋合いでもあるからである。

昭和二六年刊の柳田国男監修『民俗学辞典』は、民俗学界の学問的水準を示した内容を持つが、その「常民」の項には、「民間伝承を保持している階層をいう。英語のフォーク folk, ドイツ語の Volk に該当する語として柳田国男が用い、今では民俗学界は勿論、その他でも次第に承認されている用語。日本語で平民や庶民という と貴族や武家の対語のように思われ、また人民・大衆・民衆という言葉には政治的語感がともないがちであるために、この新造語が用いられたのである」としている。この規定はかなり自信にあふれた表現と受けとめられる。明確なのは、常民は一つの階層を示すものであり、庶民、人民、民衆といった既成概念とは若干ニュアンスが異なる存在と解されるものだといえる。

ところがこの辞典では、常民の属性の説明のあたりから、次第に混乱しはじめている。つまり柳田国男が常民を知識人に対立せしめていることから、「常民が前論理的・連想的な思考様式をとり、模倣的保守的な生活態度をもつところの無識層であることは否定することができない」という。つまり常民は知識人ではない無識層に該当することにもなった。無識層と有識層は、民間伝承を保持している階層と、そうでない階層とに対応する。これは別言すると下層文化と上層文化という文化概念における二項対立に相当するものだろう。ここに一つの混乱が生じている。つまり常民は、民間伝承を保持する階層という規定は明快だが、「日本のように階級の転移がはなはだしく、且つ中央と地方、皇室や幕府と民間との間で文化の交流のさかんにおこなわれた国では、その区別が困難なのである」という言い方となっている。したがって日本においては、常民という階層は、実体としてはとらえ難いという結論なのである。

昭和四七年刊の大塚民俗学会編『日本民俗事典』の「常民」の項をみると、「民俗学上の概念としての常民は、民間伝承保持者ともいうべきもので、folklore の主体である folk, Volk である」。ここで民間伝承保持者という規定は、民間伝承を保持する階層と同じである。ここではさらに「階級や身分を基準にするのでなく、文化的観点から、その創造的活動につとめる側面が比較的薄く、くりかえしの類型的文化感覚に執着している人たちをいう」とのべられており、常民が階級性とは無関係の存在であること、そして一つの文化概念であることが明示されている。加えて、次の指摘もある。「創造的個性的文化活動にあたる、知性・理性の強いものといえども、日々それに時間を使っているわけではないから、若干の常民性を具えていることになる。したがって、完全に常民といえるものがここにおると指摘しがたいものがある。パターンとしてそういう性格の類型を民族の中にとらえうるということである」。

ここで常民性という表現が用いられることによって、実態としての常民はほぼ否定されることになった。そして常民性という語はまた文化類型の一つに擬せられていることも明らかといえる。

右の二つの辞典における「常民」の説明には、執筆された段階の時間差をほとんど感じさせない。つまり昭和二六年前後、日本民俗学界内での理論闘争が高揚していた時点で、学界共通理解の常民概念は、ほぼ固定化したといえる。ただ常民が実体概念ではなく、一つの文化概念であって、常民性の適用によって、さらに意義ある説明概念に成り得るという点は、後者の説明でいっそう明確なものとなった。

石塚尊俊は、そうした民俗学界の主流をなす常民の理解にほぼ同意しつつも、階層としての常民について一つの見識を示している。すなわち石塚は、庶民が政治的、経済的立場からなされた作語であるのにたいし、常民は「主として思考形式の上からなされた作語」だとしている。常民は「思考形式によって判別せられる概念」でいわゆる有識層・無識層の区分にあてはまろう。しかし石塚はこのやや抽象化した表現にとどまらず「この語によって包括される一群の住民層は具体的にどういう連中を指すのであろうか」と設問し、「すなわち第一には農民である。第二には漁民、次には山民、そしていま一つには通常流民と称せられる、以上のいずれにも属さない、たとえば渡り職人とか、下級の神人など、まずこの四種の民がいうところの常民にあてはまる」と断じている。(1)この点において、石塚の常民のイメージは明確である。地域住民としての農山漁民を常民としているわけだが、さらに流民を加えたことが目立っている。

だが石塚の説明では、階層としての常民のイメージが飛躍している。「それではこれら農山漁村の民以外にはもはや常民と称せられる連中は存在せず、またこれら農山漁村の民であるならば何人たりとも常民といい得るかというと必ずしもそうとは限らない」として、町人や都市民（職人、商人、勤人）たちも、充分に常民たる資格を有すると述べている。この叙述の中には、すでに常民が実体を伴なう存在であるよりも、文化概念として成立する志向が看取されるだろう。

「一方また農山漁村の内部にあっても、自ら耕耘し、あるいは漁撈に従事しつつ常に書物を読み、学問によって生活を律しようとつとめている人たちの多いこともまた事実だからである。だからここに常民といっても、それは決して地域により、また生業によって限定し得る住民層ではないということも考えねばならない」。つまり社会的、経済的規制を超越した意味での常民が強調されたことになり、これは実体を保持する階層としての常民ではないことになる。

しかしそうは述べても、石塚の記述には、常民とそうでない階層がたえず想定されているのである。「通常には常民といえぬ連中のあいだにも、その生活慣行のいずれかには、彼らがかつて村落の居住者であった頃の意識がまだ完全に消滅していない」。だから「それが常民的なる限りはやはりこれを対象として扱ってよく、またつとめて扱いたいと思う」と述べている。常民的、常民風、常民性とした表現は、常民そのものとは弁別されるべき性格のもので、この場合の石塚の論には、常民が村落居住者であるという前提がはっきりしているようだ。

早川孝太郎も、常民を階層ととらえる点は明確である。

「第一に職業的農業者が浮上って来る。しかもこの階層は量的にも全国民中の四十五％以上を占めて居り、その上に、漁撈・狩猟者をはじめ、一部工業者の大部分も事実上含まれるから、これを常民階層の実在分野と見る事も出来る。勿論これ以外の職業又は都市居住者中にも、常民的範疇に加わる者も多いことは言うまでもない」(2)という表現から、社会層としての常民の実体が確認される。早川は常民を弁別する有知識・無知識といった基準とは別に、生活手段としての生産・非生産の関係を基準に置くべきことを提示した。したがって常民は生産階層に該当するのであり、これに加えて直接生産にあたらなくても、生産をめぐる業務（交易、運搬、加工）に携わる人々を準生産者として、常民に加えている。都市居住者を常民の範疇に加える点で、早川の見解には特徴がある。

早川が、常民を階層として把握することに積極的だったのは、たぶん常民の語を当時の朝鮮民族の中に発見していたためだろうと思われる。常民は朝鮮では、庶民の語と並立しており、両班と賤民の中間に位置する層で、ふつうの人民なのだという。そこで日本にあてはめると、「封建社会に於ける武士階級に対する百姓」ということになる。

だが早川も常民を階層と判断しながらも、常民をただその範疇にのみ限定し得ない要素の存在を予測していた。それは一種の文化現象としての常民の性格である。早川はこれを常民文化という文化概念でとらえることを考えている。常民文化はいわゆる国民文化、大衆文化ではない。常民層の生活の基底をなす文化構造だとしている。「見方に依れば、ほんとうの民族的伝統を生活体制とする階層」と表現することによって、常民が実体を伴ないつつも、文化構造論の中でも把握できる志向を表わしているとみてよいだろう。

先の石塚尊俊の主張に通ずる考え方であるが、常民階層論を打ち出してその具体的な仕事を示したのは渋沢敬三であった。早川も渋沢からの大きな影響を受けていたことは周知の事実であった。

渋沢敬三は、昭和一七年に、アチックミュゼアムを日本常民文化研究所の名称に変更し、常民の名称を正面きって用いたのだが、この際彼の念頭には、「常民とは庶民、衆庶等の語感を避け、貴族、武家、僧侶階層等を除くコンモンピープルの意として用い出さるもの」という常民理解があったといわれる。明らかに階層性を伴なった概念規定であり、農山漁村だけでなく市街地を合せた地域社会の住民であって、農工商にわたる階層といえるだろう。渋沢のこの考え方は、昭和初期に固定したものといわれる。

柳田国男が、渋沢より早く常民の語を用いたことは周知の事実である。しかし柳田の常民概念がかならずしも明確でないことは、従来多くの人によって指摘されてきた。すでに明治末年に常民の語を用いはじめているが、有賀喜左衛門の指摘によると、大正時代には、柳田は常民よりも、平民の語を多用しているという。昭和初期には、常民は平民とほぼ同じくらい使用されており、昭和一〇年に入るや、がぜん常民が中心になるという。このような常民、平民、庶民などの混用は、とりも直さず柳田自身、まだ成熟した意味でとらえていなかったと受け取られる。

だが柳田民俗学の文脈の上で、昭和一〇年前後が、画期的な時点であることは、『民間伝承論』、『郷土生活の研究法』、『国史と民俗学』の一連の方法論に関わる著作が公刊されたことで明らかであり、常民概念に対する柳田なりの確定もほぼこの時期と一致しているという判断はなされてよいだろう。

とくに明確とされるのは、『郷土生活の研究法』の「村」の項において、村の住民の中での常民の説明である。ここに「常民即ちごく普通の百姓」とあり、「住民の大部分を占めていた」存在だとする。常民は「上の者即ちいい階級に属するいわゆる名がある家」、「その土地の草分けとか、または村のオモダチ（重立）と言われる者、あるいはまたオホヤ（大家）、オヤカタ（親方）などと呼ばれている階級」と、下の者で普通の農民ではなく、「昔から諸職とか諸道などといって、一括せられていた者」、「たとえば道心坊や、鍛冶屋、桶屋など」の階級の中間にある住民だとされている。

「ごく普通の百姓」と表現されているが、すなわち近世農村における宗門人別帳に記載せられた四反〜八反の土地持ちの本百姓がこれに該当するのだろう。農業耕作することを主業とする百姓であって、諸道や諸識に携わっているとか、ムラの中の極貧層である水呑百姓はその範疇外だといえよう。すなわちここでは実体を伴なった常民であることは明白なのだ。

柳田国男の常民観については、従来さまざまの論議がなされてきた。柳田民俗学においての常民の用法については、「マルキシズムにおけるプロレタリアートというイメージではない(3)」という指摘のあるように、階級関係からとらえられていないことではほぼ一致している。多くの用語例からみるところ、「有りふれていた」習俗の荷い手であり、日常生活文化を感覚的に備えている、そうした存在である。「彼の多く、使用例を通して、その頭脳にあった常民のイメージを、私たちがつくりあげてみるだけだが、そこには階級の視点とするところが無いようである(4)」という見解は、ほぼ首肯されるものだろう。

常民の内実は、農民であって、農民の中でも限定された存在である。先にも述べたように、村落内の住民であるが、農業を主業としつつも、上層と下層の中間に位置する階層だという。この常民の日常性が日本歴史の中に占める意義づけを柳田民俗学が行なったということだが、その際常民は階級を超えた観点でとらえられねばならない特徴を持つ。それはいかなる観点であるべきなのか、この点が柳田民俗学の継承を意図する日本民俗学に課せられた一つの課題だといえよう。

伊藤幹治は、柳田の農民と常民の関係について興味深い発言をしている。柳田の農民観によると、農民はかならずしも農村に居住する農業生活者に限られていない。「都市の住民もまた、彼らが農村から都市に移住した人という意味で」農民の範疇に入れられている。そして伊藤は、常民はこうした農民の発展的な帰結だとしている。さらに、柳田の構想した農民は、民衆、平民、常人などの用語と混同されつつ、常民へと変貌したというのである。さらに、農民と常民とを比較したとき、農民は個別的な実体概念であるのに対し、常民は普遍化した抽象概念であると指摘している(5)。

右の伊藤の見解は、柳田の常民観を把握する場合に、多くの同調を得るものだろう。すでに谷川健一も「日本人のなかから特殊性を剝離された普遍的人間、それを柳田は常民と呼んだ。常民というのは、ただの人というのでなければ、民衆を指すのでもない、それは実体的な概念ではなく、人間のなかの普遍的な部分を指す抽象語である」[6]と述べ、その抽象概念であることの意義を論じている。橋川文三も「それは『身分』とか『階級』の存在と結びついた体験様式ではなく、すべての制度を超え、時間的規定性を超えた原初的理念であった」[7]と、常民が他の概念から抜きんでた価値をもつことを主張している。

神島二郎は、右のような常民論の嚆矢をなす画期的な論を発表している。昭和二四年に彼の論が発表された当時は、民俗学界での反応はきわめて弱かったようである。しかし柳田民俗学を、自己の研究分野である政治思想史との関わり合いで、いかに読みとるか、日本民俗学の外部から常民をはじめて方法論的諸問題の一つとして正面から取り上げた姿勢は重要である。神島は「集合主体」としての常民の存在を説き、「民俗学の対象が歴史的な運動過程であり、かつ、常民の名のもとに結晶されるべき有意的集合主体」だという。集合主体というのは、民族の個性に通ずる内容であり、それは「歴史を貫く個性」である。かくて神島による常民の規定は、「歴史的な運動過程そのものを通してあらわれるところの個性的な集合主体である」[8]と結論される。

神島はさらに別の論文で、右の規定をふえんしている。そこで歴史の過程とは、「政治的、社会的、文化的に馴化と異化とがおりなす過程」であるとする。そして社会が個性的に自己維持するために馴成因が必要であり、常民というのは、「〈常〉の契機と〈民〉の契機とからなり、被治者の側から馴成因として作用する集合主体を意味する」[9]と述べている。

柳田の常民観がたんに日本民俗学に限って活用さるべきものではなく、広く人文諸科学の中に位置づけられる性格のあることを、神島二郎、谷川健一、橋川文三、後藤総一郎、伊藤幹治などの論は示している。

柳田自身の念頭に、実体としての常民があったことは、昭和一〇年代の方法論定立の際にたしかなことであった。しかし民間伝承、民俗のにない手である常民という認識は、すでに柳田民俗学の草創期からあり、対象としての民俗の性格づけによって、常民の性格に関するとらえ方に変化が表われることも予想された。

昭和三〇年代の柳田が示した常民観については、すでに多くの識者が指摘するように大きな特徴がある。その発言は、座談会の席上でなされたもので、論説として提示されたものではないが、柳田の見解を代表するとみられている。

庶民をさけたのです。庶民には既定の内容がすでに定まり、それに理屈はいくらでもあるのですが、常民には畏れおおい話ですが皇室の方々も入っておいでになる。普通としてやっておられたことなんです。維新前にごく普通としてやっておられたことで、そういうことが入っておりますから、ですから常民は庶民とおのずから分って、庶民というときにはわれわれより低いもの、インテリより低いものという心持ちがありますし、常民というときは英語でもコンモンという言葉を使う。コンモンスという言葉は卑しい意味はないのだということをイギリス人はなんぼ講釈したかわからない。(中略)ですから私は庶民という言葉を使いたくなかった。平民という言葉はつい士族という言葉と対立するので、それも使わないとすると、なにかイギリスのコンモンという言葉が使いたいというので、私よりおそらく渋沢君などのほうが早いかもしれませんけれども、それを是認したのはわれわれで、ことによったら古風な奥方などは、華族さん、お大名の奥方も結局ごく低いところの階級と同じですね、その意味で常という言葉を使ったのです。(10)

注目されるのは、常民が庶民でない理由として、皇室、華族、士族などの日常的生活つまり「常」の部分があって、常民たるゆえんが示されるのだとする考え方であった。「常」は、上層階級、下層階級ともに共有される。「常」で表現される実態がすなわち常民の存在の根拠となるわけである。

竹田聴洲は、柳田民俗学の示す常民を日本民俗学の学界内部から正面きって論じている。竹田は、民俗学批判の多くが、民俗学にプロパーの対象とその方法論がない点に集約するといい、とりわけ常民概念のあいまいさが、それら批判に対して十分に反論できない状況に追いこんでいたことを指摘している。そこで常民の明確なる原理的規定を試みようとする。(11)

まず日本国民の生活文化は、「常」と「非常」の二つの契機に区分され、後者は通常歴史学の対象となってきたとし、「『常民』とは視覚の如何によって時代別、地域別、階層別など種々に区分されうる当体としての国民生活文化を『常』の契機で捉えたものに外ならない」としている。竹田の論旨の特徴的なことは、常民が「『常の民』よりはむしろ『民の常』の意であり、人間の種類ではなくして文化の種類」だとした理解にあった。「民の常」は常民が文化概念である点を巧みに表現した語であるといえよう。

民の常なる部分は、常民文化であって、それは「時空二面にわたる全国民生活文化の半身」である。換言すれば常民性という文化概念を有力な武器として、国民生活文化を分析する視点が明確になったといえる。「国民生活文化の『常』態と『非常』態との区分は、時代や地域や階層などによる区分とは別個の原理によるものであるから、過去の時代をすてて現代のみをとり、都市をすてて村落のみをとり、上流（有識）階層を捨てて下層ないし無知識のみを選取することは、常と非常との区分の純粋性を別の原理に基づく区分によって混濁させるものに外ならない」。こうした指摘は、日本民俗学が柳田の抽象概念としての常民に対する発言を受けて、体系づけた常民観の一つの帰結点を示すものである。

常民を抽象的な文化概念として把握する傾向が日本民俗学の中心的な見解といって過言ではない。そこで実体としての常民に依拠する思考や論の展開を弱めることによって、日本民俗学の独自性を強調することは、そのまま学問の性格づけに関わっている点が明らかである。

元来民俗学は、文化人類学と歴史学との間に位置づけられる場合が多かった。通時性を持った民族性の究明を課題とすることにおいて、民俗学と文化人類学の親近性は濃い。一方民俗文化の変遷を追究する立場で、日常生活史、民衆史の分野といちじるしく密着することも周知の通りである。しばしば民俗学が民俗文化の型を抽出する作業に勢力を注いでいることは、民族性究明の目的のためであるから、ここに限定すれば、民俗学が文化人類学と共通地盤の上に存在することが明らかである。常民を文化概念とし、抽象概念として把握する立場は、この点に立脚するものだろう。

にもかかわらず民俗学を歴史学に位置づける思考が強く働らいていることも事実である。それは柳田民俗学が昭和一〇年代に存在理由として提示した歴史観にもとづくものだった。平民、人民、常人、平凡人などの類似語を脱却して常民の名のりを上げた時、柳田民俗学が既成の史学を克服する意図をもっていたことはよく知られている。後藤総一郎の「既成史学によって歴史のなかでつねに無視されてきた常民に対する柳田の愛情と歴史の主体者としての常民への発掘と仮設作業こそが、まさに柳田における学問そのものであった(12)」という指摘のように、常民を歴史の主体者に位置づける態度は忘却さるべきではない。この場合常民は実体を伴なう存在だった。先述したごとく、ごく普通の百姓であり、彼らが時代の規制を受けつつ変遷することが、歴史の全体像の中に描かれなくてはならないのである。

一方現段階で歴史学の中に固定化している民衆との関連から言うと、実体としての常民は民衆の中で重要な部分を占める存在だということができる。しかし民衆の語にこめられた階級性の意味づけになると、ある種の矛盾点に遭遇する。つまり常民は階級性を超越した存在という前提があるからだ。

そこで柳田民俗学とマルキシズムの比較についての中井信彦のユニークな論が注目される。「結論からいってしまえば、マルクスが歴史のライトモティーフを、『所有』においたのに対して、柳田はそこに『欠如』を措定したと、わたしは解している(13)」。

中井のいう「欠如」は「私的所有が最高度に発展する資本制のなかで疎外として位置づけられる」。その意味で「疎外もまた所有の歴史的状態のひとつ」としてとらえられるという。ここに中井の歴史観が示されている。人間の歴史は、欠如が充足され、さらに新たな欠如が生まれ、さらに充足されていく、そうした行為の総体と考えられている。「人は生きてある限り、本来的な欠如性の故に、つねに生きてあることの不安から免れることはできない」。そこで抽象概念としての常民とは、そうした共通性をもった不安のうちに生きる人々を指すのである。歴史の中の非常は、常を母体に生まれるものであり、常に作用する限りにおいてだが、歴史に作用する力となり得る。したがって、中井のとく歴史の主体は常民なのであって、「歴史のなかでつくられる常民が歴史をつくるのである」という。中井が実体としての常民ではなく、抽象としての常民を史学の中心に据えようとした意図は、別に彼の著書『歴史学的方法の基準』（昭和四八年）に詳細に論じられている。

常民が柳田民俗学から発して、実体と抽象の二面性を具備していたことは、他の類似の概念にみられぬことであって、そのため基礎概念として定着するまでに、多くの試行錯誤が生じていたことは、さまざまの議論の中に明らかであった。ごく妥当とされた見解は、抽象性を帯びた文化概念の常民が常民性という表現のもとに、多く活用されることだった。これは便利な使い方であるし、民俗文化の位置づけに適当だった。とりわけこのとらえ方については文化人類学との親近性が目立つものである。しかし一方階層を示す実体としての常民があり、これは民衆の中の常民の部分として狭められた範囲で有効であって、むしろ歴史学的な位置づけで民衆史、生活史の分野と近いものになる。

神島二郎のいうような歴史過程の中の集合主体としての常民という考え方は、常民を歴史的ダイナミズムの上に活かす一つの突破口となるものだが、この観点は、かならずしも現在の日本民俗学の中に大きく展開はしていない。歴史学の主体として常民を論ずる立場は、たぶん柳田民俗学の草創期に明確な理念であったが、その継承度は体系づけるという方向に限ってみた場合むしろ弱まったといえる。

日本民俗学が、常民を抽象的に把握する立場を鮮明にしていく場合、竹田聴洲、中井信彦が説くような、都市の常民の位置づけをどのようにするかが大きな課題だろう。これは現代の民俗を把握するために欠かせぬ観点であり、抽象としての常民を歴史のダイナミズムの俎上に置く一つの契機となることが予想されるのである。

第二節　抽象概念としての常民

さて民俗学の基礎概念としての常民の語は、従来あいまいに用いられていたことはあっても、一つの共通理解はあった。前節で指摘したように、常民は抽象的な文化概念としてとらえることが有効であり、実体あるものとしては捕捉しがたいという考えである。この思考は、階層性あるいは階級関係を常民の中に設定することを不可能にしている。常民は民俗または民間伝承を文化現象として通時的に把握した語であることは明らかである。竹田聴洲が、常民とは民の常なる部分として非常の部分と対比して位置づけた文化体系と理解されるだろう。(14)

したがって常民の存在は、歴史を貫通するものであり、その意味においては常民を通して、日本人の民族性とかエトノスを把握するという意図が正当性を帯びてくる。柳田民俗学は、全国的にそれぞれ地方差は持ってはいるが、その基底に共通部分の存在することを予測して民俗語彙を大量に蒐集した。それらは多くの儀礼を伴っており、その儀礼はハレとケを共有して発現する日常態として包括されうる。それらを相互に比較することを可能ならしめ、エトノスとしての精神構造を解明する必然性が提唱されたのであった。

この事実は、常民理解が、抽象観念であることを一つの前提としており、民俗語彙とそれに伴う民俗儀礼は、重出立証法と称される比較法によって類型化される。類型間における相互関係は主としてその前後関係を類推することによって説明するわけであり、前後関係はおのずと新旧の相違を表わす。これは民俗事象の変遷をたどる場合に有効な手段であるが、それがあらゆる民俗研究に通用するわけではなかった。むしろ叙上の常民理解からすれば、民俗の変遷をたどるにしても、それはたんなる手段に過ぎない。変遷をたどりつつも、変遷史の枠組みに入らない部分を摘出することが求められねばならない。

この点を等閑視すると、容易に歴史学における生活史の一分野となるにとどまり、民俗学たる存在根拠が失なわれてしまうという考えが成り立つ。一見生活史的観点を分析の過程で示しながら、それは生活史の枠にとどまることがない、というのは民俗学は常民概念を通して、分析の視点が定められているからである。

重出立証法において、単純に民俗の地方差は時代差を示すという発想は、右の観点からすれば安易な立場であり、これはたんに新旧の差、前後関係を提示するにすぎないわけである。たんなる新旧の差によって時代性を提示しうるかのような過大認識を第三者に与えたのは、やはり修正さるべきであろう。

さて仮に民俗の地方差に着目して類型化が可能であった場合に、型の変化を指摘するわけだから、当然その中でもっとも古い類型が想定される。いわゆる古風な型とよばれる民俗の類型の摘出は、この方法においては、もっとも重要である。だが往々にしてここに一つの錯覚が生ずる。つまり現実にある伝承態としての民俗を比較して、その地方差により、重出立証法を適用し、もっとも古いと考えられる民俗要素が提出されると、実はそれが基本的な型、原初的な型ではないかと判断してしまいがちだということなのである。

明らかなことは、あらゆる民俗の基底にあると予想される部分が、もっとも変りにくい部分に該当するということである。そして筆者が考えることは、その部分はたぶん表面的な処理では類型化するのが不可能だということである。民俗の変遷を図式的にたどりつつもなおかつ変遷の概念で把握できない部分を予想しなくてはならない。その配慮がない限り、地方差を前提に民俗を再構成する意図は無意味なものとならざるをえない。

抽象概念としての常民から招来される民俗をとらえる方法の一つの基準は、右の点にあると考えられる。そしてこの基準は、くり返し述べたように、通時的な世界に成立するものであるが、厳密な意味における時代性あるいは歴史性の観点を捨象する必要性がある。だからこの立場での民俗研究は、あえて歴史学の基本枠組みである時代性に対応させる必要はないはずである。ただしその過程において類型化によって民俗の変遷をたどることは、広い意味での歴史研究の一分野を占めることになるだろう。

柳田国男が勢力を傾注して説明していた民俗の世界は、おおむね右のような手段にもとづくものとして描かれている。たぶん精確に重出立証法を正面から打ち出してはいないが、方法としては、それに類した思考法をとっており、そのことは、彼の著作の文脈をたどれば自明の理といえよう。柳田は古風な民俗の型を求めようとしたのではなく、考えられる民俗要素の基底にある部分が、どのような型をとっているのか明らかにしようとしたのである。その意味では原初的型と想定されるべき性格であって、それは民族性ともエトノスとも表現されうる内容でもあったのである。

それが常民を規定するものであるとすれば、柳田民俗学が認識する民俗は、時間・空間を超越する場に形成されるものであって、多くは人類学の対象にもなりうるものといってよい。さまざまの論者が指摘するように、民俗学と人類学との親近性は、以上のような常民の理解の上に立つ、民俗把握の立場にもとづくといってよいだろう。

第三節　郷土研究における常民

ところが常民理解には、別の部分が存在する。その点についてはすでに前節で指摘したことでもあり、詳細は省略するが、地域住民として実体の存在する常民である。それは柳田国男が『郷土生活の研究法』で明確に位置づけた常民であった。村落居住者でいえば、ごく普通の百姓つまり最上層と最下層を除いた所に位置する階層をいう。ただ柳田には最下層のイメージが確かでなく、水呑百姓や土地を所有していない農民、あるいは被差別民をどう扱ったのかは、はなはだあいまいであった。しかし諸職をつとめる階層については、都市居住者としての常民の範疇の枠組みに入れており、都市民をも常民として認める傾向のあったことを示している。日本の都市と農村の住民には、日常生活における格差がそれほど顕著なものではないという前提があり、いわゆる農工商を一括して常民の範囲に含めてしまう立場も予想されている。

実体概念として把握される常民は、基本的には地域社会の規制の下に、つまり社会経済的条件を踏まえて日常生活を営む存在である。換言すれば、民俗の地域性を表わす主要素として位置づけられるものである。

右の常民理解に立つとき、民俗の地方差を前提とする観点は、おのずから消滅せざるをえなくなる。常民は実体として階層性をになっているものであり、常民の日常生活の総体が民俗として展開するものである。柳田民俗学が内包する側面として郷土研究のもつ意義は、郷土を単位としてそこに展開する民俗の特性を把握することが大きな目標だった。

だが柳田国男自身、常民に対して二律背反する理解があり、具体的成果は、ほとんど文化構造としての常民を対象とした抽象的分野に関するものが顕著だった。しかしだからこそ、柳田による日本人論ないしは日本文化論についての深奥を衝く仮説が成立したのであって、柳田民俗学の特徴はまたその点に凝集するといえよう。

当然、柳田民俗学への批判的立場に立つ人々の間では、常民を実体としてとらえて地域に即することにその存在の正当性を認めることが前提となるだろう。この主張を仮に民俗の地域性論としてみよう。前出の山口麻太郎は、その立場を近年郷土学の可能性として表現しているが、郷土の意義を、「特定の地域社会の、地理的条件と、社会的関係と、その中に生れ育ち、生活していく人間集団との相互関係」と把握している。[15]この主張は、すでに「民間伝承は先づ伝承単位躰の生活現象としてとり上げられ、社会関係に於て経済関係に於て吟味せられねばならない」[16]という山口の二五年以前の考えと深く通じ合うものがある。柳田民俗学の目的は郷土生活の究明であり、郷土研究はそのための重要な手段である。山口の言によれば、郷土学にふさわしい常民とは、常住者の意になる。[17]この考えは常民は地域居住者とする一つの実態を伴った常民概念にあてはまるものといえる。

こうした観点を強力に押し進めたのは、近年の福田アジオの主張である。福田の考えは、民俗学の方法論が、いわゆる重出立証法にかたより過ぎた点を厳しく批判しており、新たに個別分析法を提唱している。[18]重出立証法による類型化において、要素への分解とその結合の仕方が脱落したため、比較して歴史的な変遷をたどりうる方法として成立していない。仮に類型が立てられていても、変遷が何故生ずるのかという説明がない、つまりそれでは歴史を再構成したことにはならない、そういう意味では、重出立証法は破棄さるべきであり、個別分析法が、民俗学の方法となるべきだと説く。「民俗をそれが伝承されている地域において調査分析し、民俗の存在する意味とその歴史的性格を、伝承母体および伝承地域において明らかにすることを民俗学の目的にすべきである」という。(19)

福田の主張の大きな特徴は、方法論として一定の指標と基準とによって類型化が可能となれば重出立証法の存在は認められる、その場合明らかに民俗類型の分布は地域差が前提となっているわけだから、地域差の要因に注目すれば、その類型を現に存在させている伝承地域に、それぞれの型の存在を必然化する一定の条件があるはずだと考えていることだ。類型がその地域に存在する理由や意味を明らかにする作業は、伝承地域・伝承母体における民俗相互連関の把握であって、そのために行なわれるべきものであり、その結果、相互の因果関係の確定とその歴史的性格の析出が可能となる。したがってこれは個別分析のための予備的手段となるのだ、という考え方からすれば、重出立証法あるいは民俗の地域差という観点は、個別分析法、民俗の地域性の認識の第二義的立場としてのみ存在することになるのだろう。

福田の考え方は、柳田民俗学の一つの大きな側面を示す郷土研究に出発点をもつものだった。これは地域における民俗の歴史的性格を究明することであり、決して従来から否定さるべきものではない。しかし柳田民俗学が民俗語彙を比較の指標として優先し、抽象概念としての常民を把握することに主目的を置いたとき、その立場のかなり弱められてきた観点だといえるだろう。福田の見解が、民俗学の方法論に対し大きな波紋を投じたのは、いわゆる重出立証法の否定を前提にした論の進め方にあった。ここに重出立証法に関する再検討の機運が生じ、いくつかの見解が提出されたのである。

千葉徳爾は民俗学の方法としての地域変換法という主題で、重出立証法が、民俗資料の構造的把握によって生かしうる根拠を示そうとした。実態としての民間伝承がその地域の住民生活の中に機能しているものとしてとらえられたとき、地域社会の構造の中に位置づけられるものであって、千葉の言によれば、「住民生活をその各分野・各要素に分析して、それら要素を点とする集合としての住民生活組織を考え、これを抽象空間として、その中において民俗のそれぞれを位置づけなければならない[20]」ということである。

抽象空間という場を設定し、そこに定立された民俗構造における特定要素を変換することによって表われる構造類型を摘出することが考えられている。「民俗学では地域社会を変換することによって、民俗構造の類型化を試みることができるのではなかろうか[21]」といい、これを重出立証法という呼称で包括したいとしている。千葉の指摘で重要なことは、地域社会の範囲についての理解であり、柳田民俗学は、地域社会を日本民族の構成するものという限定で変換していたということである。この限定は柳田民俗学における抽象概念としての常民の性格に起因するものであり、大きな特徴である。そこにまた従来の重出立証法の位置づけがあって然るべきなのである。

だが当然地域社会をムラ社会など小範囲に認定して論を展開する立場も可能なのであり、郷土研究の観点からいえば、そうあるべきなのだ。ムラが地域単位となり、地域社会を変換させる。そうした手続きで、重出立証法が可能となった場合、やはりあくまでその目的は、原型としての民俗、すなわち民族性に通ずる基本的なものを摘出することが第一義であろう。それは単純に類型の発達順序決定の手段となるべきものではない。不変の構造部分が存在するかどうかを確かめる手段だといえる。そしてこの方法が唯一絶対のものでないことも明らかなのであり、民俗が地域社会の構造の中にどのように位置づけられるのか、つまり民俗の構造的理解を目指す方向も是認すべきだという考えがそこにはある。地域における民俗の歴史的性格を究明することを民俗学の目的とすべきことを説いた福田説とこの点で同調することになるが、重出立証法からの民俗研究法の可能性を肯定した点では、福田説とはいささかニュアンスが異なっていよう。

もう一人の論者としての桜井徳太郎もまた、重出立証法の修正を具体例をもって主張している。桜井は、従来の重出立証法の克服を目指しており、民俗が有機的統一的に機能し展開する生活基盤である地域社会＝郷土に限定されて重出立証法が行なわれることを基本条件としている。そして、比較の場合は、「地域的限定を越えて、生活上何らのつながりの認められない隔絶地点の比較を断念」し、「生活を共同する地域社会」から「近接地域間」へと伸展させる。加えて民俗事象を存立させる地域社会の条件を重視し、両者の相互関係を十分に検討していく。(22)

この際桜井の主張の一つの特徴となっているのは、民俗資料のうち重出立証法に適合するものと適合しないものとを識別することをのべていることで、さらに地域限定を受ける民俗を選び対象とすべきことを説いていることである。歴史的変遷をたどる場合に、地域限定を受けずに伝播する民俗は素材にならないことになる。そこで具体的事例として選ばれたのは、婚姻習俗であって、この分析において地域社会内で民俗類型を設定し、その相互間の変遷を社会経済関係のからみつきから解明してみせたのである。

郷土ないし地域社会と言っているのは、おおむね旧村にあたるムラであり、その領域内はさらに小分化された小地域集団から成っており、さらにその構成員は相互に生活共同体を構成し、共通の民俗像を有している。そこに民俗像の差異があることが、小地域集団相互の比較によって発見される。桜井は「この民俗差出現の理由を探究することによって調査者は歴史的推移の方向を探知することができる」[23]とのべている。ここでいう民俗差は、住民が共通する生活体系の中に現われているわけで、当然その範囲の地域の立地条件、とくに社会構造のあり方、階層構成、生産構造の分析、相互関連についての考察が包括されて説明されるべき内容となろう。

千葉説と桜井説との間の見解の相違は、基本的には地域社会のとらえ方にあるようだ。千葉は地域社会のヴァリエイションを幅広く考えているのに対し、桜井は具体的なケースを生活共同体としてまとまりを持ち、小地域集団の連合する範囲に求めており、これはいわゆる旧村に該当するムラである。そしてそれは郷土に相当するものと考えている。郷土の中に民俗差があり、それにもとづいて民俗類型を設定し、相互間の差異の理由を究明することによって、歴史的変遷を明らかにしようとしている。文献史料が不足した場合、民俗資料によって郷土史、郷土研究を可能とする方法として重出立証法の価値が存在するという考えが明らかにされているといえる。

福田の事例研究が、作業仮説として提出されていると理解しやすいのだが、彼のいう個別分析法は、「各個別の社会において相互連関している現存民俗事象をその当該社会において調査分析して、その社会の歴史的世界を再構成し、その結果として現在そこに民俗事象が存在することの意味を明らかにするという立場をいう」[24]規定からみると、これは民俗を歴史的に認識する態度であって、かならずしも技術的な方法論といったものではない。

一方桜井が民俗事象の一つとして婚姻習俗を具体例として行なった地域社会における重出立証法は、民俗類型を社会経済関係と関連づけて把握し、型の変化により生活史的な民俗の変遷を再構成するのに成功しており、明らかにこれは、民俗資料の処理法として成立している。しかもその明確な意図は、地域社会即郷土においての歴史研究の一環として、民俗研究を生かす方途として、重出立証法の修正が考察されたことにある。

前述したごとく、千葉徳爾は、重出立証法を、民間伝承を支える主要条件である地域社会についての変換を試みることによって、成立させることを説いているが、民俗を類型化することを唯一の方法とは考えていない。「地域社会を一定しその個性に対応して伝承が変容し、またそれぞれの伝承部門が機能的に連関し、作用しつつある具体的な姿を明確に把握することも重要な方法といえる」[25]としている。この方法は民俗誌的方法であり、民俗の構造的理解を可能とするものだとする。

しかしこれは民間伝承の歴史的変遷を明示する方法ではないことはたしかである。民間伝承の構造化・類型化は、元来非歴史的認識作業だと考えられているからである。そうすると民俗学による歴史研究は不可知論とならねばならないだろう。だが千葉は、民俗自体のもつ連続性を前提として類型間の近縁性を求め、類型間の転換、つまり類型が移行する変遷過程がとらえられるのだとしている。ただ千葉説では類型の転移といっており、発展という歴史的認識に達していないことを指摘することは注目されよう。[26]転移にしろ変遷にしろ、一つの類型から他の類型に転化するには、そこに必然的な条件が働らいたことを意味しよう。「それら諸条件の変化によって親近性の強い他の類型に転移してゆく可能性は、否定できないところであろう」[27]という観点によって、民俗類型による歴史的研究の端緒が開けたのである。千葉の表現では「われわれは地域社会における民俗の構造に、ある方向性——運動への契機を見出すことができる」[28]ということである。

福田、桜井、千葉三者による、いわゆる従前の重出立証法に対する批判・克服・修正といった共通理解の基礎には、常民が地域社会の住民である点で一致しているだろう。それは民間伝承、民俗のにない手として、土地に根ざした生活を営む人々であり、別言すれば郷土民であり、村落居住民である。とくに常民と表現せずともよいわけなのだろうが、実体としての常民を認識しているのであるから、抽象としての常民の本質を求める方法を否定することになるだろう。

地域研究の分野において、郷土研究が民俗学の立場でなされるとしたら、そのもっとも基礎概念となるべき常民の把握は、抽象概念としての常民を前提とするよりも、右のような形でなされねばならないと考える。事実柳田民俗学における郷土研究の志向というものは、『郷土生活の研究法』に提示された「ごく普通の百姓」を出発点としていたのであったからである。

第四節　地域民俗学の提唱

以上述べてきたように、民俗学からの歴史研究は、郷土＝地域における居住者としての常民を究明することによって、一つの立場を占めることが明らかであった。

福田アジオが個別分析法を提唱し、それを郷土研究に位置づけようとした立場を執拗に唱えているのは、常民を実体として把握することによってはじめて成立する。「郷土」をフィールドにして、「郷土」の問題を明らかにするのが民俗学の目的だとすれば、当然、同じ対象をになってくる地方史研究の立場と結合するものだろう。(29)

したがって一方では地方史研究からのアプローチが検討される必要がある。地方史研究自体のあり方については、近年とみに論議の対象となっていることは周知の通りである。この中で、一志茂樹の見解は注目を惹くものである。[30] その内容については、ここでは詳細に触れないが、つまるところ、地方史研究の目的は、「その土地なり、地域社会なりの、郷土といへば一番いいのでありますが、その郷土の性格とか、ありかたとか、個性とか、実態とか、そういったものを研究し、把握すること、それをはっきりさせることにあるのでありまして[31]（下略）」という表現で示されたものである。これを別言すれば、近世段階での「村」を対象地域として、歴史的に考察することである。「結局、自然村のあとを承けた当時の自治村であった今日の部落を研究なり、調査なり、記述なりの対象地域とすること[32]」が必要だとされている。きわめて明確なことは、郷土研究を前提としていることで、当然、前述してきた民俗学の方向とも合致するものである。一志は「部落誌」という表現を用いているが、民俗学上の民俗誌に該当するものだろう。民俗学からのアプローチについては、民俗の生態学的研究を意図しているようだ。植物がその土地の土壌、気候、地形の中で育っていくと同様に、民俗事象も、その土地の郷土的なもの、たとえば土地の気候、風土、伝統、歴史の中に育つもので、それらとのからみ合いの中で調べるべきだと述べている。

このことは、地域社会史を提唱した和歌森太郎の見解と通ずるものがあろう。「とにかく地域社会を、生命ある有機体と見なしてその盛衰なり寿命なりを、内的な発展の面、変質の面からと、外的な制約の面、動揺面からとの関連の中で追跡するのが、地方史の課題であると思う[33]」といった考え方は、民俗自体も地域社会の構成要素だから、地域社会史を軸にすえた歴史の再構成の過程に還元されるべきなのである。

したがって民俗は、たんに古風な姿のみ求められるべき存在ではない。地域社会の変貌に対応して、民俗もとらえられるべきだということになる。そこで民俗の変化の過程についての分析が重要となってくる。

そのための方法論がきわめて重要であるが、現段階ではまだ確立しているとは言い難い。基本的には、民俗誌をいかに作成するかにかかわってくるだろう。問題点の一つには対象となった地域社会をどうとらえるかということで、それには社会生活単位であるという明確な基準設定が行なわれなくてはならない。たぶんに自然村の系譜をひくもので、近世のムラとしての存在を保持しており、行政村とは直接関わりのない空間として意識されているといえよう。次に問題となるのは、民俗がたえず変貌している現状を認識することである。民俗がその地域社会で生成・展開する過程に着目する観点が重要なのである。従来の立場だともっぱら古い型の民俗のみが重視されがちであったが、少なくとも郷土研究の一環としてある民俗学には、その視点はかならずしも強調されなくてよいはずである。むしろ地域社会における民俗の変貌のプロセスを究明することが肝要となってくる。

そこで明らかなことは、右の視点を生かすために民俗誌作成の方法論を確立すべきことであった。民俗誌は前に指摘したように、一志の言葉を借りていえば、たとえば民俗を生態的にとらえた部落誌の方向に一つの活路が見出さるべきなのであろう。

筆者は以前、地域民俗学の分野の成立を提唱したことがある。(34) これは限定された地域社会に展開する民俗の分析にあたるわけで、当該地域に関するモノグラフを完成させて、これを軸として、民間伝承の諸タイプをからみ合わせて記述するもの、別言すると、郷土の輪郭を明確にさせ、郷土文化の型を析出することを目的としている。この場合、民俗を構造的にとらえるか、歴史的にとらえるのかはまだ判然としていないが、民俗誌に記述される場合は、まず構造的に把握される民俗の型を指摘できるかどうかが焦点になることと考えられる。これはむしろ非歴史的な実態としてとらえられるわけだが、その観点はむしろ民俗学上の操作としては当然のことであって、あえて否定する必要もない。重要なことは、これを次の段階でどのような方法で、歴史的に再構成すべきかという点である。

だがこれはくり返して言うように、桜井徳太郎、千葉徳爾、福田アジオらの主張にもとづき、次第に具体化されつつあるわけで、ここではとくにこれ以上言及しない。

筆者は、民俗誌の作成が、郷土研究としての民俗学の主要目的だと考え、地方史研究との協力により、これを地域民俗学として位置づける必要性を考えるものであるが、その場合民俗誌の対象地域の設定が、何よりも重要であると考える。それは単純な行政村、あるいは自然村だけで割り切れるものではない。予想外に民俗が有機的関連をもって結びつく地域圏の存在があるようだ。以下地域民俗学の基礎となるべき地域社会の態様について具体例を掲げて簡単な考察を試みよう。

一つの事例は、茨城県勝田市周辺地域で、昭和四年まで行なわれたヤンサマチについてである。ヤンサマチは、浜降り祭の形式をもつもので、この形式は茨城県内では三〇社近くの神社で行なっている。すなわち神社のご神体が神輿にのって、海岸で遊幸するもので、日本には普遍的な神事である。このヤンサマチで問題となるのは、神輿が浜降りする際に、一つの信仰圏=地域社会を形成していることだった。

ヤンサマチの場合、那珂郡静村（現、瓜連町）に鎮座する静神社の神輿渡御が一つの中心となる。静神社は「那珂三十三村ノ鎮守、常陸第二宮」で、すでに延喜式内社の一として知られた古社である。祭神は倭文祖建葉槌命、別に手力雄命をあげている。『新編常陸国誌』には、静と倭文が共通することから、静織という機織の神の意に解しているが、静は鎮むという素朴な意味だろう。つまり霊力ある神がこの地に古くから鎮座していたことである。この勢威ある神霊が、神幸する。すなわち、「四月七日ヲ神幸ト云、是日遠近ノ民万余人或ハ馬ニ騎リ、或ハ徒歩シテ、神輿ニ扈従シ平磯ノ浜ニ至ル[35]」というのである。この時静神社を鎮守と仰ぐ三三カ村の各氏神もいっせいに浜降りを行ない、神々が群をなして、平磯の浜に集結する。これがヤンサマチの本筋であった。

神輿が集まる平磯には、酒列（さかつら）磯前神社が鎮座している。やはり古社で式内社の一つと数えられている。祭神は大巳貴命、少彦名命となっている。サカツラは波浪によって形状が異なった岩石を意味するから、太平洋沿岸に面した地点に、海の彼方から漂着した神格を表わすものといえる。『新編常陸国志』に、「凡祭礼、毎年正月廿日、四月九日、六月十五日、九月十九日ヲ用フ、其四月ノ祭ニハ本郡三十三村ノ民、各其鎮守ノ神輿ヲ当社前ニ昇来テ祭ヲ修ム、此日競馬ノ儀ヲ行フ、神官磯前氏世々本社ニ仕フ[36]」という記事をのせている。

神輿が集まり、祭があり、競馬が行なわれたのであるが、この競馬にあたっては、東海村の村松大神宮がクローズ・アップされる。村松大神宮は、平磯の浜より、海岸ぞいに二里八町離れた地点に鎮座している。

『水戸領地理志』に、「毎年四月九日、祭事あり、近村民家の馬六疋を出し、村松村より海辺二里四丁の渚を馳せ、磯前神社の社山に乗付け、鉾を投げ迅速の勝負を争ひ、年の豊凶、魚漁の有無をトす。土人其場を乗付場と呼ぶ、馬六疋は長砂村三疋、高野村二疋、須和間村一疋なり、此日近村四十八ケ村より鎮守明神に出社あり、土俗、明神磯出と云ふ。何の頃より初めしことを知らす」とあるように、この競馬が、村松大神宮と磯前神社をつなぐ海辺にそって展開している。そしてこれが四八カ村と称される地域での鎮守明神の出社に伴う神事である点も明らかであった。

四八カ村は旧那珂郡に属する村々のようだが、その数はあまり厳密でない。水戸藩野々上組三三カ村がこれに該当するという説もある。はっきりしていることは、瓜連村の静明神、平磯の磯前神社、村松の大神宮を、それぞれ頂点とした三角地帯を形成する地域の村落の氏神が、浜降りを行なうことである。その中心は静明神だが、他の村落の氏神に対しては、これは総社の地位にある。この神社の神輿のみ、終点の磯前神社に寄らず、別の神道（かんみち）を通って、直接海岸に降りる。そして護摩壇石と称される岩の方角に向って神事を行なった。護摩壇石は、祭神がここに漂着した最初の地点であり、神降臨の聖石を表わしている。したがって、形の上では静明神の浜降りによって、四八カ村の氏神が集結する祭が施行されることになる。そしてそこに一つの祭祀圏が形成されるわけだが、この祭祀圏に住む住民心意はヤンサマチによって統合されることを意味するだろう。(37)

ヤンサマチに集結する四八カ村の関わり方は一様ではない。神輿が出御する村と神輿は出ないが馬を出す村とがある。勝田市上高場のヤンサマチとの関わり方をみてみよう。上高場の氏神は、静神社である。当然瓜連の静明神の祭神を勧請した名称である。祭は春と秋の二回が中心となっているが、このうち春祭がヤンサマチと結びついていた。上高場には、代々世襲制の座持と称する八戸があり、輪番で当家をつとめる。天保三年（一八三二）の文書によると、左右の座が定まっており、特権的宮座を形成していたことがわかる。(38) 左右が一番から四番となっていて、ヤンサマチのとき、右座と左座から、順番に一人ずつトウヤをつとめた。トウヤになると、ヤンサマチの前日のヨイ祭の際、氏子たちを指揮して、神社の境内に、八間の旗を二本たてる。その後氏子たちにご馳走をする。また祭の神饌を用意する。翌日神輿が浜降りに出御する。神輿に伴って、神社の鉾が加わる。鉾は、四尺五寸から五尺でおよそ六本あり、それぞれ一番鉾、三番鉾と称する。これらは神社に保管されているが、ヤンサマチのときは、衣替えといってそれら鉾に飾る御幣をとりかえる。一番から六番までの鉾を持つ家も世襲である。だからヤンサマチは、下高場においては、座持と鉾持の合計一四戸が中心に執行されているといえる。一般氏子の村人にとっては、ヤンサマチの浜降りの前夜のヨイ祭が、氏神の春祭だという意識が濃い。

さて、ヤンサマチの競馬の際に馬を出し、騎手を出すのは、長砂、高野、須和間の三村であり、それぞれ氏神を持っている。しかし長砂、高野両村の氏神の神輿はヤンサマチのときには出御していないのも一つの特徴である。

ヤンサマチが行なわれる年の二月初旬に、村松大神宮で寄合いが持たれる。東海村の照沼は村松大神宮の直接の氏子であり、この照沼の区長が寄合を集める。これを称して村松会議といった。村松会議に集まる村は、照沼を筆頭に、高野、長砂、須和間であった。各村から大老、中老、小中老、世話人各二人ずつが代表となってくる。ここで浜降りに際して馬を出すかどうかを決定する。馬を出すことが決まると、各村の馬組に通知を出す。競馬用に使う馬が、三つの村で一所懸命に探し求められ、良い馬があると、念入りに手入れをする。馬の調教には、以前から巧みな人がいて、村に定まった宿に泊りこんで、あたったという。ヤンサマチの当日は、村松大神宮（村松村の氏神）と、須和間村の氏神住吉神社の二つの神輿が出御するが、神輿を出さない長砂村が、その神輿の先導役（猿田彦）の面をかぶり、照沼が旗持ちをしている。こうしてみると、村松大神宮を中心とした信仰圏が存在しているようだが、村松大神宮の神輿は、やはり磯前神社へ浜降りをしており、ヤンサマチの祭祀圏の範囲内にある。

競馬は、神輿出御の役の騎手がそれぞれ鉾を持ち、浜辺を疾走し、一位から三位までが持った鉾を社前に投げる。その際一の鉾は豊年満作、二の鉾は浜の大漁、三の鉾は家内安全を願っていると説明されている。競馬自身に年占の意味があることはその通りであり、この場合は、ヤンサマチに包含された村々の共同祈願がこめられていることを明らかだ。元禄九年(一六九六)に水戸藩主光圀が、ヤンサマチで上覧したことを記す文書は多い[39]。この神事に対して水戸藩が介入したことは予想されることであるが、元禄九年以前にも、ヤンサマチは実在していたこともたしかである。水戸藩介入の以前と以後とで、どれほど差異が生じたかは残念ながらここで明らかにすることはできない。

しかしヤンサマチを統合の象徴とした地域社会が形成されていたことは歴史的事実であった。仮に四八カ村それぞれの関わり方がさらに明確になると、ヤンサマチがもたらす地域性とそこに生成する民俗の特徴が考えられるかも知れないという予想がある。

さて次に別の事例をとり上げてみよう。埼玉県東部入間地区でそこに四つの地域が設定されうる。一つは富士見市上南畑で、ここは荒川と新河岸川の二つの川にはさまれた湿田地帯。稲作の生産に恵まれており、副産物として、いちごや西瓜もよくとれている。二つは上福岡市滝で、ここは武蔵野台地東端に位置している。稲作と麦作が中心で、他に大豆と繭が生産されている。田と畑の面積の比率は田が四に対し畑は六を占めるから、畑作地帯といえるかもしれない。三は入間郡大井町亀久保で、やはり武蔵野台地の北東端に位置する畑作地帯、麦、甘藷、茶が主要作物である。四は入間郡三富町上富で、同様に畑作地帯で、武蔵野台地の近世開発村の一つであって、麦と大豆が中心である。かくて四つの地域は、稲作、半田半畑、畑作といった生業の相異を示したことになる。ここで注意することは、その村の主要な農作物が、民俗を規制する性格をもつかどうかという点にある。単純な例としては、稲作と畑作を対比させた場合、民俗が同様に対照されうるかという点である。そうした反映がよく示されるのは、年中儀礼のうちであり、とりわけ農業にからまる諸儀礼をみる必要がある。そうすると稲作地帯では、当然播種から、稲の成長過程に対応して、いわゆる農耕儀礼に顕著である。時期的にも春から夏にかけて集中する。それに対して畑作の麦作中心であると、時期は、六月から七月にかけて、麦の収穫儀礼が集中している。稲作の方は、田植が終了したちょうど農閑期にあるが、麦作はその最盛期にあたっている。この後盆となり、新鮮な畑作の収穫物が供物となることも明らかである。[40] 稲作の正月儀礼と対比さるべきものが、盆に存在することは、しばしば言われる通りだが、こうした稲作と畑作をそれぞれの重要作物とする地域においても、そのことがよく表われているといえる。

右のような簡単なサンプル調査においても、主要作物が、民俗儀礼に大きな影響を与えていることは予想されるわけであり、地域社会を想定する場合に大いに顧慮せねばならぬことも自明の理なのである。

このことと関連してもう一つ事例をあげよう。これは長野県の長野盆地南半部とその西方山地にあたる地帯で、近世には松代藩領であった。[41] 千葉徳爾は、この地帯において神社や仏堂の存在形態と信仰のあり方に相違がある点を、やはり作物の差異に求めている。すなわちA稲作中心の平坦地農村、川中島の沖積平地、B犀川沿岸丘陵地の畑作地帯、C麻たばこなど畑作商品に依存する山間地帯という三地域を設定している。この三地域の神社仏堂のとらえ方には、いくつかの差異が認められている。それは、平坦部のAになると、堂宮の管理者は、個人ではなくて、それを持っているのは一つの村落のまとまりをもった地域社会である。つまり一村落が共同で、神社や仏堂を持つことを意味している。そういう事実が成りたつのは、村落が近世的にほぼ完全に地縁組織として構成されている結果だと千葉は指摘している。[42]

ところが、山間部のCにいくと、本家や旧家の固有名詞が、かならず小祠類を司祭していることがわかる。同族団の守護神として祀られている場合が予想されており、村落の構成とは、そうした本家の守護神を祀る同族団がそれぞれ家格を前提にしつつ、連合していることが予想されてくる。これも単純な分類の仕方であるが、歴史的条件が、きわめて大きな影響をもたらしていることを知る。つまりC↓B↓Aという村落の発展のコースがあり、それが民俗における地域的な性格を規定していると予想されているのである。民俗の差異が、いくらか社会構造の差異と関連することは、否定できない。同族団が発達する村と、逆に家格の差は認められず、村落内の地縁組織に同化している村とがあることである。それが生業の主要作物によって生じたと、いちがいには主張できない点もあるが、作物の相違による地域設定の可能性は考えてもよいだろう。この事例でも平坦部の稲作地帯と、山間部の畑作地帯の相違は、明らかなのである。

以上いささかアトランダムに事例を掲げてみたが、地域民俗学を想定する場合に、何よりも重要な、民俗における地域性、地域社会の把握という点を検討する必要性を強調したいからである。もっとも基本には、常民としての地域住民の心意を規制する軸は、いかなる民俗であるのかを明確にすることであり、それによって連帯しうる範囲が地域社会として理解さるべきであろう。具体的に一つは、精神的軸の存在を予想しての神社祭祀圏であり、それもたんに村の鎮守の氏神祭祀圏で規制される以上の広がりも予想されている。次には、経済的軸にあたる生業構造のあり様からの規制される地表であり、これは現実にいくつかの民俗儀礼を特徴づけていることが指摘されうる。

われわれはこうした事例を多数積み重ねて行く必要がある。いわば郷土研究としての民俗学を、地域民俗学の範疇に確立させる方向をいっそう吟味しなければならないのである。

(1) 石塚尊俊「民俗学における『常民』の規定」(『出雲民俗』二)。
(2) 早川孝太郎「民俗学と常民」(『民間伝承』一七巻五号、昭和二八年)。
(3) 後藤総一郎「柳田国男と常民・天皇制・学問」(『柳田国男論序説』、昭和四八年)。
(4) 和歌森太郎「柳田国男における常民の思想」(『国文学』一八巻一号、昭和四九年)。
(5) 伊藤幹治「柳田国男と文明批評の論理」(『柳田国男』、昭和五〇年)。
(6) 谷川健一「柳田国男の世界」(『原風土の相貌』、昭和四九年)。
(7) 橋川文三「保守主義者と転向」(『近代日本政治思想の諸相』、昭和四三年)。
(8) 神島二郎「民俗学の方法論的基礎」(『文学』二九巻七号)。
(9) 同右「〈常民〉とは何か」(『常民の政治学』昭和四七年)。
(10) 『近代文学』昭和三二年一月号。
(11) 竹田聴洲「日本民俗学における常民概念について」(『日本民俗学会報』四九号、昭和四二年)。
(12) 前掲註3。
(13) 中井信彦「歴史学としての柳田民俗学」(『伝統と現代』二八号)。
(14) 竹田聴洲「日本民俗学における常民概念について」(『日本民俗学会報』四九号)。
(15) 山口麻太郎「郷土学の必要性と可能性を考える」(『日本民俗学』九五号、昭和四九年)。
(16) 山口麻太郎「民間伝承の地域性について」(『民間伝承』一三巻一〇号、昭和二四年)。
(17) 前掲註3参照。
(18)(19) 福田アジオ「民俗学における比較の役割」(『日本民俗学』九一号、昭和四九年)。
(20)(21) 千葉徳爾「いわゆる『郷土研究』と民俗学の方法」(『愛知大学総合郷土研究所紀要』第一八輯、昭和四八年)。

(22) 桜井徳太郎「歴史民俗学の構想――郷土における民俗像の史的復元――」(上)(下)(『信濃』第二四巻八・九号、昭和四七年)。
(23) 同右『信濃』二四巻九号、三四頁。
(24) 福田アジオ「民俗学にとって何が明晰か」(『柳田国男研究』五号、昭和四九年)。
(25)〜(28) 前掲註8参照。
(29) 福田アジオ「柳田国男の方法と地方史研究」(『地方史研究』一二七号、昭和四九年)。
(30) 一志茂樹「地方史研究の視座」(『信濃』二三巻三号、昭和四八年)。
(31)(32) 同「民俗学と地方史研究」(『信濃』二一巻五号、昭和四四年)。
(33) 和歌森太郎「地方史研究の方法論について」(『歴史研究と民俗学』、昭和四四年)。
(34) 宮田登「地方史研究と民俗学」(『史潮』一〇〇号、昭和四二年)。
(35) 『新編常陸国志』三六〇頁。
(36) 同右、三六四頁。
(37) 勝田市役所『勝田市史　民俗篇』(昭和五〇年)。
(38) 勝田市役所『関東一村落におけるムラとイエ』(昭和四八年)。
(39) 大内地山『前渡村郷土誌』(稿本)。
(40) 渡辺欣雄「農耕儀礼と年中行事」(『埼玉県入間東部地区の民俗』昭和五〇年)。
(41)(42) 千葉徳爾「地域社会の信仰と小祠の形態」(『地域と伝承』、昭和四五年)。

要約

本書は、日本の宗教社会に、歴史的かつ民俗的に展開したミロク信仰の実態を分析し、これを通して、日本人が潜在的にいだいてきたメシアニズムとミレニアムに関する観念の特徴を究明することを目的とした。

ミロク信仰は、仏教上の教理では、五六億七千万年後に、衆生救済のため、この世に出現すると約束されている弥勒菩薩に対する信仰であるが、これがインドに発し、東南アジア、中国、朝鮮半島を経て、日本に伝播する過程で、諸民族に伝播、受容された。そこで当然諸民族のもつ伝統的思考の差異が、ミロク信仰の発現の仕方の相異になったと思われる。

本書は、右の前提に立ち、日本に伝播、受容された弥勒信仰が、日本人の伝統的思考と混融した結果、どのような型のミロク信仰を創出、展開させたか追求しようとしている。

まず日本の各地に伝承されているミロク信仰の実態を把握し、「ミロクの世」待望の思考を浮彫させた。弥勒仏が弥勒浄土よりこの世に現われると説く下生信仰は、日本の場合、中世末期とりわけ関東地方に集中しており、その中心に鹿島信仰があることが推察される。鹿島信仰と関連する鹿島踊、弥勒踊は、稲作の豊饒な世としての

「ミロクの世」を憧れる歌舞であった。一方真言宗から派生した弘法大師信仰は、日本の伝統的なまれ人崇拝を軸に有力な民俗信仰として成長しており、これとミロク信仰は結びついてもいる。とりわけ真言宗系行者による入定信仰は「ミロクの世」待望の思考を媒介に成り立つことが明らかにされた。「ミロクの世」の具現化は、歴史的に時代の社会的背景を負って宗教運動に昇華する。近世の富士講、近代の大本教はその代表的事例としてあげられ得る。そして近年富士講と大本教は民衆宗教として大いに注目されている。

こうした実態を通していえることは、日本の「ミロクの世」は、かならずしも明確なイメージで想定されてはいないということである。メシアの観念は終末観の欠如に対応して乏しく、ミレニアムの運動は社会性を帯びるに至らない。それは何故なのかを次に考察するために比較民俗学の課題を展開させた。そして沖縄のミロク信仰の実態と照合しつつ、また朝鮮半島で展開するミロク信仰と比較することを試み、これを彼我の世界観の構造的差異に求めようとしたのである。

以下各章にわたって概略しておこう。

第一章「伝承態としてのミロク信仰」では、各地の民俗例をおよそ七類にまとめた。すなわち(1)なかなか実現しにくい未来のことを「ミロクの世」として表現する。(2)「ミロクの世」に通ずる「ミロクの年」が想定され、これは豊年の年であると同時に、飢饉の年だとも表現されている。(3)民謡の中で「ミロクの世」が謳歌されている。(4)正月年頭の万才の唱句の中で「ミロクの世」が謳歌されている。(5)鹿島踊、弥勒踊の中で、「ミロクの世」への憧憬がある。(6)流行神現象の中で、現世利益的なミロク信仰がある。(7)入定する行者がミロク信仰を内包している。以上七類のうちで、(1)(2)(5)に焦点を合わせ、分析した結果、中世末の戦国時代混乱期に、ミロク私年号の成立を端緒として、関東、中部地方にミロク下生信仰が広まり、「ミロクの世」出現の意識が顕在化することが明らかとなった。それが鹿島地方を中心として、太平洋沿岸部に分布する鹿島踊と弥勒踊の伝承内容に影響を与えている。さらに地域社会に展開した例として、金華山を中心に、巳年縁年で流行神化した弁財天信仰とミロク信仰との関連について言及した。

第二章「ミロク下生の系譜」では、仏教上の弥勒信仰が流伝して以来、弥勒下生信仰がどういう形で民俗信仰化したか究明した。特徴的なことは、稲作儀礼とりわけ豊年祭との関係で濃厚に表出する事例であり、その具体例を沖縄八重山の豊年祭に求めた。ここではミロクの下生が布袋信仰となっている点に気づき、布袋信仰を検討すると、これが中国のメシア信仰の流れで、その影響を受けていることが明らかとなった。

第三章「ダイシ信仰とミロク」では、布袋ミロクが、南島方面に限定されていることから、本土でのミロク下生の系譜を探るため、仏教上の弘法大師信仰との関連から考察した。各地に大師伝説は多いが、類型化を図ると、ダイシをてい重にもてなし、これを祀ると幸運が訪れるという信仰に多くの奇蹟譚が伴っている。ダイシは弘法大師に仮託されているが、現実には民間の真言宗系の行者たちであり、彼らは、村落居住者にとって一種のメシア的存在であることが明らかである。空海の弥勒出世を期待して入定したという伝説をモデルとして、多くの行者たちは入定してミイラ化した。この信仰は中世末の宗教社会に顕在化しており、彼らを介在としたミロク信仰の浸透が予想されることを指摘した。

第四章「富士信仰とミロク」では、前章のミロク下生の系譜を、近世の宗教現象に求めた。ここでは、富士山頂をミロクの浄土に見立て、自らがミロクと名のった富士山行者の身禄が指導する富士講を分析した。富士講は、近世の江戸を中心とする地域に信者を集め、大きな勢力をもったが、とくに身禄の入定時が享保一八年の江戸における社会不安が高揚した時期であり、その展開が幕藩社会の崩壊過程と対応し、ついに嘉永二年に大弾圧を受けた点、ミロク信仰を軸にした民衆の宗教運動として注目されることを明らかにした。

第五章「世直しとミロク信仰」では、「ミロクの世」への潜在的憧憬が、日本民衆の世直し観と結びつくことを究明した。その結果、凶年を払い豊年を待望する農耕儀礼と、悪霊のこもる世を払い幸運を迎えようとする鎮送呪術の中に、ミロク信仰がうかがえることを検討でき、さらに具体的な民俗事象の中心に鹿島信仰がとらえられた。鹿島信仰には、悪霊を祓う祓浄儀礼と、幸運をもたらす預言信仰が内包されている。また世界の破局をもたらす大地震に関する俗信を分析すると、やはりそこに鹿島信仰の関与が認められる。この点を安政二年の鯰絵に表われた世直し観を通して明らかにした。

第六章「大本教とミロク」では、ミロク下生の系譜で近代社会に表出した民衆宗教の大本教を対象として分析した。ここで注目されるのは、有名な大本教の預言信仰が、辰の年にくり返されることであり、これは潜在的な世直し意識と関わるミロクの年と結びつくことである。大本教では出口ナオが断片的にもっていたミロク信仰を、王仁三郎が体系化したことも明らかとなった。王仁三郎は富士講の身禄と同様に自らミロクを名のっている。彼のミロク信仰をみると、漸進的な「ミロクの世」の出現を想定しており、終末観を伴うメシアニズムやラディカルな宗教運動には展開していない。しかし昭和三年に大弾圧を受け、大本教のミロク信仰も十分開花しなかった。

第七章「沖縄のミロク信仰」では、すでに柳田国男が示唆した鹿島地方のミロク信仰との関連を再検討した。

その結果、単純に八重山から鹿島にミロク信仰が伝播したと考えるより、太平洋沿岸の各地で海上彼方から漂着する神格の存在を想定し、仏教的弥勒下生信仰がそれと結びつく。その流れがより強調されたのが鹿島地方であり、一方仏教的要素がより少ないままに伝統的思考を展開させた地点が沖縄地方であろうという多元的な観点をとるのが妥当だと推察された。また沖縄に第二次大戦後起こったミロク教が、新宗教として伸展する様態を紹介しつつ、これが沖縄の伝統的ミロク信仰と結びついている面を指摘した。

第八章「『ミロクの世』の構造」では、日本型と予想されるミロク信仰が、「ミロクの世」の認識の仕方に特徴を示すことを指摘した。「ミロクの世」は、豊作の世と飢饉の世とが交互にくり返され、民衆意識の上では、対立する概念が共時性をもって現われている。それは絶対的な世界の交替を示す思考とは成り得ない、といえる。これが一つの特徴であるかどうか確かめるために、比較民俗学の俎上に朝鮮民族のミロク信仰をのせたのである。朝鮮半島においてミロク信仰は歴史的かつ民俗的に展開しており、伝承態としての存在もある。民俗語彙としてミロクと称することは、日本と同様である。そこにはムーダンの関与や子授け信仰などが指摘されるが、特徴的なのは「ミロクの世」を始源の理想世とみ、現代は末世だとみなす考えがあることである。明確に終末の後、世界の交替を認識する思考があり、その軸に「ミロクの世」が想定されている。「ミロクの世」を基準に比較した場合、日本と朝鮮民族の間の相異が表われており、そのことは民族のもつ世界観に関わることが提示され得る。

補論「日本民俗学の理論的課題」では、近年の民俗学理論をめぐる諸問題に関する論争を整理し、一つの方向づけを企てたものである。第一節では、民俗学が歴史科学として成り立つ根拠をのべ、民俗資料の歴史的性格を基本とし、それを基として民俗の時代性ひいては現代性がとらえられることを考察し、さらに民俗学が広義の歴史研究に位置づけられることを述べた。第二節では、基礎概念としての常民の性格に検討を加え、これが抽象概念と実体概念の二様の使用が可能である。たとえば抽象概念からとらえると、常民性に基づく日本文化論の志向があり、文化人類学のエートス論と親近性がある。実体概念からとらえると、地域住民の日常生活から発する郷土研究が中軸となる。このように両者それぞれに有意義な目的が成立することを指摘した。とくに歴史学との関連からいえば、郷土研究ないし地域史における民俗学の位置づけから地域民俗学の方向性が示唆され、その際民俗の地域概念をいかにとらえるかが問題となる点を考察した。

宮田　登著　民俗宗教論の課題　二五〇〇円

宮田　登著　都市民俗論の課題　二〇〇〇円

エリアーデ著　堀一郎訳　永遠回帰の神話　二二〇〇円

エリアーデ著　堀一郎訳　大地・農耕・女性　二八〇〇円

ベラー著　松本・中川訳　破られた契約　二五〇〇円

J・M・キタガワ著　井門富二夫訳　東洋の宗教　二五〇〇円

ミロク信仰の研究　新訂版

一九七五年一二月一五日　第一刷発行
一九九三年二月一五日　第五刷発行
二〇一〇年四月三〇日　新装復刊第一刷発行

定価（本体五八〇〇円＋税）

著者　宮田（みや た）登（のぼる）

発行者　西谷能英

発行所　株式会社　未來社
〒一一二-〇〇〇二　東京都文京区石川三ー七ー二
電話（代）〇三ー三八一四ー五五二一
振替　〇〇一七ー三ー八七三八五番
http://www.miraisha.co.jp/
E-mail:info@miraisha.co.jp

本文印刷／スキルプリネット
装本印刷／ミサトメディアミックス
製本／榎本製本

ISBN978-4-624-10013-1　C0014

索　引

〔ア〕

〔イ〕

〔ウ〕

〔エ〕

〔キ〕

〔ク〕

〔ケ〕

〔コ〕

〔ス〕

〔セ〕

A STUDY ON THE MIROKU BELIEF

by Noboru Miyata

The present paper intends to analyze the realities of the Miroku belief which has developed both historically and folkloristically in the religious community of Japan, and through this analysis clarify the ideas of Messianism and millenium the Japanese have latently entertained.

The Miroku belief is a faith in Maitreya-bodhisattva who, according to the Buddhist tenet, is supposed to appear in this world 5,670 million years later to save mankind. The faith propagated to and was accepted by various peoples in the process of its dissemination from India, where it originated, to Japan via Southeast Asia, China and the Korean Peninsula. The differences among the peoples in their traditional ways of thinking seem to have been reflected on the modes in which the Miroku belief manifested itself.

Based on this premise, the present paper attempts to find out what pattern of Miroku belief was created and developed as a result of the blending of the faith in Maitreya-bodhisattva, as it propagated to and was accepted by the Japanese, with their traditional ideas.

First, the actual states of various versions of the Miroku belief handed down in different parts of the country are elucidated to

bring into relief the underlying aspiration for "the World of Miroku". The belief in the predicted descent of Maitreya-bodhisattva upon this world from the Pure Land was popular in the late medieval Japan, especially in the Kantō District where the belief presumably centered around the Kashima faith. The Kashima and Miroku dances which are related to the Kashima belief embodied yearnings for "the World of Miroku" where rice crops would be abundant. On the other hand, the Kōbō Daishi cult, an offshoot from the Shingon sect, grew as an influential folk creed having as its axis the traditional Japanese worship of *visiting gods* (来訪神). This cult is connected to the Miroku belief. It has been revealed that, above all, the faith held by Shingon sect ascetics in hopeful suicide needed aspiration for "the World of Miroku" as its medium. Endeavors to realize "the World of Miroku" sublimate to religious movements, each with its own social background of the historical period in which it takes place. Typical examples include *Fujikō* (冨士講) of the Tokugawa era and *Ōmotokyō* (大本教) of modern times. Both are notable as religions of the populace.

Referring to these circumstances, the author has pointed out in the paper that the Japanese do not have a fully clear image of "the World of Miroku". They have as little idea of Messiah as of the end of the world, and their drive for millenium lacks social dimensions. In search of the reason for this peculiarity, the paper then develops problems in comparative folklore. Comparison with the Miroku belief in Okinawa and with that in the Korean Peninsula is attempted, with an eye to attributing

the distinctiveness of the Miroku belief here to the structural differences of their and our views of the world.

A chapter-by-chapter summary follows.

In Chapter 1, "The Miroku Belief As It Is Handed Down", examples of folklore in different localities are broadly classified into seven patterns. (1) Things of the future which are hard to realize are collectively referred to as "the World of Miroku". (2) "The Year of Miroku" which has something in common with "the World of Miroku" is imagined. It is supposed to be a year of abundance and one of famine at the same time. (3) "The World of Miroku" is eulogized in folk songs. (4) "The World of Miroku" is extolled in ceremonial verses of the New Year. (5) Aspiration for "the World of Miroku" is expressed in the Kashima and Miroku dances. (6) Faiths in Miroku in pursuit of worldly happiness are observed in phenomena of popular cults. (7) Ascetics killing themselves with religious aspirations entertain beliefs in Miroku. An analysis focused on the first, second and fifth of these patterns has disclosed that in the turbulent age of civil strife toward the end of the medieval period, a belief in the advent of Miroku spread, stimulated by the institution of an unofficial Miroku-based way of counting years, in the Kantō and Chūbu districts, and that the expectation of "the World of Miroku" came to be consciously held. This development affected the handed-down contents of the Kashima and Miroku dances which are traditional in a part of Japan's Pacific coast having the Kashima area at its center. A

reference is also made to, as an example of development in a local community, the relationship between the Miroku belief and the faith in Sarasvati who became a popular goddess mainly in the Kinkazan area, with the year of the Serpent supposed to be her fete year.

In Chapter 2, "The Lineage of the Belief in the Advent of Miroku", it is attempted to elucidate how, after the introduction of the Buddhist faith in Maitreya, the belief in the advent of the deity was transformed into folk creeds. Characteristic are the instances in which the belief manifests itself in a vivid form in connection with rice culture ceremonies, especially harvest festivals, and such festival at Yaeyama in Okinawa is cited as a typical example. The author noticed that, at Yaeyama, the belief in the advent of Miroku took the form of a faith in *Hotei* (布袋), which further could be traced back to a Messiah creed in China.

In Chapter 3, "The Daishi Belief and Miroku", in view of the finding that Miroku in the form of Hotei is restricted to southern islands, the relationship of the belief in the descent of Miroku with the Kōbō Daishi cult as a Buddhist offspring is discussed with an eye to tracing the lineage of the former. The many different legends on Daishi coming down in various localities could be boiled down to a tenet that hospitality given to and worship of Daishi would be rewarded with good fortune, and the tenet is accompanied with many miracle stories. Though worshipped in the disguise of Kōbō Daishi, Daishi in the tangible realities of his worshippers appeared in the persons of nameless

ascetics of the Shingon sect, who were a sort of Messiah to common villagers. Following the example of *Kūkai* (空海) who had allegedly killed himself in the hope of *rebirth in the World of Maitreya* (弥勒出世), many ascetics mummified themselves. The author has pointed out that this belief revealed itself in the religious community of the late medieval era and that those ascetics contributed to the permeation of the Miroku belief.

In Chapter 4, "The Fuji Cult and Miroku", the lineage of the belief in the descent of Miroku studied in the foregoing chapter is further traced in the religious phenomena of more recent times. Here is analyzed Fujikō, a creed guided by an ascetic on Mt. Fuji, who likened the top of the mountain to the Pure Land of Miroku and called himself Miroku. Fujikō constituted a powerful group, attracting many followers mainly in Edo and its vicinities during the Tokugawa period. The author has demonstrated its significance as a religious movement of the masses centering around the Miroku belief, especially in view of the fact that this particular Miroku committed his hopeful suicidc in 1731 when social insecurity was building up in Edo and that the development of the belief parallelled the disruption of the feudal society until it was mercilessly suppressed in 1849.

In Chapter 5, "Restoration of Social Justice and the Miroku Belief", the author attempts to prove that the latent aspiration for "the World of Miroku" is linked to the idea held by the Japanese populace of restoration of social justice. He succeeds in detecting the reflection of the Miroku belief on ceremonies of farmers trying to dispel famine and invite abundance and on

incantation for the repose of the deceased in the hope of getting rid of evil spirits and attrecting good fortune. As a specific example of such folkways, the Kashima cult is cited, into which purifying ceremonies to dispel evil spirits and a predictive faith promising good luck are incorporated. An analysis of popular beliefs in a catastrophic earthquake supposed to bring the world to an end also reveals the effect of the Kashima cult. This point is made clear by elucidating the idea of restoration of social justice represented in *paintings of catfish causing an earthquake* (鯰絵).

In Chapter 6, "Ōmotokyō and Miroku"' is analyzed Ōmotokyō, a popular religion which is a modern offspring of the lineage of faiths in the descent of Miroku. What is noteworthy here is the repetition of the well-known prophecy of Ōmotokyō in *the years of the Dragon* (辰年), suggesting a link with the idea of the Year of Miroku which in turn reflects the latent expectancy of restoration of social justice. It has also been revealed that, in Ōmotokyō, the Miroku belief which *Nao Deguchi* (出口ナオ) had only in a fragmental form was systematized by *Onisaburō* (王仁三郎) who, like the founder of Fujikō, called himself Miroku. His version of the Miroku belief supposed gradual achievement of the World of Miroku, instead of developing into a Messianism or a religious movement accompanied by eschatology. Suffering a merciless suppression in 1928, the Miroku belief of Ōmotokyō did not fully bloom.

In Chapter 7, "The Miroku Belief in Okinawa", the relationship of the subject with the Miroku belief in the Kashima area,

which was earlier suggested by *Kunio Yanagita* (柳田国男), is reexamined. As a result, the assumption of direct transmission of the Miroku belief from Yaeyama to Kashima has been overriden by a more pluralistic hypothesis ; the existence of a deity drifting from beyond the sea had been imagined in a number of places on the Pacific coast, and this imagination intermingled with the Buddhist belief in the advent of Maitreya, with the Buddhist element more emphasized in Kashima than in Okinawa. It is further described how the Miroku cult which emerged in Okinawa after World War II has developed as a new religion, and its links with traditional faiths of Okinawa are pointed out.

In Chapter 8, "The Structure of 'The World of Miroku'", is underlined that what is presumed to be the Japanese pattern of the Miroku belief is characterized by the way in which "the World of Miroku" is imaged. The World of Miroku,", as it is conceived by the masses, is an alternation of the days of abundance and famine, or represents simultaneous existence of mutually opposing concepts. It could not be an idea of replacement of the old world by the new. To ascertain whether this aspect is peculiarly Japanese or not, the Miroku belief of the Korean people is studied from the standpoint of comparative folklore. In the Korean Peninsula, too, the Miroku belief has developed both historically and folkloristically, and existed in a traditional form. Miroku in the Korean vocabulary of folklore is the same as that in the Japanese. While the influence of Mūdan and an element of female fertility cult are also recogni-

zable in the Korean belief, what characterizes it is its view of "the World of Miroku" as the ideal state in which the world originated, with the contemporary world looked upon as being in the latter days of the Law. There is a clear idea of the expected coming of the new world after the doomsday, centering around a conviction in "the World of Miroku". The two images of "the World of Miroku" reveal the difference between the Japanese and Korean peoples with respect to the view of the world.

In the Appendix, "Theoretical Problems of the Japanese Folklore", recent controversies over methodological problems of folklore are summed up in an attempt to find some common orientation. Section 1 gives the reasons why folklore can claim its own status as a historical science, and discusses the historical character of folklore data. Section 2 studies the character of the common people as a basic concept, and points out that its dual use both as an abstract concept and as a material concept is possible, each with its own meaningful purpose. Especially in its relationship to the science of history, the position of folklore is determined in the framework of the study of local traditions or regional history, with implications on the orientation of regional folklore.